JUSTICIA DE PAZ Y ALTERNATIVA

José Bonet Navarro
Catedrático de Derecho Procesal
Universitat de València

JUSTICIA DE PAZ Y ALTERNATIVA

Dykinson, S. L.

"Este trabajo se enmarca en la actividad del Proyecto "El derecho al recurso en el proceso español", cuyo investigador principal es Rafael Bellido Penadés y financiado por el Ministerio de Ciencias e Innovación (DER2011-24627).

Editorial DYKINSON, S.L. Meléndez Valdés, 61 - 28015 Madrid
Teléfono (+34) 91 544 28 46 - (+34) 91 544 28 69
e-mail: info@dykinson.com
http://www.dykinson.es
http://www.dykinson.com

Consejo editorial véase www.dykinson.com/quienessomos

ISBN: 978-84-9031-920-8
Depósito Legal: M-6781-2014

A Mª Francisca Sánchez Franco
Jueza de Paz de Aldaya (Valencia).

ÍNDICE

ACRÓNIMOS, SIGLAS Y ABREVIATURAS UTILIZADAS

BOE	Boletín Oficial del Estado
BOP	Boletín Oficial de la Provincia
CC	Código Civil
CE	Constitución española
CGPJ	Consejo General del Poder Judicial
Cit.	Citado
CP	Código Penal
CP 1973	Código Penal aprobado por Decreto 3096/1973, de 14 de septiembre (BOE de 12 de diciembre)
BOCG	Boletín Oficial de las Cortes Generales. Congreso de los Diputados
EAA	Estatuto de Autonomía de Andalucía
JPI	Juzgado de Primera Instancia
LA	Ley 60/2003, de 23 de diciembre, de Arbitraje
LDyPJ	Ley 38/1988, de 28 de diciembre, de Demarcación de Planta Judicial
LEC	Ley de Enjuiciamiento Civil
LEC 1881	Ley de Enjuiciamiento Civil de 1881
LECrim	Ley de Enjuiciamiento Criminal
LH	Ley Hipotecaria
LMC	Ley 5/2012, de 6 de julio, de mediación en asuntos civiles y mercantiles
LRJCA	Ley Reguladora de la Jurisdicción Contencioso-Administrativa
LRJyPAC	Ley 30/1992 de Régimen Jurídico de las Administraciones Públicas y del Procedimiento Administrativo Común
LOCJ	Ley Orgánica 2/1987, de 18 de mayo, de Conflictos Jurisdiccionales.

LOCOM	LO 4/1987, de 15 de julio, de Competencia y organización de la Jurisdicción Militar
LOPJ	Ley Orgánica del Poder Judicial
LOTJ	LO 5/1995, de 22 de mayo, del Tribunal del Jurado
LOTC	Ley Orgánica del Tribunal Constitucional
Núm.	Número
Pág./s.	Página/s
PLECrim	Proyecto de Ley de Enjuiciamiento Criminal
RD	Real Decreto
Reglamento (CE) 805/2004	Reglamento (CE) núm. 805/2004, del Parlamento Europeo y del Consejo, de 21 de abril de 2004, por el que se crea un título ejecutivo europeo para créditos no impugnados
Reglamento 2/2005	Reglamento 2/2005, de Honores, Tratamiento y Protocolo en los Actos Judiciales Solemnes, aprobado por Acuerdo de 23 de noviembre de 2005, del Pleno del CGPJ
Reglamento 2/2011	Reglamento 2/2011 de la Carrera Judicial, aprobado por Acuerdo de 28 de abril de 2011 del Pleno del CGPJ
RJ	Repertorio Jurídico
RJP	Reglamento 3/1995, de 7 de junio, de los Jueces de Paz
RO	Real Orden
SAP	Sentencia de la Audiencia Provincial
Secc.	Sección
STC	Sentencia del Tribunal Constitucional
STS	Sentencia del Tribunal Supremo
STSJ	Sentencia del Tribunal Superior de Justicia

PRESENTACIÓN

El título de la presente obra no debe crear falsas expectativas ni conducir al error. Lejos de pretenderse elogiar o hacer apología a favor de una justicia alternativa a la jurisdicción y de paz, sus postulados son absolutamente asépticos en este punto no obstante la actual tendencia manifiestamente favorable a la llamada "cultura" basada en la convivencia pacífica y en la solución basada en la voluntad de las partes frente a la justicia considerada "formal".

Lo ideal sería no generar conflictos o, como evidenciaba PLATÓN en su República[1], *"es infinitamente más conveniente y más bello conducirse de manera que no haya necesidad de acudir a un juez soñoliento"*. Y si no hay más remedio, una vez generados, lo idóneo es que seamos capaces de ponerles fin por nosotros mismos, sin necesidad de la intervención de terceros que nos impongan forzosamente su solución. De este modo, la prudencia de un lado y la libertad individual por otro regirían como valores preponderantes en la vida social.

Partiendo de esta inicial apreciación, en la práctica totalidad de los trabajos en los que se aborda el estudio de las soluciones alternativas a la jurisdicción se afirma, como idea preconcebida, presupuesto indubitado y realidad casi inmutable, que estas ofrecen unos resultados más convenientes en aspectos como el coste económico, la participación de las partes, la rapidez procedimental y hasta se llega a sostener una conveniencia general y genérica sin terminar de concretar en qué. Igualmente, es habitual destacar que permite el control por las partes en el resultado, sin riesgos a una decisión de todo o nada. Correlativamente suele destacarse, con mayor o menor dosis argumentativa y

[1] PLATÓN, *La República o el Estado,* Libro III, 15ª ed., Austral, 1982, pág. 112-3.

fundamento, en ocasiones en mi opinión más bien fruto de meras intuiciones o disquisiciones lógicas descontextualizadas, la incapacidad de la jurisdicción para resolver eficazmente determinados asuntos o materias, al resultar inoperante o inadecuada por razones muchas veces sociológicas. Igualmente suele ponerse de manifiesto la "crisis" que padece el proceso como instrumento en que jueces y magistrados ejercen jurisdicción en su finalidad para ser vía pacífica, por su afirmada intrínseca lentitud, onerosidad y la consecuente desconfianza fruto del descrédito que todo ello genera.

Esta casi apocalíptica situación, tal y como se presenta, posiblemente tenga alguna correspondencia parcial con la realidad. Sin embargo, si es cierto que en alguna medida la jurisdicción sufre cierto índice de "incapacidad" para resolver conflictos sociales, deberá constatarse de modo riguroso, con datos y criterios objetivos, más que por meras apreciaciones subjetivas cuando no meramente intuitivas o por una dialéctica con alguna lógica al menos aparente.

Si de meras disquisiciones más o menos intuitivas se trata, si basta con argumentaciones dialécticas no exentas de lógica, con idéntica fuerza argumentativa es posible mantener una posición diametralmente opuesta desde todas las perspectivas, tanto en el aspecto económico, en lo referente al ejercicio a la libertad individual, a la aptitud para reducir el volumen de trabajo de los órganos jurisdiccionales o en las afirmadas deficiencias e incapacidades de la jurisdicción para ofrecer una solución a los conflictos que pueda considerarse de calidad, con garantía de los derechos y con suficiente certeza.

Aunque las alternativas a la jurisdicción puedan presentarse inicialmente como más económicas, desde luego no lo serán para aquel que, mereciendo una solución totalmente favorable a sus intereses, decide sacrificar estos aunque sea parcialmente en aras de alcanzar una solución autocompositiva. Igualmente, la mayor conveniencia en relación con el coste dependerá, al menos, de quién sea el favorecido así como del tipo de solución alternativa, puesto que resulta bastante dudoso la afirmación de que la mediación, y todavía más el arbitraje, sean soluciones precisamente baratas para las partes. De hecho, entre otros dispendios necesarios, genera honorarios para el profesional o profesionales implicados, hasta el punto que supone una salida profesional para algunos que, como no puede ser de otro modo, obtendrán una remuneración adecuada que retribuya su trabajo.

En lo referente al ejercicio de la libertad individual de las partes, ciertamente en las soluciones autocompositivas, y hasta incluso en una heterocompositiva como es el arbitraje, la voluntad de las partes puede conformar directa o indirectamente la solución del conflicto. Ahora bien, aunque en la jurisdicción se vincula forzosamente al sujeto pasivo cuando se cumplan los presupuestos, de un lado, no son ajenas al proceso las posibilidades de solución del conflicto mediante la voluntad a través de los llamados modos anormales de terminación (allanamiento, desistimiento, renuncia, transacción...); y de otro, la judicial puede ser una opción tan voluntaria y libre como cualquier otra, solamente si se aceptan las reglas del juego impuestas por la sociedad no como una imposición sino como forma de que el derecho se actualice en el caso concreto, resolviendo el conflicto a través la intervención del titular de la potestad jurisdiccional. Basta partir aceptando la necesidad de que unas normas han de regir las relaciones sociales, al menos subsidiariamente a la libre voluntad de las partes –todavía condicionada a ciertos presupuestos y límites–, y que, en caso de incertidumbre o discrepancia sobre su vigencia y aplicación, exista un mecanismo para que impere el derecho cuando se considere que tal cosa no ocurre. En definitiva, la solución jurisdiccional, en el contexto de una sociedad civilizada, no tiene por qué implicar déficits en cuanto a la libertad individual de las personas ni en la pacificación de las partes en conflicto cuando se aceptan la vigencia del derecho incluso aunque no se comparta en algún punto.

De otro lado, que las vías alternativas a la jurisdicción impliquen una reducción del volumen de trabajo en los órganos jurisdiccionales de forma significativa, es algo que no parece afirmable con alguna rotundidad. Hace algún tiempo que vienen introduciéndose mecanismos como la conciliación o el arbitraje y el número de asuntos registrados en los órganos jurisdiccionales por ello no ha cesado de aumentar. Es de prever que lo mismo ocurrirá con la mediación, no obstante el optimismo que muestra el legislador en sus últimas normas, como es la Ley 5/2012, de 6 de julio, de mediación en asuntos civiles y mercantiles.

Por lo que se refiere a la inaptitud e inconvenientes que puedan derivar de la jurisdicción, traducida en relativa lentitud, eventual falta de medios, puntuales errores y otras deficiencias, con toda probabilidad podremos encontrar ejemplos concretos que evidencien estos problemas e inconvenientes. Sin embargo, ante los mismos pueden tomarse básicamente dos opciones: considerarlos como mal endémico e irresoluble, de modo que se presente como una necesidad buscar alternativas más eficientes cuando no suponer merma de garantías o, en otros términos, verdaderos "guantánamos procesales"; o, por el contrario, ser un incentivo para mejorar y perfeccionar la jurisdicción, el proceso y, por ese camino, los derechos y garantías de las personas. Aunque estas dos alternativas no han de ser absolutamente incompatibles, y caben posiciones intermedias, si las deficiencias en la jurisdicción son la coartada para la potenciación de sus alternativas, en la medida que las mismas se reduzcan lo hará consecuentemente la necesidad y justificación de sus alternativas. Al final, si bien se mira todo se reduce a la merca discreción o gusto personal.

La dialéctica argumentativa, en un sentido o en otro, puede ser ilimitada. En este trabajo, por lo expuesto, no se niega, pero tampoco se presupone, ni siquiera desde apreciaciones aproximativas y más o menos intuitivas, que las alternativas a la jurisdicción deban representar una opción necesariamente más conveniente y adecuada que la jurisdicción, ni mucho menos, supone ninguna apología a favor de la implantación y desarrollo de estas alternativas. El título *"justicia de paz y alternativa"* describe precisamente el estudio de la regulación vigente en relación con los principales aspectos de la justicia de paz, principalmente en sus puntos más problemáticos y deficientes. Entre otras cuestiones, abarca la dudosa constitucionalidad y mermas en cuanto a garantías, particularmente en lo que a la independencia se refiere consecuencia inmediata de un sistema de acceso poco acorde al contexto social actual. Se completa prestando atención a las competencias, régimen de derechos, deberes y responsabilidad, y, tras una referencia a la oficina judicial, culmina con las alternativas a la jurisdicción en manos del Juez de Paz, reducidas exclusivamente a intervenir como tercero en la conciliación.

De otro lado, este trabajo tampoco pretende diseñar, de una forma en algún punto concreta, la configuración del primer escalón de la justicia. Tan alta responsabilidad corresponde a la discrecionalidad técnica del legislador. Otra cosa es que las deficiencias regulatorias puestas en evidencia en la obra permitan extraer algunas importantes consecuencias. Así y todo, incluye unas reflexiones conclusivas que presentan a muy grandes rasgos las alternativas posibles en manos del legislador: desde mantener inalterado el régimen actual, hasta eliminar la figura del Juez de Paz previa privación de competencias y sustituyendo en sus funciones por otro órgano o servicio en el resto de actividades.

Todo ello pasando por afrontar una reforma en profundidad que genéricamente adecue su régimen a los parámetros constitucionales, perfeccione su regulación y aproveche las potencialidades y ventajas de una institución tan tradicional y próxima a la sociedad como es la del Juzgado de Paz. Importantes "indicios", como la desjudicialización del Registro Civil en cuanto finalice la *vacatio legis* de la Ley 20/2011, de 21 de julio, del Registro Civil como también la pretendida despenalización de las faltas que parece pretenderse, apuntan a la opción más expeditiva de eliminar la justicia de paz. Sin embargo, aunque requiera una reflexión tranquila y un estudio riguroso, nunca exento de dificultad, creo que merece ser postulada una opción reformista que, minimizando los posibles inconvenientes, permita aprovechar una institución más que centenaria y siempre cercana al ciudadano.

CAPÍTULO I.
GENERALIDADES

I. EL CARGO DE JUEZ DE PAZ: RELEVANCIA CON CIERTO DESPRESTIGIO

La Ley Orgánica 6/1985, de 1 de julio, del Poder Judicial, en su Libro I, Título IV, Capítulo VI, regula parcamente los denominados "Juzgados de Paz". Asimismo, el desarrollo normativo se produce mediante el Reglamento 3/1995, de 7 de junio de los Jueces de Paz[2].

El cargo del Juez de Paz es sin duda relevante[3]. A pesar de los matices que estudiaremos en su estatuto personal, así como del relativamente limitado ámbito competencial que les corresponde, ejerce jurisdicción exactamente igual que cualquier otro juez. Resultan paradigmáticas las palabras del Tribunal Supremo, en su STS, Sala 3ª Secc. 8, de 12 de mayo de 2009 (RJ 2009\5302), cuando afirma que, no obstante no exigirse licenciatura en derecho *"es notorio que forma parte del contenido cultural mínimo atribuible a cualquier persona con calidad y capacidad para ser designado Juez de Paz, y aunque carezca del Título de Licenciado en derecho, la idea de que en la propia expresión Juez, está ínsito que el que ocupa ese cargo, es alguien que debe dictar sentencias,*

---

[2] La literatura sobre los jueces de paz, aunque relativamente antigua, es abundante. Así, entre otros, ABELLA POBLET, M., CARRASCOSA LÓPEZ, V., VARÓN COBOS, R., *Manual de los Juzgados de Paz,* Madrid, 1990. VVAA, *La Justicia de Paz,* Valencia, 1989.

[3] Esto no impide a DE LA RÚA MORENO, J. A., "Relaciones del Partido Judicial con los Jueces de Paz de su circunscripción", original, pág. 3, con referencia a un artículo titulado "Los olvidados Jueces de Paz" publicado en uno de los periódicos de Valencia, entre otras cosas, califica a los Jueces de Paz como *"los hermanos y hermanas pobres y olvidados de la Justicia, los parias desheredados, a pesar de que suelen apechugar con la más fea y comerse todos los marrones del mundo".*

que es tanto como que debe decidir o resolver litigios que se le planteen en el ámbito competencial que desempeña. Sentencias que también es notorio, que son pronunciamientos sujetos a unos trámites previos de celebración de un acto que garantice la contradicción".

En efecto, el art. 100, 1 y 2 LOPJ expresamente les faculta para ejercer jurisdicción en la circunscripción del Juzgado de Paz de la que son titulares, en todos aquellos asuntos que la misma les atribuye. En el orden civil, serán competentes para la substanciación en primera instancia, fallo y ejecución de los procesos que la Ley determine, y cumplirán también funciones de Registro Civil y las demás que la Ley les atribuya; y les permite intervenir igualmente en actuaciones de prevención o por delegación y en aquellas otras que señalen las leyes. En el orden penal, por su parte, conocerán en primera instancia de los procesos por faltas que les atribuya la Ley. Podrán intervenir, igualmente, en actuaciones penales de prevención, o por delegación, y en aquellas otras que señalen las Leyes[4].

Como se pone de manifiesto en el primer párrafo de la exposición de motivos del RJP, se configuran como *"órganos servidos por Jueces legos, no profesionales, que llevan a cabo funciones jurisdiccionales y mientras desempeñan su cargo integran el Poder Judicial, gozando de inamovilidad temporal"*. Esto se traslada al texto normativo, concretamente al art. 1 del citado RJP, en el que se dispone que *"de conformidad con lo dispuesto en el artículo 298.2 de la Ley Orgánica del Poder Judicial*[5]*, los Jueces de Paz ejercen funciones jurisdiccionales sin pertenecer a la Carrera Judicial, con sujeción al régimen establecido en dicha Ley, sin carácter de profesionalidad y con inamovilidad temporal, formando parte durante su mandato del Poder Judicial"*.

A pesar de que sea con limitaciones (no pertenecen a la carrera judicial, carecen de carácter profesional y su inamovilidad es meramente temporal),

---

4 El art. 3 del Reglamento de los Jueces de Paz lo resume en los siguientes términos: *"de conformidad con lo dispuesto en el artículo 100 de la Ley Orgánica del Poder Judicial, los Jueces de Paz conocerán en el orden civil y penal de los procesos cuya competencia les corresponde por Ley. Cumplirán también funciones de Registro Civil y las demás que la Ley les atribuya"*.

5 Según este precepto, *"también ejercen funciones jurisdiccionales sin pertenecer a la Carrera Judicial, con sujeción al régimen establecido en esta Ley, sin carácter de profesionalidad y con inamovilidad temporal, los magistrados suplentes, los que sirven plazas de jueces como sustitutos, los jueces de paz y sus sustitutos"*.

ejercen jurisdicción y forman parte del Poder Judicial. Resulta coherente, por ello, que se les otorgue legalmente, dentro de su circunscripción, el mismo tratamiento y precedencia que se reconoce en la suya a los Jueces de Primera Instancia e Instrucción (art. 103.1 LOPJ).

El Juez de Paz, no obstante encontrarse en la base de la organización judicial o, en otros términos, en el primer escalón de la pirámide judicial, ejerce entre otras cosas jurisdicción[6]. Y precisamente por ese motivo, merece el reconocimiento que se le otorga: el mismo que corresponde al titular del Juzgado de Primera Instancia e Instrucción dentro de su circunscripción. De hecho, la existencia de la figura del Juez de Paz, como autoridad, delimita diversos tipos penales como el de atentado o desobediencia. Así lo ha reconocido la jurisprudencia (por ejemplo, la STS, Sala 2ª, de 19 de noviembre de 1990, RJ 1990/9002)[7], cuando entiende que el Juez de Paz ha de considerarse autoridad a los efectos del delito de atentado del art. 550 CP[8], incluso aunque actúe por delegación de otro juzgado; la SAP Navarra, Secc. 1ª, de 15 de julio de 1999, que condena por una falta contra el orden público por llamar "cabrón, putero"

[6] Sobre el papel e importancia del Juzgado de Paz resultan paradigmáticas del primer párrafo de la Instrucción 4/2001, de 20 de junio del Pleno del CGPJ, sobre el alcance y los límites del deber de auxilio judicial, cuando afirma que *"según expresa el Libro Blanco de la Justicia, la denominada Justicia de Paz constituye el primer escalón de la organización judicial (...) conveniencia de distinguir entre dos tipos de Juzgados de Paz: Los de poblaciones pequeñas, en las que el Juez de Paz parece encajar en el concepto cuasi-honorífico propio de nuestra tradición jurídica y que asume la Ley Orgánica del Poder Judicial y los de aquellas otras localidades mayores o de tipo medio, donde el Juez de Paz tiene una relevante tarea jurisdiccional, ya que celebra con alguna frecuencia juicios de faltas, desarrolla una notable actividad en materia de Registro Civil y, sobre todo, practica numerosos actos de auxilio judicial. Es este último aspecto de su actividad el que motiva el presente texto"*.

[7] Según dice literalmente la misma *"lo que no puede ni debe hacerse, frente a una Comisión Judicial, que actúa en cumplimiento de una carta orden de otro Juzgado, es insultar gravemente al Juez y al Secretario de la misma, ni intentar agredirles, ni abalanzarse contra ellos, llegando a zarandear a uno –pese a que la Guardia Civil, que acompañaba a la citada Comisión, trató de impedirlo–, que es precisamente lo que hizo el hoy recurrente, y por cuya conducta fue acusado y condenado por la Audiencia Provincial de Lérida como autor de un delito de atentado"*.

[8] Según este precepto, *"son reos de atentado los que acometan a la autoridad, a sus agentes o funcionarios públicos, o empleen fuerza contra ellos, los intimiden gravemente o les hagan resistencia activa también grave, cuando se hallen ejecutando las funciones de sus cargos o con ocasión de ellas"*. Y serán castigados, según el art. 551 del mismo y sin perjuicio de los arts. 552 y ss, *"con las penas de prisión de dos a cuatro años y multa de tres a seis meses si el atentado fuera contra autoridad y de prisión de uno a tres años en los demás casos"*.

a un Juez de Paz cuando este se disponía a formular una denuncia; o la SAP Madrid (Secc. 1ª), de 2 de julio de 1999, por la que condena por una falta de desobediencia por la negativa a entregar al Juez de Paz el permiso de conducir acordada en ejecución de sentencia penal firme con posterior cumplimiento voluntario.

Teóricamente al menos, como también desde algunos aspectos prácticos como hemos visto, el cargo de Juez de Paz está caracterizado por la relevancia, idéntica a la de cualquier otro juez ordinario. Sin embargo, este inicial reconocimiento queda ciertamente empañado por los matices que recibe en su estatuto personal que, como desarrollaré ampliamente más adelante, deja en entredicho la necesaria independencia e imparcialidad que debe informar su misma existencia y funcionamiento. Son varios los matices, particularidades y limitaciones en las garantías que deberían caracterizar su estatuto personal y que, sin embargo, quedan limitadas cuando no excluidas. Entre las principales, merece destacarse la falta de preparación técnica necesaria para el acceso al cargo; la escasa dedicación que requiere; la remuneración adecuada pero insuficiente para el sustento, que impone que el cargo deba ser compatible con actividades profesionales o mercantiles[9]; así como la relativa responsabilidad que ha de ser consecuente con su nula preparación y escasa remuneración. Todo ello viene acompañado de un sistema de acceso que, lejos de ser objetivo, solamente garantiza que el candidato a Juez de Paz posee la confianza del pleno del Ayuntamiento del municipio sede del correspondiente Juzgado de Paz. Otra cosa sería que la corporación local realizara la selección atendiendo exclusivamente al resultado de un baremo tras una convocatoria pública. Y que de tal procedimiento resultare que la persona más idónea efectivamente accediera al cargo. Sin embargo, en la actual coyuntura, se trataría de una hipótesis fruto de la casualidad, no de la necesidad jurídica. Lo bien cierto es que todas estas circunstancias objetivas han generado la idea en la conciencia colectiva sobre la dependencia del Juez de Paz al equipo de gobierno municipal, así como la falta de autoridad en el sentido romano del término –sin perjuicio de la eventual autoridad moral o social que pueda tener–.

[9] Si bien, conforme al art. 14 del Reglamento de los Jueces de Paz, siempre que dichas actividades no impliquen asesoramiento jurídico de ningún tipo y que, por su naturaleza, no sean susceptibles de impedir o menoscabar su imparcialidad o independencia ni puedan interferir en el estricto cumplimiento de los deberes judiciales. Igualmente, tendrán compatibilidad, *"la dedicación a la docencia o a la investigación jurídica"*.

Todo ello, unido a la escasa remuneración económica que merece y al general desconocimiento de sus funciones, al menos no jurisdiccionales, inmerecida o merecidamente desprestigia en la conciencia social el cargo, la función y al titular del Juzgado de Paz.

II. EL JUZGADO DE PAZ EN EL CENTRO DE LA POLÉMICA: DUDOSA CONSTITUCIONALIDAD Y DISFUNCIONES POR MERMA DE GARANTÍAS

Al final de la década de los noventa, concretamente en el año 1997, el Consejo General del Poder Judicial aprobó el llamado Libro Blanco de la Justicia. Entre otras muchas cosas, en su capítulo quinto formuló consideraciones muy críticas sobre los Juzgados de Paz. Las palabras literales de este texto son lo suficientemente ilustrativas y esclarecedoras como para transcribirlas a continuación.

En cuanto a valoración general de los Juzgados de Paz, parte de una posición peyorativa inicial y plantea la necesidad de que se incida sobre los mismos, bien suprimiéndolos o bien aumentando sus competencias. Señala en ese sentido: *«el planteamiento de su posible supresión por su escasa rentabilidad y eficacia o el aumento de sus competencias»*[10].

Por lo que se refiere a la formación del Juez de Paz, pone en evidencia las disfunciones que plantea la innecesaria formación jurídica del titular del Juzgado de Paz cuando afirma que: *«con carácter general, destaca también la incidencia en el defectuoso funcionamiento de los Juzgados de Paz de la falta de preparación y formación de sus titulares»*[11].

Y, coherentemente con lo anterior, sugiere que se valore la formación jurídica y que se establezca un estatuto que garantice su independencia en cuanto a su acceso y remuneración. Indica que: *«el carácter de licenciado en Derecho será mérito preferente para ser nombrado juez de Paz. Es necesario establecer un nuevo estatuto del Juez de Paz, en el que, en atención a las características profesionales y de capacitación que se les exigen, se regule adecuadamente el procedimiento de su elección y nombramiento, retribuciones (las que habrán*

---

[10] CGPJ, *Libro Blanco de la Justicia*, Madrid, 1997, pág. 301.

[11] CGPJ, *Libro Blanco de la Justicia*, cit., pág. 300.

de ser adecuadas a las circunstancias y exigencias del cargo), dedicación y responsabilidades...»[12].

Desde luego las referencias del Libro Blanco de la Justicia ponen en evidencia que la justicia de paz no está exenta en absoluto de problemas[13], algunos de ellos son tan relevantes que no se explican más que en un contexto de práctica ausencia de competencias jurisdiccionales, pues no solamente se traducen en problemas de funcionamiento sino que se anclan en su mismo fundamento constitucional.

En efecto, a las graves disfunciones en materia tan importante como es la relativa a las garantías de una justicia de calidad, que debe ser servida por jueces independientes e imparciales, se une otro problema relacionado que incide todavía más en su dudosa constitucionalidad[14].

Entre las razones que se apuntan para ello está la circunstancia de que el art.19.2 de la LOPJ amplía la previsión constitucional. Este precepto contempla indirectamente la participación de jueces legos en la administración de justicia a través de los Juzgados de Paz, cuando se refiere, entre otros, *"en los demás casos previstos en esta Ley"*. En cambio, la previsión constitucional se limita a los supuestos expresamente contemplados, no a los demás casos previstos en esta Ley, esto es, los Juzgados de Paz. En efecto, el art. 125 CE taxativamente dispone que *"los ciudadanos podrán ejercer la acción popular y participar en la Administración de Justicia mediante la institución del Jurado, en la forma y con respecto a aquellos procesos penales que la Ley determine, así como en los Tribunales consuetudinarios y tradicionales"*, sin contemplar, por tanto, esos otros casos previstos en esta Ley como es la del Juzgado de Paz.

---

[12] CGPJ, *Libro Blanco...*, cit., pág. 304.

[13] Valga como muestra las palabras de CALVO GONZÁLEZ, J., "Jueces de Paz escolares", en *Actualidad Jurídica Aranzadi*, núm. 699/2006, BIB 2006\78, cuando se refiere a *"las críticas, no del todo infundadas, señalan la deficitaria formación técnica de sus titulares y evidentes aprietos constitucionales al evaluar la efectiva garantía de independencia, inamovilidad, aunque temporal, responsabilidad y único sometimiento al imperio de la Ley. Principios inherentes a la función judicial en un Estado de Derecho (art. 117 CE) que en el sistema de acceso a la Justicia de Paz resultan claramente problemáticos por dependencia con el Alcalde o grupo municipal mayoritario que los designa, planteando así serios equívocos respecto a su independencia e imparcialidad"*.

[14] Entre otros autores, DE LA OLIVA SANTOS, A., "La nueva Ley Orgánica del Poder Judicial. Análisis jurídico general y constitucional", en *Revista de Derecho Procesal,* 1987, págs. 27 y ss. DAMIÁN MORENO, J., *Los Jueces de Paz*, Madrid, 1987, págs. 205-6 y 230 y ss.

Igualmente y sobre todo, se critica que no quede garantizada efectivamente la independencia, la inamovilidad, la responsabilidad y el sometimiento únicamente al imperio de la Ley por parte del Juez de Paz[4]. Incluso genera ciertas dudas de constitucionalidad en lo que se refiere al principio de igualdad. En el ámbito civil será competente para conocer de un asunto que no supere los noventa euros bien el Juzgado de Primera Instancia o bien el Juzgado de Paz, en atención a que el demandado esté domiciliado o tenga su residencia en una localidad que sea o no cabeza de partido. De ese modo, si lo es, conocerá un juez preparado técnicamente y con un estatuto pleno de garantías; en cambio, si no lo es, por un juez cuyo único mérito constatable es el de tener la confianza del pleno del Ayuntamiento. Como fácilmente puede observarse, tal determinación de competencia objetiva en atención a la categoría o importancia del lugar en el que tenga su domicilio el demandado plantea un trato dispar difícilmente compatible con el principio de igualdad. Por supuesto, otra cuestión es que, desde una perspectiva práctica, todo esto pierde vigor o se salva atendiendo a una realidad estadística (fruto, por supuesto, de la lógica económica): pocos presentan una demanda civil por cuantía que no supere los noventa euros. La desigualdad y la eventual inconstitucionalidad derivada, queda en una mera hipótesis de laboratorio. Por supuesto, hasta el día que a algún legislador laborioso se le ocurra la brillante idea de ampliar su ámbito competencial hasta cuantías en las que merezca perder el tiempo necesario, asumir los riesgos oportunos y realizar los esfuerzos necesarios para litigar.

En cualquier caso, por las razones anteriores han venido levantándose voces reclamando que desparezcan o, más bien, para que se sustituyan los actuales Juzgados de Paz. Así, por ejemplo, se ha propuesto que los Jueces de Paz sean suprimidos, atendiendo a la evidencia de que el juez lego ha cumplido su misión histórica y de que hoy ya es posible el establecimiento de jueces técnicos a todos los niveles. Asimismo, las funciones no jurisdiccionales que tienen encomendadas (sobre todo el Registro Civil) podrían ser confiadas a los secretarios de los Ayuntamientos, a quienes se atribuiría también la realización de los actos de comunicación[15].

---

[15] Entre otros, MONTERO AROCA, J., "La llamada Justicia Municipal y el proyecto de "Bases de la Ley Orgánica de la Justicia", en *Revista de Derecho Procesal Iberoamericana*, núm. 1, 1974, pág. 163.

No obstante las serias dudas de constitucionalidad y las disfunciones que plantean los Juzgados de Paz, posiblemente por su casi ausencia de funciones jurisdiccionales y por la actividad no jurisdiccional específica con cierto volumen de trabajo, lo bien cierto es que, como se ha afirmado *"no podemos desconocer la realidad y la realidad es que los Juzgados de Paz están ahí y habrá que hacer frente a los problemas y aportar posibles soluciones"* [16]. Por supuesto, para aportar cualquier solución a un determinado problema previamente es necesario identificarlo. Labor que no parece que plantea especiales dificultades puesto que, como veremos en las siguientes páginas, los problemas son abundantes y, en algunos casos, ciertamente serios.

III. EL JUZGADO DE PAZ EN LA BASE DE LA ORGANIZACIÓN JUDICIAL ESPAÑOLA

La organización judicial española la integran juzgados, audiencias y tribunales. El Juzgado de Paz solamente es uno más de los diversos órganos que constituyen esta organización, situado precisamente en su base o, en otros términos, en el primer tramo de la pirámide judicial española[17]. Y en efecto, cualquiera que sea el criterio que se atienda, puede afirmarse que el Juzgado de Paz se halla en la base de la organización judicial.

Los órganos jurisdiccionales pueden ser unipersonales o colegiados. En los primeros resuelve un solo titular del órgano, generalmente un juez; en los segundos su actuación se lleva a cabo conjuntamente por varios magistrados. El Juzgado de Paz es unipersonal y está servido por un juez que, como luego indicaré, mantiene además particularidades en su estatuto que reducen las garantías de independencia e imparcialidad en comparación con otros jueces.

También los tipos de asuntos que conocen los jueces de paz, por su sencillez o escasa importancia, permiten afirmar que se encuentran en la base de la pirámide.

---

16 DAMIÁN MORENO, J., *Los Jueces de Paz*, cit., pág. 240.

17 Metáfora muy habitual en la literatura jurídica para referirse a los Juzgados de Paz, poniendo en evidencia la idea de que se ubican precisamente en la base de la organización judicial española. En ese sentido, por todos, CGPJ, *Los juzgados de paz*, Barcelona, 1996, pág. 21. También CALVO GONZÁLEZ, J., "Jueces de Paz escolares", cit., alude al Juzgado de Paz como el más elemental y básico escalón de la justicia.

Todos los órganos jurisdiccionales tienen atribuida potestad jurisdiccional, si bien su poder lo ejercen de modo parcelado tanto por los temas que conocen como por el territorio al que alcanzan. El ámbito determinado en el que los órganos ejercen jurisdicción es conocido como competencia. Los criterios de atribución de competencia a cada órgano son de diversos tipos, entre otros, el contenido de los asuntos así como el territorio. El Juzgado de Paz tiene competencia para conocer de asuntos civiles y penales (no, por tanto, los correspondientes a los llamados órdenes jurisdiccionales laboral ni contencioso-administrativo) y, entre los mismos, aquellos relativamente menos relevantes o más insignificantes. Igualmente, el ámbito territorial al que alcanza su competencia, esto es, en el que pueden ejercer jurisdicción, alcanza únicamente la circunscripción territorial municipal que es la inferior.

1. Circunscripción territorial inferior

El ámbito territorial es uno de los aspectos que permiten clasificar los órganos jurisdiccionales. En principio, cuanto mayor sea el territorio que abarca, más importante es el órgano[18]. Así tenemos órganos jurisdiccionales

[18] Digo en principio porque hay excepciones o, al menos, matices. Por ejemplo, el Tribunal Superior de Justicia culmina la organización judicial en el ámbito de la Comunidad Autónoma (arts. 152.1.II CE y 70 LOPJ), buena prueba de ello es que conocerá del recurso de casación civil cuando se funde en infracción de normas de Derecho Civil, foral o especial propio de la comunidad y así se contemple en el correspondiente estatuto de autonomía (art. 73.1.a) LOPJ). En ese caso es claro que actuará de modo equivalente al Tribunal Supremo respecto a las correspondientes normas estatales. Otra cosa es que en el mismo recurso sean acumuladas la infracción de normas de derecho foral o especial propio de la Comunidad Autónoma y la de derecho común, en cuyo caso conocerá también el Tribunal Superior de Justicia conforme al art. 478.1.II LEC. Esto supondrá, como afirma ORTELLS RAMOS ("Capítulo 22", en *Derecho Procesal Civil,* (con otros), Thomson-Reuters Aranzadi, Cizur Menor, 11ª ed., 2012, pág. 543) *"una nueva quiebra de la función unificadora del recurso, esta vez en cuanto a la interpretación del Derecho común"*. De otro lado, en relación con algunos órganos con competencias en todo el territorio español, como la Audiencia Nacional o los Juzgados Centrales, es altamente discutible que puedan situarse por encima de otros órganos jurisdiccionales en el organigrama organizativo, si bien alguno de los temas o cuestiones que conocen, particularmente en el ámbito penal, pueden considerarse como de mayor relevancia o importancia por diversos motivos (delitos contra el titular de la corona, falsificación de moneda, defraudaciones y maquinaciones para alterar el precio de las cosas, tráfico de drogas cometidos por bandas o grupos organizados y produzca efectos en lugares pertenecientes a diversas audiencias, delitos cometidos fuera del territorio nacional terrorismo, bandas organizadas, todo ello conforme al art. 65 LOPJ) y de delitos cometidos por personas integradas en bandas armadas, relacionadas

con competencias en todo el territorio español, en una comunidad autónoma determinada, en la provincia, en ámbito de partido judicial y, por último, en ámbito municipal.

Asimismo, los órganos jurisdiccionales serán parcial o totalmente distintos en función de que conozcan de los temas correspondientes a cada uno de los órdenes jurisdiccionales (civil, penal, laboral y contencioso administrativo).

Algunos órganos conocen exclusivamente de un tipo de materias, ejemplo claro son los Juzgados de Instrucción o Juzgados de lo Penal, que conocen ambos de materias penales; los Juzgados de Primera Instancia, de materias civiles, si bien no son infrecuentes los juzgados mixtos, llamados de Primera Instancia e Instrucción, con competencias civiles en cuanto son de primera instancia y penales en cuanto lo son de instrucción. En ocasiones los órganos pueden tener competencias penales y civiles al mismo tiempo, como es el caso de los "Juzgados de Violencia sobre la mujer".

Por su parte, los órganos colegiados conocen de varias materias, pero lo hacen repartiendo sus competencias en sus diversas Salas o Secciones. El Tribunal Supremo es el ejemplo más claro, en el que, entre otras, su Sala 1ª, es de lo Civil, y la 2ª, de lo Penal[19]; similarmente ocurre en los Tribunales Superiores de Justicia, si bien una misma Sala conoce de lo Civil y lo Penal para determinados temas concretos (art. 73 LOPJ); a su vez, la Audiencia Nacional no tiene competencias en materia Civil (arts. 62 a 69 LOPJ).

Por lo que ahora nos interesa, los principales criterios de clasificación de órganos jurisdiccionales se concretan mediante los temas que conoce (civiles y penales), por la función (de conocer en primera instancia o de los correspondientes recursos), o por el territorio al que se extiende su competencia (estado, Comunidad autonómica, provincia, partido judicial o municipio).

---

con elementos terroristas o rebeldes (Disposición Transitoria de LO 4/1988, de 25 de mayo, de reforma de la LECrim; que se mantiene vigente tal y como ha declarado, entre otras, la STS, Sala 2ª, 546/2002, de 20 de marzo, cuando concluye que *"la vigencia de la atribución de competencia establecida en la discutida Disposición Transitoria es incuestionable para conocer de todos los delitos de terrorismo incluidos en la Sección 2ª del capítulo V del título XXII del CP"*).

[19] Algo similar ocurre en las Audiencias Provinciales, en las que sus diferentes Secciones conocen de asuntos civiles o penales. Ahora bien, a diferencia del Tribunal Supremo, no tiene atribuidas competencias en materias correspondiente a los órdenes jurisdiccionales laboral ni administrativo.

En todo el territorio español tiene competencias el Tribunal Supremo, más concretamente sus diversas Salas. Pero no es el único órgano con competencias en este ámbito pues también contamos con la Audiencia Nacional, incluso los diversos Juzgados Centrales, así como también con el Tribunal de Marcas Comunitarias que, a diferencia del resto de órganos de este mismo ámbito territorial, no tiene su sede en Madrid, sino en la ciudad de Alicante.

En el ámbito de la comunidad autónoma ejercen jurisdicción las Salas de los correspondientes Tribunales Superiores de Justicia (arts. 34 y 71 LOPJ)[20].

De ámbito provincial son las Secciones de la Audiencia Provincial así como algunos juzgados, como los Juzgados de lo Penal o los Juzgados de lo Mercantil.

En el partido judicial[21], los Juzgados de Primera Instancia e Instrucción, que se ubica en el municipio más importante de dicho partido, generalmente por generar en el mismo mayor litigiosidad consecuencia del elevado número de habitantes.

Y en el ámbito municipal, sin perjuicio de todo lo anterior, los Juzgados de Paz, que se sitúan en los municipios donde no tengan establecida su sede los Juzgados de ámbito correspondiente al partido judicial, esto es, los Juzgados de Primera Instancia e Instrucción[22]. De ese modo, sin perjuicio de que podemos encontrar algunas excepciones puntuales, son en principio los juzgados más numerosos con diferencia, aunque estén situados en los municipios considerados de menor importancia en comparación con los que, por ser cabeza de partido, han sido considerados sede de los juzgados de primera instancia e instrucción.

---

[20] Como particularidad, contamos con el TSJ de Andalucía, que lo es también de las ciudades autónomas de Ceuta y Melilla y que tiene su sede en Granada (art. 4.2 del EAA). De hecho, en el art. 228 del mismo EAA, queda claro que *"la Comunidad Autónoma de Andalucía mantendrá unas especiales relaciones de colaboración, cooperación y asistencia con las Ciudades Autónomas de Ceuta y Melilla"*.

[21] El partido judicial, existente en España desde la primera mitad del siglo XIX, es una unidad territorial establecida a los meros efectos de la administración de justicia. Salvo en las ciudades o municipios más grandes, se integran por más de un municipio, limítrofes entre sí y pertenecientes a la misma provincia.

[22] Según los términos literales del art. 99.1 LOPJ, repetidos literalmente en el art. 2 RJP, *"en cada municipio donde no exista Juzgado de Primera Instancia e Instrucción, y con jurisdicción en el término correspondiente, habrá un Juzgado de Paz"*.

En definitiva, es claro que atendiendo al criterio del territorio, el Juzgado de Paz se sitúa en la base de la organización jurisdiccional española. Al margen de que alguna administración pueda eventualmente actuar estructurada por ciertos ámbitos inferiores como barrios o distritos, mientras no existan órganos jurisdiccionales de ámbito inferior, de creación altamente improbable, el Juzgado de Paz es el de menor ámbito territorial, habida cuenta de que se sitúa en los municipios de más escasa población en comparación con los que son sede de los Juzgados de Primera Instancia e Instrucción.

2. Competencia en materias ínfimas

El titular del Juzgado de Paz no solamente ejerce jurisdicción, sino que también tiene atribuidas otras funciones: la más conocida y relevante la de Registro Civil. Al menos por lo que se refiere al ejercicio de la potestad jurisdiccional, de nuevo puede afirmarse que el Juzgado de Paz se encuentra en la base de la organización judicial, al conocer de las materias exclusivamente civiles y penales menos importantes cualitativa y cuantitativamente hablando[23]. Más adelante me referiré a todas las competencias de los juzgados de paz, basta por ahora con señalar que la competencia del Juzgado de Paz en materia Civil, conforme al art. 47 LEC, se limitará al conocimiento, solamente en primera instancia, de los asuntos cuya cuantía no supere los noventa euros. Y si con esta previsión no fuera suficiente para excluir prácticamente todos los asuntos relevantes en materia civil, todavía se excluyen también, aunque la cuantía no supere los citados noventa euros, los procedimientos adecuados en razón de la materia y que están previstos en el art. 250.1 LEC[24]; así como

[23] JUAN SÁNCHEZ, R., y CÁMARA RUIZ, J., "Introducción. Los tribunales ordinarios y la oficina judicial", en *Introducción al Derecho Procesal,* (con otros), Thomson-Reuters Aranzadi, Cizur Menor, 2011, pág. 164, reconocen y dejan claro que su competencia civil y penal está *"limitada a los asuntos de menor importancia".*

[24] En general, quedan fuera del ámbito de conocimiento de los Juzgados de Paz, los desahucios por falta de pago, extinción del plazo o por precario; tutelas posesorias (de bienes adquiridos por herencia; tutela sumaria de la tenencia de cosa por quien haya sido despojado o perturbado en su disfrute; suspensión de obra nueva; demolición o derribo de obra, edificio, árbol, columna o cualquier otro objeto análogo en estado de ruina y que amenace causar daños); la efectividad de derechos reales; la solicitud de alimentos; la acción de rectificación de hechos inexactos y perjudiciales; asuntos relativos obligaciones de contratos inscritos en el Registro de Venta a Plazos de Bienes Muebles con determinados requisitos; el incumplimiento de ciertos arrendamientos

también quedan excluidos de su conocimiento los procedimientos monitorios y juicios cambiarios sea cual sea su cuantía (por aplicación, sensu contrario, de los arts. 813 y 820 LEC)[25].

Y por lo que se refiere a la materia penal, conforme al art. 14.1 LECrim, conoce de determinadas faltas muy concretas y determinadas: la de los arts. 620.1 y 2 CP[26], así como 626, 630, 632 y 633 CP, a las que corresponde penas relativamente limitadas. Como es sabido, la diferencia entre delito y falta se basa en criterios de política criminal en función de estimaciones sobre la levedad de la lesión del bien jurídico protegido y de la pena que les corresponde. En ese sentido, conforme al art. 13.3 CP *"son faltas las infracciones que la ley castiga con pena leve"*[27], además, las faltas deberán ser castigadas solamente

---

financieros; acción de cesación en defensa de intereses colectivos y difusos de consumidores y usuarios; y la efectividad de derechos del art. 160 CC, esto es, derecho a relacionarse con hijos, nietos así como parientes y allegados.

[25] Juicios especiales que, sobre todo el monitorio de los arts. 812 a 818 LEC, son los más numerosos en nuestros tribunales. Como consta en el Boletín Información Estadística núm. 22 de noviembre de 2010 del CGPJ, la participación de los monitorios en la carga de trabajo de los juzgados de primera instancia viene creciendo de forma ininterrumpida, si bien en el año 2002 el tanto por ciento respecto de los contenciosos ingresados en nuestros Juzgados de Primera Instancia representaban el 29,5 % del total, esta cuantía ha venido incrementándose año a año hasta llegar en el primer semestre de 2010 a superar la mitad de los asuntos, concretamente al 61,5%, siendo su tendencia ascendente.

[26] Esto es, de amenaza leve con armas u otros instrumentos peligrosos y de amenaza, coacción, injuria o vejación injusta de carácter leve, siempre que el ofendido no sea persona con un vínculo cercano o sean particularmente vulnerables, esto es, exactamente las personas a las que se refiere el art. 173.2 del mismo CP, esto es, cónyuge o persona en análoga relación de afectividad aun sin convivencia; descendientes, ascendientes o hermanos por naturaleza, adopción o afinidad, propios o del cónyuge o conviviente; menores o incapaces que con él convivan o que se hallen sujetos a la potestad, tutela, curatela, acogimiento o guarda de hecho del cónyuge o conviviente; persona amparada en cualquier otra relación por la que se encuentre integrada en el núcleo de su convivencia familiar; personas que por su especial vulnerabilidad se encuentran sometidas a custodia o guarda en centros públicos o privados. Además, de otro lado, se prevé que solamente puedan ser perseguidas mediante denuncia de la persona agraviada o de su representante legal.

[27] Se considerará pena leve aquella a la que se refiere el art. 32.4 CP, esto es: La privación del derecho a conducir vehículos a motor y ciclomotores de tres meses a un año; la privación del derecho a la tenencia y porte de armas de tres meses a un año; la privación del derecho a residir en determinados lugares o acudir a ellos, por tiempo inferior a seis meses; la prohibición de aproximarse a la víctima o a aquellos de sus familiares u otras personas que determine el juez o tribunal, por tiempo de un mes a menos de seis meses; la prohibición de comunicarse con la víctima o con aquellos de sus familiares u otras personas que determine el juez o tribunal, por tiempo de un mes

cuando hayan sido consumadas, excepto las intentadas contra las personas o el patrimonio (art. 15.2 CP).

En fin, atendidos los tipos y las penas, puede afirmarse que las faltas que conocen los Jueces de Paz son de gravedad ínfima y, desde luego, las menos graves. Todo ello al margen de que una eventual pena de multa o de determinados días de trabajos en beneficio de la comunidad hipotéticamente impuestos por un Juez de Paz a una persona concreta, puedan ser considerados por esta como más o menos molesta, inconveniente o subjetivamente grave.

3. Subsuelo de las garantías

Son diversos los motivos que pueden justificar o explicar que el estatuto del Juez de Paz se encuentre limitado en relación con otros órganos. Probablemente una cuestión de tradición y la escasa importancia cualitativa y cuantitativa de los asuntos de su competencia han conducido a que la justicia de paz sea servida precariamente. Entre otras cosas, su inamovilidad solamente será temporal, mientras dure el plazo de cuatro años que abarca su mandato; no se exige que el Juez de Paz posea una formación específica; el sistema de acceso solamente garantiza que se posea la confianza del equipo de gobierno municipal de turno; la remuneración –al margen de un cierto reconocimiento social de ámbito local– es escasa, incluso algunos, salvo la Agencia Tributaria, el Tribunal Supremo y determinados órganos jurisdiccionales[28], han considerado

---

a menos de seis meses; la multa de 10 días a dos meses; la localización permanente de un día a tres meses; y los trabajos en beneficio de la comunidad de uno a 30 días.

[28] Frente a la consideración de indemnización en lugar de salario, la STSJ 368/2008 de la Comunidad Autónoma de les Illes Balears (Sala de lo Contencioso-Administrativo, Secc. 1ª), 27 de junio de 2008, JT 2009\138, debe incluirse en la base imponible del IRPF. Entre otras cosas, afirma que *"mientras esta remuneración no sea compensatoria de los gastos en que haya incurrido éste para el despliegue de su actividad (dietas por traslado, manutención, ... precisas para el desarrollo de su actividad), y sea, en cambio, el precio por el desarrollo de la función de juez de paz, es indudable que la misma se sitúa intramuros de un concepto de fuerte dinámica expansiva como es el de rendimientos íntegros del trabajo. El concepto – como es muy conocido – no incluye únicamente las percepciones obtenidas por medio de un salario propiamente dicho, sino también cualesquiera otras entregas económicas que tengan que ver con la puesta en práctica de una actividad personal remunerada en los términos vigentes en el vínculo trazado entre Ministerio de Justicia/jueces de paz. (...) Dicha actividad es, por el contrario, remunerada y ha sido precisamente dicha remuneración la que ha determinado el conflicto. (...) ni la "escasez de la suma con que se*

que más que retribución o salario podría tratarse de una mera "compensación simbólica" con la naturaleza jurídica de una "indemnización por la prestación de un servicio"[29], sin derecho a Seguridad Social[30]; y ésta, además, es tan ínfima que, por no permitir el mínimo sustento[31], sería impensable que permitiera que la función jurisdiccional fuera incompatible con actividades profesionales, mercantiles o comerciales[32].

En fin, las matizaciones que sufre el Juez de Paz en su estatuto personal son coherentes con su situación en el escalón inferior de la organización judicial española, incluso en el subsuelo de esta misma organización.

---

les retribuye" ni la falta de "una relación funcional ni de empleo a la Administración" abonan la mayor plausibilidad de la tesis de impugnación que mantiene, en el conflicto, el recurrente. Tales datos para nada excluyen la conceptuación de los ingresos dentro de la base imponible del IRPF".

29 DEL OLMO DEL OLMO, J. A., "La problemática derivada de la situación actual de la justicia de paz", en *Revista del Poder Judicial,* núm. 52, 1998, págs. 80-1.

30 Sobre este punto resultan interesante la STSJ1792/2009, de Catalunya (Sala de lo Social, Secc. 1), de 27 de febrero de 2009, AS 2009\1797, cuando afirma que *"a) Els Jutges de Pau es troben en situació jurídica molt especial (el jutge d'instància l'anomena "limbe jurídic") perquè reben unes retribucions, però no tenen dret a la Seguretat Social, situació totalment anòmala. b) Perquè l'actor va tenir una actitud* ètica *al deixar de percebre el subsidi d'atur per entendre que era incompatible amb la quantitat que cobrava per l'exercici del càrrec de Jutge de Pau, quan en realitat no ho era. c) Perquè davant d'aquesta situació* és *totalment aplicable la doctrina del Tribunal Suprem de que quan la normativa exigeix que les cotitzacions acumulades s'acreditin en un període proper al fet causant de la contingència protegida, ha recorregut a les regles de còmput que descarten el temps en que l'assegurat no va poder cotitzar per circumstàncies de malalties o alienes a la seva voluntat, com* és *la situació en que es troba un Jutge de Pau i d) Perquè una altra interpretació no seria possible, a la vista del que estableix l'article 41 de la Constitució, atès que seria totalment desproporcionat que per haver estat durant un temps curt sense estar inscrit a les oficines de l'INEM pel motiu abans citat, perdés el dret a la pensió de jubilació després d'haver estat cotitzant durant més de 30 anys.*

31 Según la Disposición Adicional vigésimo primera de la Ley 2/212 de 29 de junio (BOE núm. 156 del 30) de Presupuestos Generales del Estado, los Jueces de Paz percibirán, de acuerdo con el número de habitantes de derecho del municipio, las retribuciones anuales siguientes: Municipios de 1 a 1.999 habitantes: 1.072,78 €; de 2.000 a 4.999 habitantes: 1.609,11 €; de 5.000 a 6.999 habitantes: 2.145,45 €; de 7.000 a 14.999 habitantes: 3.218,15€; y de 15.000 o más habitantes: 4.290,85 €. Cantidad que es la misma a la de ejercicios anteriores.

32 Por ello que, como recuerda la STS, Sala 2ª, de 15 de julio de 1992 (RJ 1992\6371), *"desde siempre ha recaído el nombramiento del cargo de juez de paz en personas que se venían dedicando al tráfico mercantil".*

CAPÍTULO II. JUSTICIA DE PAZ, ADMINISTRACIÓN LOCAL Y SISTEMA DE ACCESO

I. RELACIÓN ENTRE JUSTICIA DE PAZ Y GOBIERNO LOCAL

Justicia de paz –o municipal– y administración local se hallan estrechamente relacionadas, habida cuenta el sistema de asignación de recursos materiales y personales en los mismo como también el de selección del Juez de Paz, en el que las corporaciones locales ejercen tal poder e influencia que su voluntad resulta ser prácticamente incuestionable.

Esta relación se comprende bien si partimos de que, en sus inicios[33], el primer tramo de la pirámide de la organización judicial se atribuía a los alcaldes. Estos ostentaban funciones tanto de carácter gubernativo como propiamente jurisdiccional[34]. Siendo así, no es de extrañar que actualmente los Ayuntamientos mantengan trascendentes atribuciones en casi todos los aspectos referentes a los Juzgados de Paz.

Sin embargo, esta explicación histórica no permite salvar las importantes dudas de constitucionalidad[35]. Separación de poderes y, sobre todo, garantías

---

[33] Esto sin perjuicio de que algunos autores, como DE URBANO CASTRILLO, E., "Juzgados de Paz", en *Diccionario Enciclopédico el Consultor,* 2003, y también MONTERDE FERRER, F., "Los juicios de faltas en los Juzgados de Paz", en Congreso Nacional de Justicia de Paz, Valencia, 2 y 3 de mayo de 2008, afirman que su origen *"se adentra en la noche de los tiempos".*

[34] Art. 22 del Reglamento Provisional para la Administración de Justicia, de 26 de septiembre de 1835 por el que, el Alcalde y los Tenientes de Alcalde ejercerán el oficio de Jueces de Paz o conciliadores. Véase MONTERO AROCA, J., *Derecho Jurisdiccional,* I, (con ORTELLS y GÓMEZ COLOMER), Barcelona, 1993, págs. 176-7. DAMIÁN MORENO, J., *Los Juzgados de Paz,* cit., págs. 29 y ss. COBOS GAVALA, R., *El Juez de Paz en la ordenación jurisdiccional española,* Madrid, 1989, págs. 70 y ss.

[35] DE LA RÚA MORENO, J. A., "Relaciones del Partido Judicial con los Jueces de Paz de su circunscripción", cit., pág. 4, afirma que los Jueces de Paz, consecuencia de los avatares

de independencia e imparcialidad, hacen cuanto menos discutible la misma existencia de los Juzgados de Paz tal y como se mantienen en nuestros días. Hasta el punto es así que resulta urgente reivindicar su supresión o actualización para que puedan pasar debidamente por el tamiz constitucional.

Sin embargo, el problema es antiguo y las reclamaciones doctrinales han sido hasta ahora desoídas. A principios del siglo pasado DRANGUET[36] ya alzaba la voz para poner de manifiesto los principales problemas de esta justicia, algunos de ellos, por cierto, subsistentes a pesar del transcurso del tiempo. Decía cruda pero gráficamente que «la justicia municipal, en su organización hasta el día, ha fracasado, injer*tada en la política, cultivada por la ignorancia, asentada muchas veces en la mala fe y, sobre todo, carente del espíritu de equidad preciso y al que por paradoja debe su existencia»*.

Después de un siglo de haber sido expresadas tan ilustrativas palabras, la situación no ha mejorado ni un ápice. Es más, aunque sea en términos relativos, puede afirmarse que ha empeorado si se confronta con el marco de nuestra Constitución, que, como es sabido, establece para la jurisdicción características, principios y garantías específicas. Ante todo ello, los Juzgados de Paz no superarían la más elemental evaluación constitucional, desde el punto de la debida separación con el poder ejecutivo como también en lo que se circunscribe a su actividad estrictamente jurisdiccional. Otra cosa son las variadas funciones no jurisdiccionales que se les atribuye, así como los más o menos bienintencionados intentos de convertir su función en una especie de justicia "amigable" de los asuntos, alejándola de su esfera estrictamente jurisdiccional. Planteamiento este que obedece a razones en mi opinión tan peregrinas como su sola denominación como juzgados "de Paz", o la escasa cuando no nula formación jurídica de sus titulares.

El merecido suspenso en lo que se refiere a su cobertura constitucional se debe a dos aspectos: el de la asignación de medios materiales y humanos por parte de las corporaciones locales como también a que el Juez de Paz forma parte del ámbito "de control" de los mismos alcaldes, hoy en día en su versión

---

históricos y de la falta de definición de estas instituciones a lo largo del tiempo, *"siempre se han visto rodeados de la consiguiente polémica"*.

[36] DRANGUET, A. R., *Responsabilidad e independencia del Poder Judicial,* Madrid, 1930, pág. 188.

moderna, esto es, tanto de su persona como del partido o partidos políticos al que pertenece el equipo de gobierno de cada Ayuntamiento.

1.ª Dotación de medios materiales y personales atribuida a las corporaciones locales. El art. 51.1 de la LDyPJ deja claro que en los Juzgados de Paz *"se prestará servicio por personal dependiente del Ayuntamiento, sin perjuicio de la normativa aplicable al ejercicio de su función"*. Y, a su vez, el art. 50.3 LDyPJ dispone que en los Juzgados de Paz de municipios de menos de siete mil habitantes o en los que la carga de trabajo no lo justifique *"el Ayuntamiento nombrará persona idónea para el desempeño de la Secretaría y lo Comunicará al Ministerio de Justicia para su aprobación"*. Esto implica la obligatoriedad de los Ayuntamientos de soportar la dotación de personal, tanto el auxiliar como, en los Juzgados que no cuenten con Oficial de la Administración de Justicia conforme al art. 50.1 LDyPJ, nombrar al Secretario judicial que, en ocasiones será el propio Secretario del Ayuntamiento[37]. Igualmente, el art. 51.3 LDyPJ, en relación con la dotación de los medios materiales, dispone que *"las instalaciones y medios instrumentales del Juzgado de Paz, salvo cuando fuere conveniente su gestión total o parcial por el Ministerio de Justicia o la Comunidad Autónoma respectiva, estarán a cargo del Ayuntamiento respectivo"*. Todo ello se pretende "compensar" por la vía de la subvención a las corporaciones locales conforme al art. 52 LDyPJ. Para el año 2011, según la Orden de 11 de mayo del mismo (BOE núm. 120, del día 20) las subvenciones a los ayuntamientos para los gastos de funcionamiento de los Juzgados de Paz se modulan en cantidades que oscilan entre los 465 euros en el primer tramo (de 1 a 499 habitantes), hasta los 3.306 euros en el último tramo (de 7.000 o más habitantes), lo que provoca de un lado desinterés en atender debidamente y la consiguiente precariedad y consecuencias negativas para la independencia judicial, desvirtuando la independencia judicial y el entendimiento de la Administración de Justicia como un servicio público de ámbito estatal[38].

---

[37] En ese sentido DEL OLMO DEL OLMO, J. A., "La problemática derivada de la situación actual de la justicia de paz", cit., pág. 100. Para este autor, además, esto tiene una incidencia negativa tanto por la carestía de personal como, indica, *"por la tradicional oposición de los Secretarios municipales a cumplir con las tareas propias de la Justicia de Paz, a cambio de exiguas retribuciones, razón por la cual muchos de ellos paralizan sus actividades o se niegan a la práctica de determinados actos judiciales"*.

[38] DEL OLMO DEL OLMO, J. A., "La problemática derivada de la situación actual de la justicia de paz", cit., pág. 101, en la línea mantenida por el *Libro Blanco de la Justicia* (pág. 305)

2.ª Selección del Titular de la potestad jurisdiccional. Como a continuación desarrollaré, el legislador deja, en condiciones de normalidad, la elección del Juez de Paz en manos del Pleno del Ayuntamiento correspondiente. Y mantiene de ese modo un sistema de acceso que se presenta, en mi opinión, dudoso, inconveniente y profundamente criticable. Valoración peyorativa debida quizá no tanto al órgano encargado de la elección, como más bien a la falta de previsión legal referente a unos criterios específicos mínimos y objetivos que permitan priorizar el acceso de aquellos que acrediten mayor mérito y capacidad, y no únicamente amistad o confianza política.

II. EL ACCESO AL CARGO DE JUEZ DE PAZ PREVIA SELECCIÓN POR EL PLENO DEL AYUNTAMIENTO CORRESPONDIENTE

Los doce primeros artículos del Reglamento 3/1995, de 7 de junio, se refieren a los Jueces de Paz y a su forma de nombramiento. De toda esta regulación destaca el hecho de que el acceso efectivo queda básicamente en manos del Pleno del Ayuntamiento correspondiente, lo que incide de forma significativa en la dudosa vigencia de unas garantías efectivas de independencia judicial.

1. Mínimos requisitos de aptitud en el Juez de Paz y su incidencia en la quiebra del sistema

En efecto, tal y como se establece en el artículo 101.1 y 2 de la LOPJ, y arts. 4 y 6 RJP, basta en principio que el nombramiento de los titulares y sus sustitutos recaiga en las personas elegidas por el Pleno del respectivo Ayuntamiento, con el voto favorable de la mayoría absoluta de sus miembros[39].

---

cuestiona por ello la conveniencia de que sean los Ayuntamientos quienes soporten estos gastos cuando no aparecen recogidas en la Ley de Bases de Régimen Local ni en la legislación que la desarrolla.

[39] En efecto, el art. 101.1 *in fine* LOPJ adelanta que *"el nombramiento recaerá en las personas elegidas por el respectivo Ayuntamiento"*. Y el modo de elección se determina en el punto 2 del mismo precepto cuando dispone que *"los Jueces de Paz y sus sustitutos serán elegidos por el pleno del Ayuntamiento, con el voto favorable de la mayoría absoluta de sus miembros, entre las personas que, reuniendo las condiciones legales, así lo soliciten. Si no hubiere solicitante, el pleno elegirá libremente"*.

El único requisito de aptitud o capacidad, más allá de contar con el apoyo del Pleno del Ayuntamiento, es que los propuestos al cargo reúnan las condiciones legales, esto es, los requisitos establecidos en la Ley Orgánica del Poder Judicial para el ingreso en la carrera judicial. Y esto además con salvedades: la de no exigirse la licenciatura en Derecho, y la inoperancia de la eventual jubilación del candidato para el acceso al cargo, siempre que no suponga impedimento físico o psíquico para su ejercicio (art. 13 RJP)[40].

Asimismo, como veremos con mayor amplitud en el punto relativo a las garantías del Juez de Paz, se prevé un sistema de incompatibilidades y prohibiciones, enumeradas en el artículo 389 LOPJ, si bien con salvedades. Es más, las causas de incompatibilidad no lo son de inelegibilidad. Por ello, cabe elegir y hasta nombrar a quien desempeñe una actividad incompatible con la condición de que opte por abandonarla en el plazo que se le otorgue[41].

De todos modos, no ha de confundirse causa de inelegibilidad y causa de incompatibilidad. Las primeras constituyen inpedimentos a la elección cuando las segundas solamente implican que, en caso de concurrir, debe acreditarse el cese en el ejercicio de las actividad incompatible dentro de los ocho días siguientes al nombramiento, pues de lo contrario se le entiende renunciado (arts. 390 LOPJ y 15 RJP)[42]. El fundamento de las incompatibilidades se encuentra más bien en el principio de eficacia y no solamente el de la imparcialidad, pues responde al mejor cumplimiento de los servicios públicos[43].

Lo bien cierto es que se requiere que quienes opten al cargo no estén incursos en ninguna de las causas de incompatibilidad previstas para el desempeño de las funciones judiciales[44], si bien previéndose como expresamente compatibles: la dedicación a la docencia o a la investigación jurídica; y el ejercicio de actividades profesionales o mercantiles que no impliquen asesoramiento

---

[40] De hecho, como afirma GARRIDO CARRILLO, F. J., *El estatus de jueces y magistrados*, Granada, 2009, pág. 142, los jueces de paz solamente se jubilarán por incapacidad (art. 13 RJP).

[41] MUÑOZ LÓPEZ, F., "¿Hacia una profesionalización de los juzgados de paz?", en *Boletín Aranzadi administrativo*, núm. 9/1999.

[42] STS, Sala 3ª Secc. 7, de 22 de febrero de 2008, RJ 2008\1951.

[43] STC 178/1989, de 2 de noviembre.

[44] Conforme al artículo 302,1 LOPJ, para concurrir a la oposición libre de acceso al centro de selección y formación de Jueces y Magistrados, además de ser licenciado en derecho (que no se exige en este caso), y no estar incurso en alguna de las causas de incapacidad establecidas conforme al art. 303 LOPJ, se requiere ser español y mayor de edad.

jurídico de ningún tipo y que, por su naturaleza, no sean susceptibles de impedir o menoscabar su imparcialidad o independencia ni puedan interferir en el estricto cumplimiento de los deberes judiciales (arts. 102 LOPJ y 14 RJP)[45].

Ello se complementa con la previsión del art. 17 del RJP que requiere un deber de residencia en la población donde tenga su sede el Juzgado de Paz. Sin embargo, además de no ser requisito previo al nombramiento, sino que deberá ser efectivo durante el mandato, la Sala de Gobierno correspondiente podrá autorizar por causas justificadas la residencia en lugar distinto, siempre que sea compatible con el exacto cumplimiento de los deberes propios del cargo.

Por último, el art. 23 del mismo RJP, correlativamente con el art. 127 CE, establece la prohibición de pertenecer a partidos políticos o sindicatos, o tener empleo al servicio de los mismos, y resultándoles igualmente vedadas las actividades comprendidas en el art. 395 LOPJ. Por tanto, les estará igualmente prohibido: "1. Dirigir a los poderes, autoridades y funcionarios públicos o corporaciones oficiales, felicitaciones o censuras por sus actos, ni concurrir, en su calidad de miembros del Poder Judicial, a cualesquiera actos o reuniones públicas que no tengan carácter judicial, excepto aquellas que tengan por objeto cumplimentar al Rey o para las que hubieran sido convocados o autorizados a asistir por el Consejo General del Poder Judicial. 2. Tomar en las elecciones legislativas o locales más parte que la de emitir su voto personal. Esto no obstante, ejercerán las funciones y cumplimentarán los deberes inherentes a sus cargos". Prohibiciones todas ellas que también serán de aplicación a partir del momento de su nombramiento.

En resumidas cuentas, los requisitos para ser nombrados, aunque el cargo implicará alguna eventual exigencia y ciertas prohibiciones, se limitan a los

[45] El que no es compatible la actividad como Concejal. En ese sentido, la STSJ 678 Navarra (Sala de lo Contencioso-Administrativo, Secc. Única), de 26 de junio de 2003, JUR 2003\212184, anula por incompatibilidad el acuerdo de la Junta Electoral de Zona por el que proclamaba electa para el Ayuntamiento a la Jueza de Paz. Sobre la compatibilidad con ser Profesor y Director de Instituto, la STS (Sala 3ª, Secc. 4ª), de 28 de septiembre de 1993, RJ 1993\6540, reconoce que *"ha sido tratada de manera contradictoria por el Consejo General del Poder Judicial, pues la decidió en el sentido de la existencia de incompatibilidad en su informe de 7-6-1989 (folio 55 de los autos), en los Acuerdos de su Pleno de 14 y 21 junio 1989 y en el de la Comisión Permanente de 29-6-1989 (...), y en sentido favorable a la compatibilidad, es decir, en sentido contrario al anterior en la Circular aprobada por el Pleno el 25-7-1989".*

siguientes[46]: 1.º Ser español. 2.º Ser mayor de edad (siendo irrelevante el hallarse jubilado). 3.º No estar impedido física o psíquicamente para la función judicial. 4.º Estar en pleno ejercicio de los derechos civiles (capacidad que ha de presumirse mientras no haya prueba en contrario[47]). 5.º No estar condenado por delito doloso mientras no hayan obtenido la rehabilitación. 6.º No estar procesado o inculpado por delito doloso en tanto no sean absueltos o se dicte auto de sobreseimiento. 7.º No estar incurso en las incompatibilidades y prohibiciones indicadas, si bien con las precisiones vistas antes y teniendo en cuenta que no es causa de inelegibilidad sino de acceso efectivo al cargo, bastando con acreditar haber abandonado la profesión o actividad o bien haber obtenido la declaración de compatibilidad por parte del CGPJ.

Estas mínimas exigencias en los requisitos de aptitud, especialmente en lo referente a la formación jurídica, unido a la inexistencia de un sistema de concurso, preferencias o de alguna suerte de valoración de méritos objetivos y concretos, permite el acceso sin garantías de que la persona tenga la más mínima aptitud para el cargo, sin atender al mérito y capacidad entre los posibles candidatos y, en definitiva, de forma absolutamente arbitraria[48], sin perjuicio del buen criterio que eventual y casualmente pueda concurrir en algunas corporaciones locales al realizar la selección del candidato.

Todo ello supone que el sistema de acceso puede convertirse, otra cosa es que de hecho este inminente peligro se actualice, en un premio que deba merecer o en un castigo que pretenda evitar el Juez de Paz frente a quien tiene la potestad de nombrar o cesar al candidato, aunque este lo sea con inamovilidad temporal.

---

[46] Régimen que se resume en el art. 1.2 del Reglamento de los Jueces de Paz, según el cual, *"para ser Juez de Paz se requiere ser español, mayor de edad y no estar incurso en ninguna de las causas de incapacidad que establece el artículo 303 de la Ley Orgánica del Poder Judicial"*.

[47] Según el art. 199 CC *"nadie puede ser declarado incapaz sino por sentencia judicial en virtud de las causas establecidas en la Ley"*.

[48] Resultan particularmente esclarecedoras las palabras de la STS (Sala 3ª, Secc. 7), de 30 de junio de 1997, RJ 1997\5433, cuando afirma que *"no existe, como es el caso, ninguna norma que determine que la elección deba hacerse en favor de ninguno de ellos, tratándose de un típico acto discrecional, por lo que la no elección de unos no vulnera ninguna norma del ordenamiento jurídico, siendo en su momento (no después de que la elección inicial se hubiera producido) igualmente válida y eficaz la elección de unos u otros de los aspirantes a los cargos"*.

2. Nombramiento en manos de la Sala de Gobierno del Tribunal Superior de Justicia

Aunque el nombramiento esté atribuido en principio a la Sala de Gobierno del Tribunal Superior de Justicia correspondiente (art. 4.1 RJP), el párrafo segundo del citado precepto y en correlación con lo previsto en el art. 101.1 LOPJ, se muestra taxativo al determinar que *"el nombramiento recaerá en las personas elegidas por el respectivo Ayuntamiento"*. De ese modo, se producirá de forma prácticamente automática, con el mero control de aptitud por parte de la Sala de Gobierno que, como se ha visto, resulta casi inexistente en cuanto son mínimas las exigencias de aptitud en los candidatos propuestos. Si la citada Sala de Gobierno únicamente ha de controlar que el propuesto sea español, mayor de edad y que no sufra causa de incapacidad, el margen de elección por el Ayuntamiento resulta ser amplísimo y prácticamente absoluto. Tan nimio será este control y tan amplio el espectro de candidatos aptos para cumplir tan mínimos requisitos (de hecho, la gran mayoría de las personas que integran nuestra sociedad) que cualquiera de los elegidos por el Ayuntamiento los cumplirán, convirtiendo el nombramiento en automático, salvo que se den situaciones absolutamente excepcionales.

Así y todo, al menos teóricamente, pueden imaginarse ejemplos de control fruto, entre otras situaciones, de propuestas de nombramiento de extranjeros; de supuestos de pérdida de nacionalidad; o de eventuales declaraciones de incapacidad. Así como también cuando, como ha evidenciado la jurisprudencia, al darse propuestas a favor de un Concejal del mismo Ayuntamiento; o, aunque sea con mayores dudas, a favor de un profesor y director del Instituto municipal.

3. Procedimiento para el acceso

El procedimiento para la selección se contempla en los arts. 5 a 12 del mismo RJP. Sintéticamente, se procederá del modo siguiente:

A) Convocatoria pública y anuncio

Las Salas de Gobierno de los Tribunales Superiores de Justicia participarán a los Ayuntamientos correspondientes la previsión o existencia de vacantes a los efectos de la convocatoria a que procederá realizar. Y las vacantes en el cargo de Juez de Paz titular y de su sustituto se anunciarán por el Ayuntamiento respectivo con la suficiente antelación.

Igualmente, en el anuncio se indicará el plazo y lugar de presentación de instancias. Nada se dice sobre los requisitos, sistema de elección, correspondiente baremo o cualquier otra circunstancia que pueda dotar de un mínimo de objetividad al nombramiento. Únicamente se prevé que se le dé publicidad mediante su publicación en el Boletín Oficial de la Provincia, así como mediante edictos en el tablón de anuncios del Ayuntamiento, en el Juzgado de Primera Instancia e Instrucción del Partido o Juzgado Decano y en el propio Juzgado de Paz (art. 5 RJP).

B) Elección por el Pleno del Ayuntamiento

Se supone que una vez finalizado el plazo de presentación de instancias, los Jueces de Paz y sus sustitutos serán elegidos por el pleno del Ayuntamiento, con el voto favorable de la mayoría absoluta de sus miembros (arts. 101.2 LOPJ y 6 RJP). Elección que, una vez producida, no es admisible que sea rectificada, ni siquiera aunque sea consecuencia de un simple error en la apreciación de las condiciones de capacidad, salvo que sea por estimación de un recurso por concurrir alguna causa jurídicamente estimable[49].

Lo más curioso del sistema de elección es que se establece un doble régimen en función de que haya o no solicitantes. Si hay, la elección se producirá entre los que lo soliciten, siempre que reúnan las mínimas condiciones legales que hemos visto. Si no hay solicitantes, según la LOPJ, *"el pleno elegirá libremente"*, a lo que el art. 6 RJP añade que *"con sujeción a los mismos requisitos de procedimiento"*. Aunque de este modo el Reglamento aparentemente amplía la previsión de la Ley Orgánica, en realidad no lo es tanto o, a lo sumo, la complementa necesariamente. Se pretende evitar, en todo caso, el posible expediente interpretativo por el que pudiera llegar a omitirse la previa convocatoria. Y es que la posibilidad de elegir libremente se contempla para evitar

---

[49] En ese sentido, dice la STS (Sala 3ª, Secc. 7), de 30 de junio de 1997, RJ 1997\5433 que *"una Administración no puede «retomar» una decisión anterior, dejándola sin efecto, cuando la misma es válida, y de ella se han derivado derechos de ciertas personas"*.

que pueda faltar candidato electo por ausencia de solicitantes, pero no resulta útil en cambio para plantear una alternativa que permita orillar el anuncio y generar todavía mayores dosis de arbitrariedad si cabe. En definitiva, ha de convocarse necesariamente y solamente si tras la misma no hay solicitantes el Pleno del Ayuntamiento podrá elegir "libremente", se supone que a la persona que considere más idónea y que sea previsible que acepte el cargo (en buena lógica, la persona elegida habrá sido previamente prevenida de la posible elección y habrá mostrado alguna predisposición a aceptar el cargo).

C) Remisión y elevación del acuerdo de elección en forma de propuesta

En palabras del art. 101.3 LOPJ *"aprobado el acuerdo correspondiente, será remitido al juez de primera instancia e instrucción, quien lo elevará a la Sala de Gobierno"*[50]. A ello el art. 7 RJP solamente determina que el citado juez de primera instancia e instrucción será concretamente el del partido judicial o, si hubiere varios, el Decano.

Además, el art. 7.2 RJP prevé que al acuerdo del Ayuntamiento se acompañará certificación en que conste: a) Referencia detallada de las circunstancias en que se produjo la elección. b) Mención expresa de la observancia del quórum exigido por la Ley. c) Datos de identificación y condiciones de capacidad y de compatibilidad de los elegidos.

Esta última previsión vía reglamentaria, aunque introduce *ex novo* algún elemento interesante, resulta insuficiente a los efectos de dotar cualquier objetividad en la elección. La necesaria referencia detallada de las circunstancias en que se produjo la elección evoca meramente a vicisitudes procedimentales (convocatoria, anuncio, número de solicitantes, quórum en el Pleno del Ayuntamiento, votos emitidos y sentido de los mismos). De la misma no deriva la necesaria existencia de un sistema de concurso ni que la elección deba ser el resultado de la aplicación de alguno baremo, ni siquiera impone ningún tipo de motivación de la decisión adoptada. Con los datos aportados en la instancia por los solicitantes, en el mejor de los casos, los miembros que integren

[50] En opinión de MUÑOZ LÓPEZ, F., "¿Hacia una profesionalización de los juzgados de paz?", cit., se trata de un *"trámite innecesario que, por tanto, deberá desaparecer"*.

el Pleno del Ayuntamiento votarán al candidato que consideren que merezca ser elegido. Y lo mismo en el caso de que, tras la convocatoria oportuna, no hubiera solicitantes: se votará "libremente" a la persona o la terna de personas que se considere adecuada, sin mayor motivación necesaria. Otra cosa es que en el correspondiente pleno se suscite la discusión sobre la idoneidad o los mayores requisitos de algún candidato. Circunstancia que, solamente en caso de producirse, parece que sí debería incluirse entre las circunstancias en que se produjo la elección.

Similar ocurre con la exigencia de hacer constar los datos de identificación y las condiciones de capacidad y de compatibilidad de los elegidos. No se establece la necesidad de mencionar que el elegido sea el más capaz, sino simplemente que cumple con los mínimos requisitos de capacidad así como señalar las condiciones de compatibilidad que, por lo demás, son igualmente escasas. Máxime será de ese modo si, conforme al art. 14 RJP, el cargo será compatible no solamente con la dedicación a la docencia o a la investigación jurídica, sino también con el ejercicio de actividades profesionales o mercantiles, aunque obviamente, estas no deben implicar asesoramiento jurídico de ningún tipo ni, por su naturaleza, ser susceptibles de impedir o menoscabar su imparcialidad o independencia ni interferir en el estricto cumplimiento de los deberes judiciales.

D) Nombramiento por la Sala de Gobierno y publicidad

El art. 8 RJP deja bien claro que para el nombramiento la Sala de Gobierno se limitará a comprobar que las personas elegidas por el Ayuntamiento reúnen las condiciones de capacidad y de elegibilidad, que como he indicado, son mínimas. En tal caso, *"expedirá los correspondientes nombramientos y ordenará su publicación en el Boletín Oficial de la provincia, dando cuenta de los mismos al Consejo General del Poder Judicial y al Juez de Primera Instancia e Instrucción de Partido, o al Decano si hubiere varios"*[51].

---

[51] La publicación no se considera como elemento esencial y relevante por la STS (Pleno), de 17 de marzo de 1988, RJ 1990\1350, cuando señala que *"aunque el expediente instruido para la designación de Juez de Paz titular, incurriese en defecto por omitirse la publicación en el «Boletín Oficial» (...), la falta de este trámite no supone la carencia de ningún requisito de forma esencial, indispensable para que el acto alcanzara su fin, ni ha dado lugar a indefensión;*

Aunque la Sala de Gobierno es quien nombra, no tiene en realidad aptitud para desvincularse de la propuesta formulada por el Ayuntamiento pues, como ha puesto de manifiesto el Tribunal Supremo, en caso contrario incurriría en nulidad[52]. Así y todo, ha de quedar claro que el nombramiento corresponde a la Sala de Gobierno, siendo que –aunque en la práctica pueda ser más o menos automático, la resolución que ha de ser impugnada no es la de la elección municipal sino el nombramiento por parte de la Sala de Gobierno[53]. Todo ello salvo en los aspectos referidos a las condiciones y requisitos exigidos por la legislación de régimen local para su adopción[54].

---

presupuestos que han de concurrir para la anulabilidad (...), ya que en todo momento tuvo a su alcance el Ayuntamiento la facultad de impugnación tanto en la vía administrativa como en la jurisdiccional, y tampoco ha sido cuestionada la idoneidad de la persona que resultó designada para el cargo; por lo que procede confirmar el acuerdo del Pleno del Consejo General del Poder Judicial combatido en este recurso".

[52] Así, la STS (Sala 3ª, Secc. 7), de 28 de julio de 1997, RJ 1997\6208, al considerar que algunas solicitudes se formularon extemporáneamente atendía la fecha de publicación del edicto de convocatoria, afirma tajantemente que *"el Acuerdo de la Sala de Gobierno del Tribunal Superior de Justicia de Madrid de 25 de abril de 1994 incurrió en nulidad al no atenerse a la propuesta del Ayuntamiento, resultando asimismo contrario a Derecho el Acuerdo del Pleno del Consejo General del Poder Judicial de 30 noviembre 1994 que resolviendo el recurso ordinario formulado anuló el acto recurrido imponiendo al Ayuntamiento el deber de proceder a una nueva elección entre «los dos candidatos que presentaron su solicitud en tiempo y forma".*

[53] Señala en este sentido la STS (Sala 3ª, Secc. 4ª), de 28 de septiembre de 1993, RJ 1993\6540, que *"las anteriores disposiciones ponen de manifiesto de manera evidente que la elección hecha por el Ayuntamiento de la persona que él propone como Juez de Paz no es el acto final o definitivo del procedimiento complejo de designación del Juez de Paz, sino que el acuerdo definitivo de designación y de nombramiento corresponde a la Sala de Gobierno porque solo ella es la competente para juzgar las condiciones de legalidad del propuesto y sus posibles causas de incapacidad o de incompatibilidad, por lo que los aludidos actos municipales de elección de candidatos no son más que actos preparatorios de la designación y del nombramiento definitivos ulteriores a cargo de la Sala de Gobierno del Tribunal Superior de Justicia correspondiente, siendo este acto definitivo y final de designación y de nombramiento el único susceptible de ser recurrido en vía jurisdiccional conforme al art. 37.1 de su Ley Reguladora, no siéndolo, por el contrario según el mismo precepto, los actos preparatorios del Ayuntamiento".*

[54] La STS (Sala 3ª, Secc. 4ª), de 10 de febrero de 1993, RJ 1993\550, rechaza que se trate de un acto político no fiscalizable y considera que, habiéndose producido el voto del padre del Juez de Paz concejal del Ayuntamiento correspondiente, vulneró su deber de abstenerse tal y como le impone el art. 20 de la Ley de Procedimiento Administrativo, el art. 76 de la Ley Reguladora de las Bases del Régimen Local y el art. 21 del Reglamento de Organización, Funcionamiento y Régimen Jurídico de las Entidades Locales, hasta el punto de que impone las costas a la corporación municipal recurrente.

III. EL ACCESO AL CARGO DE JUEZ DE PAZ EN MANOS DE LA SALA DE GOBIERNO DEL TRIBUNAL SUPERIOR DE JUSTICIA

Aunque se trate de un supuesto más hipotético que real, dado el gran margen de maniobra en la elección por el Ayuntamiento, el art. 9 RJP prevé que la Sala de Gobierno procederá a designar directamente al Juez de Paz cuando estime, oído el Ministerio Fiscal, que la persona o personas propuestas no reúnan las condiciones exigidas por la Ley. Del mismo modo procederá si en el plazo de tres meses desde que se produjo la vacante en un Juzgado de Paz, el Ayuntamiento correspondiente no efectuase la propuesta; así como también si se propone titular y no suplente (art. 10 RJP) –y ha de entenderse también, suplente y no titular–.

En la medida que la Sala de Gobierno no tenga constancia de persona idónea para el cargo, el art. 10.2 RJP contempla que *"la Sala de Gobierno podrá recabar los datos e informes que estime pertinentes a través del Juzgado de Primera Instancia e Instrucción del Partido o del Decano si hubiere varios"*. Esta información no será necesaria cuando sí tenga constancia de persona idónea, bien por tratarse del Juez de Paz saliente o incluso por contar por sí misma con dicha información, por ejemplo, a través de una posible bolsa de trabajo que pudiera crearse a tales efectos[55].

En estos casos de designación directa, a pesar de las pocas posibilidades de que se produzca, el RJP se detiene en prever un procedimiento que viene a ser una reproducción del indicado pero con el matiz de que se gestionará, elegirá y nombrará directamente la Sala de Gobierno, por tanto, sin el trámite de propuesta por la corporación municipal. En efecto, se anunciará la vacante en el Boletín Oficial de la Provincia donde tenga su sede el Juzgado de Paz, así como la publicación de edictos en el tablón de anuncios del Ayuntamiento correspondiente, en el del Tribunal Superior de Justicia, en el del Juzgado de Primera Instancia e Instrucción del Partido y en el del Juzgado de Paz. Las

[55] Salvo error u omisión por mi parte, no se ha establecido ninguna bolsa de trabajo de este tipo en las correspondientes Salas de Gobierno de los Tribunales Superiores de Justicia. Entre otras cosas, es así porque es bastante improbable que no haya propuesta por el Ayuntamiento y, todavía más, que el propuesto no cumpla con los requisitos mínimos exigibles.

solicitudes se formularán no ante el Ayuntamiento sino directamente ante la Sala de Gobierno.

A continuación, se introduce un matiz importante, puesto que se prevé en el art. 11.2 que *"la Sala de Gobierno valorará los méritos de los solicitantes y designará entre los peticionarios al que estime más idóneo"*, de modo que no bastará con que se cumplan los requisitos mínimos como ocurría con la propuesta municipal, sino que la elección implicará entrar en las condiciones de aptitud, valorando los méritos y designando al que estime más idóneo. Esto implica, por tanto, la realización de un concurso de méritos así como el establecimiento de un baremo y unos criterios objetivos de acceso, de modo que en este caso sí se estaría garantizando la independencia del Juez de Paz respecto del equipo de gobierno en el Ayuntamiento correspondiente así como, se supone, de la propia Sala de Gobierno.

También se prevé la posibilidad de que no hubiera solicitudes o los solicitantes no reunieran las condiciones legales. En tal caso, a los efectos de evitar que quede vacante, también se contempla que la Sala de Gobierno *"podrá efectuar la designación libremente entre quienes, a su juicio, reúnan los requisitos de idoneidad y se hallen dispuestos a aceptarla, procediendo al efecto a recabar los datos e informes que estime pertinentes a través del Juzgado de Primera Instancia e Instrucción del Partido, o del Decano si hubiere varios"*.

IV. CONSIDERACIONES CRÍTICAS SOBRE EL SISTEMA DE ACCESO

La regulación acabada de reseñar, en cuanto no establece un sistema de acceso objetivo, al menos en su supuesto principal de elección por el Pleno del Ayuntamiento correspondiente, resulta profundamente inconveniente para la garantía de imparcialidad del Juez de Paz. Tema crucial pero no único pues resulta también inconveniente en lo referente a algunos presupuestos, como es la no exigencia de una formación jurídica cualificada o, al menos, preferencia a favor de quien posea conocimientos jurídicos. Veamos ahora las principales cuestiones que se plantean.

1. Sobre la innecesaria formación jurídica del Juez de Paz

A) Dudas sobre la constitucionalidad de la justicia de paz lega

La justicia servida por legos en derecho se explica desde un punto de vista histórico, por el mantenimiento de una tradición que atribuía la función a los alcaldes[56]. Sin embargo, esta pretendida justificación no resulta suficiente para su mantenimiento en el actual contexto social, económico y jurídico[57]. De hecho, un sector importante de la doctrina científica ha venido criticando la justicia lega ya desde la segunda mitad del siglo anterior[58]. Entre las razones para que se instaure la justicia técnica, se han aportado las siguientes: 1.º El juez técnico y funcionario goza de absoluta unanimidad en la doctrina y se considera una de las garantías de la independencia judicial. 2.º El Juez técnico representa una de las aspiraciones constantes de nuestra historia desde

[56] Dice CGPJ, *Libro Blanco de la Justicia,* cit., págs. 297-8, que el *"problema se arrastra desde los tiempos del antiguo régimen, en el que los cargos con funciones judiciales eran oficios reales y desempeñaban simultáneamente funciones ejecutivas y judiciales"*. El art. 282 de la Constitución de 1812 disponía que el alcalde de cada pueblo ejercería el oficio de conciliador y que, quien pretendiera demandar por negocios civiles o por injurias debería presentarse ante él con esa finalidad. En aquella época *"las funciones judiciales no terminaban de separarse o independizarse de las ejecutivas. Desde ese momento histórico, se han ido sucediendo reformas legislativas de signos y contenidos muy diversos que ponen de manifiesto la falta de un modelo claro de Justicia de Paz, que se ha desarrollado de manera oscilante"*. Para profundizar en aspectos históricos, puede consultarse, GARCÍA GALLO, A., "Jueces populares y jueces técnicos en la historia del Derecho español", en *La Justicia municipal en sus aspectos históricos y científicos,* (con otros), Ministerio de Justicia, Madrid, 1946, págs. 57-71. DE ARCENEGUI, I., y GARCÍA-GALÁN Y CARABIAS, E., *La nueva justicia municipal,* Madrid, 1946, págs. 2-26. En relación con las competencias penales, véase SERRATS PALAU, J., "La administración de justicia penal en los juzgados de paz", en *Boletín de Información del Ministerio de Justicia,* núm. 1910, 2002, págs. 292-6.

[57] Opinión contraria mantiene algún autor como MUÑOZ LÓPEZ, F., "¿Hacia una profesionalización de los juzgados de paz?", cit.

[58] FAIRÉN GUILLÉN, V., "La figura del Juez", en *Temas del ordenamiento procesal,* I, Madrid, 1969, págs. 474-80. DE LA PLAZA NAVARRO, M., "La nueva justicia municipal. Líneas generales de la reforma", en *La justicia municipal en sus aspectos históricos y científicos,* (con otros), Ministerio de Justicia, Madrid, 1946, págs. 111 y ss. Por el contrario, parece que REYES MONTERREAL, J. M., *Tratado práctico del juez de paz,* Madrid, 1957, pág. 8, estima que los conocimientos técnicos y profesionales se suplirán con *"las dotes de integridad y de hombres de buena fe"*.

la Constitución de Cádiz de 1812. 3.º Una carrera judicial única no plantea inconvenientes prácticos sino todo lo contrario[59].

A estas razones puede añadirse otra de derecho positivo como es que la justicia lega no tiene amparo en la Constitución de 1978. Esta última afirmación se basa en que el artículo 125 CE se limita a señalar que *"los ciudadanos podrán ejercer la acción popular y participar en la Administración de Justicia mediante la Institución del Jurado, en la forma y con respecto a aquellos procesos penales que la ley determine, así como en los Tribunales consuetudinarios y tradicionales"*. Por tanto, solamente contempla dos únicas formas de participación ciudadana en la "Administración de Justicia" y, entre ellas, en palabras de De la Oliva[60], *"no está ni la designación de Jueces no juristas ni la figura de unos ciudadanos-jueces, que no participarían en, sino que administrarían justicia directamente, en frontal oposición, por varios conceptos, a nuestra Norma Fundamental"*. Lo anterior no impide que legalmente puedan establecerse los juzgados que se estimen necesarios, entre ellos, los Jueces de Paz, si bien que puedan estar servidos por jueces legos no encuentra amparo constitucional, al menos expreso.

Frente a esta interpretación podría objetarse, en primer lugar, que los Juzgados de Paz pueden incluirse, sin interpretaciones forzadas, en el art. 125 CE, como órganos jurisdiccionales tradicionales[61]. Sin embargo, como indica Ortells[62], entender el tribunal tradicional según el texto constitucional como órgano creado por el estado y con cierta tradición en la estructura judicial española, conduciría al absurdo de entender que el precepto constitucional permite

---

59 Las tres razones anteriores las menciona MONTERO AROCA, J., *La llamada Justicia Municipal y el proyecto de Ley Orgánica de la Justicia,* cit., págs. 156-63.

60 DE LA OLIVA SANTOS, A., "La nueva Ley Orgánica del Poder Judicial. Análisis jurídico general y constitucional", cit., pág. 27.

61 MORENO CATENA, V., "Las innovaciones en la organización de los Tribunales Españoles en el Proyecto de LOPJ", en *Documentación Judicial,* núm. 42/44, abril-diciembre 1984, págs. 27 y ss.

62 ORTELLS RAMOS, M., *Concepto, método, fuentes y programa del Derecho Procesal,* I, Valencia, 1983, pág. 97 (en el original), advierte que *"una interpretación de los términos tribuna tradicional como tribunal creado por el Estado y que tuviera una cierta tradición en la estructura de la Justicia española, conduciría al absurdo de entender que el precepto permite el mantenimiento de la situación legislativa anterior en materia de tribunales especiales, cuando el designio constitucional es precisamente el de acabar con la misma"*.

el mantenimiento de la situación legislativa anterior en materia de tribunales especiales, cuando el designio constitucional es el de acabar con la misma.

Igualmente, podría objetarse que el artículo 125 CE lo que está previendo es la participación ciudadana en cuanto tales ciudadanos formando parte del jurado, del Tribunal de las Aguas de la Vega de Valencia o del Consejo de Hombres Buenos de la Huerta de Murcia (arts. 125 CE y 19.3 LOPJ). De ese modo, el contenido del precepto constitucional no impediría que, por otros sistemas distintos a la carrera judicial, los ciudadanos accedieran a la categoría de juzgadores (magistrados suplentes, jueces en régimen de provisión temporal y jueces de paz)[63]. Sin embargo, a pesar de que es posible determinar legalmente (por la LOPJ) los juzgados y tribunales que se considere oportunos y de que el sistema de acceso pueda ser distinto a la carrera (otra cosa sería su conveniencia), lo bien cierto es que entre las únicas excepciones a la justicia lega que prevé la Constitución Española no se halla la justicia de paz, de modo que no se justificaría la introducción de otras excepciones vía legal en sentido estricto ni, mucho menos, reglamentaria.

De otro lado, el hecho de que el Juzgado de Paz se constituya en los municipios en los que no haya Juzgado de Primera Instancia e Instrucción (esto es, poblaciones que no son cabeza de partido y, en principio, de alguna menor relevancia poblacional, económica o histórica...) provoca nuevas colisiones constitucionales. La atribución de competencia objetiva y la misma configuración de una doble instancia, lega la primera instancia y técnica la que resuelve los eventuales recursos[64], es fuente clara de desigualdades contrarias a la Constitución. Quien tenga la "suerte" de tener su domicilio en un municipio con Juzgado de Primera Instancia e Instrucción tendrá derecho a que también los asuntos de escasa cuantía o relevancia sean resueltos por jueces técnicos y con todas las garantía; en cambio, quien tengo su domicilio en los municipios de la

---

[63] DAMIÁN MORENO, J., *Los jueces de paz*, cit., pág. 231-3. Por su parte, para ASENCIO MELLADO, J. M., *Introducción al Derecho Procesal,* Tirant lo Blanch, Valencia, 1997, pág. 127 y ss., considera que no obstante los riesgos que comporta, se justifica en situaciones como la ausencia de cobertura de plazas vacantes y la falta de titulares de juzgados o de Salas.

[64] CORTÉS DOMÍNGUEZ, V., *Introducción al Derecho Procesal,* (con GIMENO y MORENO), Valencia, 1996, pág. 153, afirma que así se *"pretende solucionar los pequeños problemas que los vecinos de un municipio puedan tener diariamente, sin tener que acudir a la jurisdicción del juez de carrera. Sin embargo, en aquellos municipios en los que exista jueces de primera instancia e instrucción, las competencias que se atribuyen a los jueces de paz pasan a conocimiento de aquéllos"*.

circunscripción de esos mismos Juzgados de Primera Instancia e instrucción, idénticos asuntos menos relevantes serán conocidos por jueces legos en derecho y con merma en garantías. Se genera así una desigualdad por razón del domicilio, pues las personas de municipios no principales, o en otros términos de "pueblo", tendrán limitadas sus garantías constitucionales a la hora de ejercitar su derecho a la tutela judicial efectiva. En definitiva, algunos españoles tendrán a priori más posibilidades de ser juzgados con mayor calidad y garantías.

Por todo ello, hemos de compartir las dudas de constitucionalidad que ya han puesto de manifiesto algunos autores, como ANDRÉS IBÁÑEZ y MOVILLA ÁLVAREZ[65] cuando afirman sin ambages que supone una clara desigualdad; o como DAMIÁN MORENO[66], quien evidencia la discriminación que se produce al haberse establecido una primera instancia "bicéfala", de modo que deriva una posible inconstitucionalidad.

B) Reclamando la preferencia del jurista para el acceso al cargo de Juez de Paz

Al margen de la conveniencia, cuando no necesidad, de que el Juez de Paz sea técnico en derecho, se han levantado voces frente al hecho de que quien posea conocimientos jurídicos ni siquiera tenga ningún tipo de preferencia en el acceso. Esta extraordinaria permisibilidad formativa en el ejercicio de la potestad jurisdiccional se presenta significativamente importante en la medida que puedan aumentar las competencias tanto en aspectos cuantitativos como cualitativos. En cualquier caso, no ha de pasar por alto que el Juzgado de Paz se halla conectado a una instancia jurídica superior por el sistema de recursos; y, desde luego, resulta altamente dudoso que, dada su en principio falta de formación jurídica, puedan aplicar la ley y fallar según derecho y con solvencia[67]. Esta circunstancia no es un simple inconveniente sino que se enfrenta directamente con el mandado constitucional de sometimiento a la ley de los jueces y magistrados sin excepción (art. 117.3 CE), jueces de paz incluidos.

---

[65] ANDRÉS IBÁÑEZ, P., y MOVILLA ÁLVAREZ, C., *El Poder Judicial,* Tecnos, Madrid, 1986, pág. 233

[66] DAMIÁN MORENO, J., *Los Jueces de Paz*, cit., pág. 238.

[67] Cfr. COBOS GAVALA, R., *El Juez de Paz en la ordenación jurisdiccional española,* cit., págs. 226-8.

Lo que implica que, conforme al "*iura novit curia*", deben o deberían conocer y aplicar el derecho (español, vigente y publicado) incluso aunque no fuera alegado por las partes. Sin duda, esto presupone y exige necesariamente formación jurídica[68]. Por supuesto, las objeciones que ahora formulo se limitan estrictamente al ejercicio de la potestad jurisdiccional cuyas competencias desarrollaré posteriormente, no a las demás funciones que puedan cumplir, desde la conciliadora hasta otras de carácter netamente administrativo.

En cualquier caso, mientras no se modifique el contenido competencial de los Juzgados de Paz, aunque sea en materias escasas, mínimas o bagatela, entre sus funciones se encuentra el ejercicio de la potestad jurisdiccional, de modo que toman decisiones que deben respetar y aplicar el derecho objetivo, y que son susceptibles de ser recurridas por las partes y resueltas por jueces ordinarios (en el sentido de técnicos, con estatuto personal con plenas garantías y sometidos al Consejo General del Poder Judicial). Y por todo ello, merecen la denominación y tratamiento de Jueces. De aquí resulta que quepa sostener con pleno convencimiento la necesaria preferencia del licenciado en derecho para el acceso al cargo, sin perjuicio de que puedan y deban valorarse también otros méritos, como pueden ser la experiencia profesional en materias jurídicas, la formación complementaria o las actividades docentes e investigadoras en materias jurídicas.

En mi opinión, además de las dudas de constitucionalidad y de los inconvenientes prácticos que genera, solamente la función jurisdiccional que corresponde al Juez de Paz es ya motivo suficiente para reclamar la sustitución de la justicia lega por otra técnica. Y hasta que se produzca ese avance, al menos, cabe exigir la preferencia del licenciado en derecho frente a otros posibles candidatos al cargo, al menos mientras no se le despoje de sus competencias estrictamente jurisdiccionales.

2. Sobre el eventual acceso al cargo sin solicitud del candidato

Como se ha podido comprobar en las páginas anteriores al reseñar la regulación sobre el acceso al Juez de Paz, esta pretende evitar que quede la plaza

---

[68] COBOS GAVALA, R., *El Juez de Paz en la ordenación jurisdiccional española,* cit., pág. 247. DEL OLMO DEL OLMO, J. A., "La problemática derivada de la situación actual de la justicia de paz", cit., pág. 74.

descubierta. Por tal motivo se contempla la posibilidad de cubrir la vacante incluso en el supuesto en que, a pesar del anuncio público de la convocatoria de la plaza, ninguna persona en la que concurran los requisitos haya solicitado cubrirla.

En efecto, si no hay solicitantes, según la LOPJ, *"el pleno elegirá libremente"*, según el art. 6 RJP *"con sujeción a los mismos requisitos de procedimiento"*. Y también la Sala de Gobierno podrá designar directamente en determinados supuestos[69], y no hubiera solicitudes o los solicitantes no reunieran las condiciones legales. En tal caso, la Sala de Gobierno *"podrá efectuar la designación libremente entre quienes, a su juicio, reúnan los requisitos de idoneidad y se hallen dispuestos a aceptarla, procediendo al efecto a recabar los datos e informes que estime pertinentes a través del Juzgado de Primera Instancia e Instrucción del Partido, o del Decano si hubiere varios"*.

De entrada señalar que así queda despejada cualquier duda que pudiera haber existido sobre la posible obligatoriedad en la aceptación del cargo, de modo similar a lo que ocurre con los miembros del jurado (arts. 6 y 7,2 LO 5/1995, de 22 de mayo).

Algunos autores habían puesto de manifiesto que la aceptación del cargo de Juez de Paz pudiera ser una carga para el elegido[70]. Sin embargo, también se aportaban argumentos para negar tal posibilidad, entre otros: 1.º En los trabajos parlamentarios se eliminó el término "obligatorio" que figuraba en el Proyecto del Gobierno. 2.º La Ley omite cualquier referencia a las excusas, y tradicionalmente cuando el cargo es obligatorio se ha venido contemplando una regulación de las mismas. 3.º Si el legislador hubiera querido configurar el cargo como obligatorio lo hubiera dicho expresamente[71].

---

[69] Como se ha visto, cuando oído el Ministerio Fiscal, la persona o personas propuestas no reúnan las condiciones exigidas por la Ley; si, en el plazo de tres meses desde que se produjo la vacante en un Juzgado de Paz, el Ayuntamiento correspondiente no efectuase la propuesta; así como también si se propone titular y no suplente (art. 10 del Reglamento) –y ha de entenderse también, suplente y no titular–.

[70] Afirmaba COBOS GAVALA, *El Juez de Paz en la ordenación jurisdiccional española*, cit., pág. 243, que la mera previsión de elección sin previa solicitud *"hace pensar que en el subconsciente del legislador pueda considerarse al Juez de paz como ciudadano que tiene que soportar la carga del desempeño de una función jurisdiccional"*.

[71] Razones que aporta DAMIÁN MORENO, J., *Los Jueces de Paz*, cit., pág. 211.

Asimismo, al margen de que pueda ser exigible una mayor claridad en el propio texto de la LOPJ y de las dudas sobre posibles excesos en la potestad reglamentaria en este punto[72], el RJP no deja margen de duda para negar que exista ninguna suerte de carga de aceptación del cargo ni, por tanto, eficacia vinculante alguna del acuerdo o designación sin previa solicitud. Es así porque, aunque sea para un supuesto específico, el RJP se refiere expresamente a que la designación por la Sala de Gobierno podrá efectuarse entre quienes, además de cumplir con los requisitos de idoneidad *"se hallen dispuestos a aceptarla"* (art. 11.4). Y si con esto no fuera suficiente, el mismo RJP contempla en todo caso la posibilidad de renuncia al cargo: tácita cuando se negare a presar juramento o promesa o dejara de tomar posesión; y también expresa si bien en este caso ha de ser aceptada por la Sala de Gobierno (arts. 21.1 y 28.l,b) RJP).

3. Sobre la imprevisión de un sistema objetivo que permita el acceso a la persona idónea

La cuestión más relevante es la imprevisión de un sistema objetivo de acceso que permita determinar la idoneidad del candidato en condiciones de igualdad, mérito y capacidad que, en definitiva, salvaguarden la independencia del Juez de Paz, que es sin duda característica esencial de la jurisdicción.

A pesar de la falta de previsión expresa en la Ley, o de que, como hace el art. 101.2 LOPJ, se hable en ciertos casos de que *"el Pleno elegirá libremente"*, precisamente la necesaria independencia judicial y el respeto a los presupuestos de mérito, capacidad e igualdad en el acceso (art. 103.3 CE), debería excluir que la elección y, en todo caso, el nombramiento, pueda considerarse como de "discrecionalidad política" del Pleno del Ayuntamiento[73], partiendo, desde luego, que no se trata de un acto político no fiscalizable por la jurisdicción (STS, 10 de febrero de 1993).

Desde cualquier lectura que se haga de la Constitución, como desarrollaré en el apartado siguiente, se llega a la conclusión de que la característica esen-

---

[72] Ver BONET NAVARRO, J., y IVARS RUIZ, J., "Algunas consideraciones en relación al juez de paz, *Revista del Poder Judicial*, núm. 49, 1998, pág. 145.

[73] Sobre aspectos generales de la discrecionalidad política, puede verse MANZANA LAGUARDA, R. "Inmunidad del poder y control judicial", en *Jueces para la democracia*, 29, julio, 1997, págs. 81-7.

cial del estatuto de jueces y magistrados es la independencia[74], de ahí que, en cuanto ejerce jurisdicción, el Juez de Paz debería ser también personalmente independiente.

El sistema de acceso es una más de las garantías materiales de la independencia judicial[75], de modo que, con todas las especialidades que pueda tener la regulación del Juez de Paz[76], el sistema de acceso debería venir informado por la salvaguarda de la independencia[77]. Por su parte, sin perjuicio de que el estatuto de los funcionarios y el de los jueces y magistrados deban mantener particularidades, y de que en sentido estricto los jueces y magistrados no puedan calificarse como funcionarios[78], la propia independencia judicial, el desinterés subjetivo y objetivo con el que ha de actuar el Juez de Paz, presuponen que el sistema de acceso cumpla las mínimas exigencias de igualdad y capacidad[79], de manera esencialmente idéntica a como se prevé para el acceso a la "función pública" en el artículo 103.3 CE. Consecuentemente, el artículo

[74] ORTELLS RAMOS, M., *Introducción al Derecho Procesal* (con otros), Thomson-Reuters Aranzadi, Cizur Menor, 2011, págs. 61 y ss. MONTERO AROCA, J., *Derecho Jurisdiccional,* I (con GÓMEZ COLOMER, MONTÓN y BARONA), Tirant Lo Blanch, 18ª ed., Valencia, 2010, pág. 101. Por su parte, MÉNDEZ BURGUILLO, J. M., "El estatuto personal de los jueces y magistrados en la Ley Orgánica del Poder Judicial", en *Terceras Jornadas de Derecho Jurisdiccional,* I (con otros), Ministerio de Justicia, Madrid, 1987, pág. 707, afirma en ese sentido que *"las garantías estatutarias son el complemento de la independencia y encuentra "su razón de ser" en la función encomendada a los titulares de la potestad jurisdiccional".*

[75] MONTERO AROCA, J., *Independencia y responsabilidad del juez,* Madrid, 1990, págs. 151, 156 y ss.

[76] El párrafo segundo de la Exposición de Motivos del Reglamento de los Jueces de Paz, se refiere a *"la peculiar naturaleza de los Jueces de Paz, que están sujetos al estatuto de los Jueces y Magistrados, con algunas excepciones derivadas del carácter temporal de su mandato y su no profesionalidad..."*

[77] Al respecto, opina RUIZ PÉREZ, J. S., *Juez y Sociedad,* Málaga, 1981, pág. 141, que *"para que el poder judicial pueda quedar preservado de influencias, se tiende en todos los países y se pide por la doctrina con unanimidad, su regulación orgánica, selección y ascensos, así como sus sistemas de designaciones y traslados, mediante disposiciones con rango de ley que... no pueda darse ningún caso de favor personal o postergación injusta. El régimen... debe quedar establecido por el Poder Legislativo, sin que quepa la posibilidad de desarrollos reglamentarios y, menos aún, de actos discrecionales de ninguna autoridad, con lo que el gobierno de la magistratura quedará a salvo de la más peligrosa injerencia, que es la que puede provenir del Ejecutivo".*

[78] Sus bases constitucionales se hallan en preceptos distintos, art. 103 CE para los funcionarios, y 117 y 122 para los jueces y magistrados.

[79] Indica la STC 108/86, de 29 de julio, deja bien claro que *"la situación estatutaria de los jueces es más rigurosa que las de los funcionarios de la Administración Civil del Estado".*

1 del Reglamento 1/1995, de la Carrera Judicial, dispone para el acceso que *"la selección de los aspirantes a la Carrera Judicial se realizará mediante convocatoria pública, de acuerdo con los principios constitucionales de igualdad, mérito y capacidad"*.

En definitiva, todo ello debería excluir un sistema de elección discrecional o política por parte del Pleno del Ayuntamiento o de la Sala de Gobierno. De lo contrario, como pone de manifiesto De Marino[80], prescindiendo de los méritos y capacidad se *"perjudicará a la justicia, colocando en el puesto al menos capaz, con sacrificio de quien lo merezca, generando entre favorecedores y beneficiario un mecanismo de deudas recíprocas, comprometedor de la independencia judicial, y servirá de contraestímulo para los demás, que perderán la esperanza de ver recompensado cualquier esfuerza"*. Así, la Sentencia del Tribunal Supremo, de 10 de febrero de 1993 (RJ 1993/550), en su fundamento de Derecho tercero, señala que *"la Sala, tras la correspondiente deliberación, rechaza el argumento de que los actos impugnados sean actos políticos no fiscalizables por la jurisdicción contencioso-administrativa, puesto que tanto por el órgano administrativo de que dimanan, como por la causa determinante de la actuación administrativa y por el contenido de los propios actos, no se les puede dar otra calificación que la de actos administrativos sometidos al Derecho Administrativo. La teoría del acto político está hoy superada y reconocida a sus estrechos límites o muy escasos supuestos. En el caso concreto que resolvemos, el Ayuntamiento... dictó el acto de designación del Juez de Paz Titular de dicha localidad, y después desestimó el recurso de reposición interpuesto por la persona interesada, actuando en el ejercicio de sus potestades administrativas, sin ningún género de dudas"*.

El RJP de nuevo "completa" el silencio de la LOPJ en este punto. El mismo RJP viene haciendo referencia a unas condiciones genéricas de capacidad e idoneidad que, aunque puedan presuponerse, no están expresadas en el tenor del artículo 101 LOPJ. Ciertamente, la exposición de motivos del RJP se refiere a las disposiciones relativas a los "requisitos de capacidad e incompatibilidad"; en el art. 7.2.c) se alude a las "condiciones de capacidad y compatibilidad de los elegidos"; en el art. 8, a "condiciones de capacidad y de elegibilidad"; en

80 DE MARINO Y BORREGÓ, R., "La independencia de los Tribunales, garantía de su función", en *Revista de Derecho Procesal*, núm. 2, 1988, pág. 457.

el art. 11.II se refiere "al que estime más idóneo"; en el 11.III a los "requisitos de idoneidad"; y, por último, en el art. 12 a "requisitos legales de capacidad". Si a ello recordamos que las Salas de Gobierno están facultadas para designar directamente al Juez de Paz cuando a su juicio el candidato propuesto "no reúna las condiciones exigidas por la Ley", es razonable afirmar que el elegido habría de ser "idóneo y capaz". El problema, sin embargo, es que con las mínimas exigencias o requisitos necesarios para el acceso, presumiblemente la mayoría de los candidatos, cuando no todos, cumplirán los citados requisitos mínimos. Siendo estos requisitos y condiciones tan escasas, pudiendo cumplirlos cualquiera, no se logra el objetivo de seleccionar a quien reúna las mejores condiciones de aptitud y capacidad para el cargo.

Veamos más en concreto las posibilidades básicas:

1.ª Que sea uno solo el solicitante. En tal caso no se planteará problema alguno. El solicitante cumplirá los mínimos o excepcionalmente no. De ese modo no hay verdadera elección, máxime cuando solamente se faculta a elegir "libremente" al Pleno cuando no hubiera solicitantes; y a la Sala cuando no hubiera solicitudes o los solicitantes no reunieran las condiciones legales. La posible "discrecionalidad" en este caso se reduce simplemente a comprobar que concurren los requisitos.

2.ª Que no haya solicitantes. Tampoco aquí se plantearán excesivos problemas. El Pleno podrá elegir a alguien que cumpla los requisitos. Y si bien existirá una decisión sobre qué persona será elegida, esta no tiene trascendencia externa. Como máximo se podrá discutir por los miembros del pleno sobre la eventual mayor aptitud o capacidad que pudiera corresponder a otros candidatos posibles, pero ello no tendría mayor relevancia que el mero debate más o menos político por los concejales. El entendimiento de que "el pleno elegirá libremente" supone que ni los concejales estarán legitimados para una impugnación por existir otros candidatos más idóneos (cosa absurda, por otra parte, pues hipotéticamente siempre los podrá haber) ni lo estarán tampoco los que no han sido solicitantes. En definitiva, una vez realizada la elección no se planteará posibilidad de comparación con el resto de posibles elegidos no solicitantes y, por tanto, como en el caso anterior, el problema se reducirá a si el elegido cumple o no los requisitos mínimos.

3.ª Que ninguno de los solicitantes cumpla los requisitos legales. De nuevo tampoco se plantearán problemas graves. La solución es similar a la anterior aunque con matices. El Pleno del Ayuntamiento, conforme al tenor literal del artículo 6 RJP, no estará facultado para formular propuesta. Y, en caso de hacerla, conforme al artículo 15, oído el Ministerio Fiscal, la designación correspondería también a la Sala de Gobierno. La diferencia en este caso es que la designación, además del requisito de idoneidad, deberá recaer en quienes se hallen dispuestos a aceptarla. ¿Supone tal alusión que todos los que se hallen en disposición de aceptarla estarían legitimados para una posible impugnación, alegando ser más idóneo o más capaz que el designado? Aunque se trate de una respuesta desorbitada, así parece deducirse atendida la parquedad con que se ha regulado esta cuestión.

4.ª Que varios solicitantes cumplan los requisitos mínimos. En este caso se plantea el verdadero problema. Si la designación no debería ser discrecional, tanto por parte del Pleno como por la Sala, podría afirmarse que, en principio, un solicitante al cargo, denegada su solicitud, tendría que estar facultado para impugnar la designación.

Con base en la misma idea, la Sala de Gobierno tendría que poder nombrar al candidato no elegido más idóneo. Esta afirmación, no obstante, se ve dificultada por el tenor del artículo 101 LOPJ (y 4 RJP) cuando dispone rotundamente que *"el nombramiento recaerá en las personas elegidas por el respectivo Ayuntamiento"*. Por ello, DAMIÁN MORENO[81], interpreta que el acuerdo del Pleno del Ayuntamiento vincula a las Salas de Gobierno, si bien con el límite de que la persona elegida cumpla las condiciones exigidas por la ley.

Y, en efecto, de ese modo ha de interpretarse el citado precepto, pero sin que pase por alto que el respeto a la ley, y a las condiciones exigidas en la misma, implica también garantizar la independencia del juez, salvaguardando los principios de igualdad y capacidad que informa el acceso a la "función pública". En ese sentido, el párrafo cuarto de la exposición de motivos del RJP afirma que las *"Salas de Gobierno, a quienes les compete realizar un acto de homologación de los acuerdos del Ayuntamiento, consistente en examinar las condiciones legales que concurren en el elegido y su idoneidad para el cargo"*, lo que no debería

[81] DAMIÁN MORENO, J., *Los jueces de paz*, cit., pág. 210. Y en la misma línea otros autores como MUÑOZ LÓPEZ, F., "¿Hacia una profesionalización de los juzgados de paz?", cit.

limitarse a la concurrencia de los requisitos mínimos, pues, en tal caso, la necesaria independencia judicial quedaría sin garantía. Por tal motivo, en mi opinión, la Sala de Gobierno podría hallarse genéricamente autorizada para controlar que no recaiga un nombramiento no ajustado a ley en un sentido amplio.

Otra cuestión es que la misma Sala de Gobierno quede apoderada para nombrar directamente a un solicitante al cargo que entienda más capaz. Esta solución no se contempla expresamente en la Ley. Es más, la misma podría contradecir los términos expresos del citado artículo 101.I LOPJ ("recaerán"). Sin embargo, se presenta como solución más conveniente que la alternativa de devolver el conocimiento al Pleno. Entre otras cosas, esto último podría llevar en la práctica a una panorama en el que, transcurrido tres meses (art. 9.2 RJP), la designación y nombramiento correspondiera en todo caso igualmente a la Sala de Gobierno. Por último, no parece que la jurisprudencia haya dado una solución rotunda a esta cuestión. Es cierto que, por ejemplo, en el Fundamento de Derecho cuarto de la Sentencia del Tribunal Supremo de 28 de septiembre de 1993, RJ 1993/6540, se manifiesta que *"la persona elegida debe reunir las condiciones señaladas en la Ley Orgánica del Poder Judicial, y la Sala de Gobierno solamente procederá a su designación y nombramiento si las reúne, a su juicio y oído el Ministerio Fiscal, de manera que si dicha persona está incursa en alguna causa de incapacidad o de incompatibilidad de las previstas en la aludida Ley Orgánica o no reúne los requisitos que la misma exige, la Sala de Gobierno no designará ni nombrará Juez de Paz a tal persona propuesta por el Ayuntamiento, sino que designará y nombrará al que la propia Sala de Gobierno estime conveniente (arts. 101,4 y 102 de la Ley Orgánica)".* Sin embargo, no resuelve la cuestión central que nos ocupa, pues no queda claro si la garantía de independencia –y las consecuencias de la misma, entre otras, que el más idóneo pueda ser nombrado– quedaría incluida en el ámbito de control por parte de la Sala de Gobierno dentro de las condiciones señaladas en la LOPJ o si se limitan solamente a comprobar la no concurrencia de causas de incapacidad o incompatibilidad.

4. Posibilidades de éxito real en la impugnación de la designación por otro solicitante

Si desde un punto de vista hipotético resulta ya arduo que el solicitante no elegido, no obstante pudiera contar con mayores méritos o capacidad, tenga aptitud para la impugnación, desde otra perspectiva más práctica las dificultades todavía aumentan.

Ciertamente, conforme al artículo 12 RJP, contra los acuerdos de nombramiento cabe recurso administrativo ordinario o de revisión, en su caso, ante el Pleno del Consejo General del Poder Judicial en los plazos y por los motivos y formas que establece la Ley 30/1992, de 26 de noviembre, de Régimen Jurídico de las Administraciones Públicas y del Procedimiento Administrativo Común[82]. A su vez, según el artículo 58.I LOPJ, la Sala de lo Contencioso-administrativo del Tribunal Supremo conocerá, en única instancia, de los recursos contra los actos y disposiciones procedentes del Consejo General del Poder Judi*cial*. Todo ello sin perjuicio de que los aspectos relativos al ajuste a derecho del acuerdo municipal en cuanto acto administrativo (exposición de motivos) únicamente pueden ser objeto de recurso contencioso-administrativo.

Pero esta determinación relativamente clara del procedimiento a seguir no implica que, a la hora de la verdad, efectivamente sea posible impugnar con expectativas de éxito por quienes se consideren más idóneos o capaces para el cargo. Y ello es así por dos razones fundamentales: 1.ª Por la tradicional tendencia jurisprudencial a no entrar a revisar los actos denominados de "discrecionalidad administrativa técnica"[83] o, al menos, a establecer una serie de limitaciones fundadas en la presunción de razonabilidad o de certeza de la actuación administrativa[84]. Y 2.ª Sobre todo, porque no se han establecido unos mínimos criterios, de carácter objetivo, que permitan conocer los concretos motivos que permiten determinar la mayor capacidad del candidato.

Si con la primera de las razones anteriores el éxito de la impugnación se dificulta, al exigir unos parámetros claros que permitan romper la presunción

---

[82] Recurso potestativo de reposición, de alzada o extraordinario de revisión, conforme a los arts. 107 a 119 de la citada Ley.

[83] Explica la STS, de 25 de octubre de 1992, RJ 1992\8490 que los Tribunales de lo Contencioso-Administrativo "en modo alguno pueden sustituir o corregir al órgano en lo que su valoración tiene de "apreciación técnica", pues supondría *"una fiscalización de cada tribunal con parámetros no jurídicos, sino pertenecientes en cada ocasión a una técnica diversa, esto es, la concerniente a la materia cuyos conocimientos se exigiera a los opositores, y tal supuesto es absurdo no solo porque humanamente implicaría la omnisciencia de los órganos jurisdiccionales sino porque éstos están llamados a resolver problemas jurídicos en términos jurídicos y nada más"*.

[84] En ese sentido, entre otras, la STC 353/1993, de 23 de noviembre, sin perjuicio de que reconoce que se trata meramente de una presunción *iuris tantum*.

de razonabilidad o certeza; con la segunda, obtener una resolución favorable se convierte en una meta prácticamente imposible. En efecto, existiendo un vacío legal respecto al establecimiento de criterios determinados a adoptar para los solicitantes (tales como preferencias por méritos, aptitudes profesionales o pruebas selectivas)[85], inevitablemente en la práctica la elección por parte del Pleno del Ayuntamiento correspondiente no queda sujeta a otros requisitos que los mínimos ya aludidos. La falta de ese criterio legal presupone, de un lado, dotar al acceso a dicho cargo de un grado elevado de arbitrariedad[86], pudiéndose llegar a convertir el cargo en un puesto político o de confianza más, sin atender ni al tratamiento ni la precedencia que el ejercicio de la jurisdicción debería merecer; de otro, que no sea posible determinar objetivamente la mayor idoneidad, mérito y capacidad del candidato que no goza de la "confianza" o la "afinidad" con el Pleno del Ayuntamiento.

Y es que el Pleno del Ayuntamiento, sin más límites que los mínimos a los que nos venimos refiriendo (art. 102 LOPJ), incluso ostentando la capacidad suficiente para elegir "libremente" a falta de solicitantes, puede escoger al candidato sin que en precepto expreso en la regulación de la LOPJ ni en el RJP derive directamente que, en caso de concurrencia de solicitudes, tenga que serlo el más capaz, meritorio o idóneo. Solamente con que el elegido cumpla los mínimos, el Ayuntamiento remitirá el acuerdo al Juez de Primera Instancia e Instrucción del partido o, en su caso, al Decano, que lo elevará a la Sala de Gobierno. A partir de este momento es cuando la Sala examina y controla si esa persona en concreto que ha propuesto el Ayuntamiento reúne las condiciones de legalidad exigidas por la Ley reguladora (art. 101.4 LOPJ), enjuicia y determina asimismo si reúne o no los requisitos exigidos para el ingreso en la carrera judicial (art. 102) y aprecia igualmente si la persona propuesta incurre o no en alguna de las causas de incapacidad o incompatibilidad previstas en

[85] Al menos, según el art. 17 del Reglamento de los Jueces de paz, deberán residir en la población donde tenga su sede el Juzgado de Paz, si bien, *"la Sala de Gobierno del Tribunal Superior de Justicia del que dependan podrá autorizar por causas justificadas la residencia en lugar distinto, siempre que sea compatible con el exacto cumplimiento de los deberes propios del cargo"*.

[86] MONTERO AROCA, J., *Independencia y responsabilidad del juez*, cit., pág. 156, nota 240, describe gráficamente la situación cuando dice que *"la primera elección se realizó en 1989 y sin despertar casi ruido, aunque no ha faltado ayuntamiento que ha elegido al portavoz de la mayoría absoluta... en el mismo ayuntamiento, enfermero de profesión, con el argumento de que estaba estudiando derecho"*.

dicha Ley Orgánica para el desempeño de las funciones judiciales (art. 102 en relación con el 101.4.). Y por último, la propia Sala de Gobierno es quien nombra al Juez de Paz, y también lo designa en el caso que la elección municipal no se haya ajustado a las determinaciones de la Ley reguladora.

Como ya se ha advertido, si la persona elegida no cumple los mínimos, es decir, si está incursa en alguna causa de incapacidad o de incompatibilidad de las previstas en la aludida Ley Orgánica o no reúne los requisitos que la misma exige, la Sala de Gobierno no designará ni nombrará Juez de Paz a la persona elegida y propuesta por el Ayuntamiento, sino que designará y nombrará a quien la propia Sala de Gobierno estime conveniente. El problema es que, cumpliendo la persona elegida tales condiciones mínimas, quedará excluido cualquier otro candidato aunque pudiera ser más meritorio, capaz o idóneo, entre otras cosas, por ser persona con mayor experiencia (por ejemplo, por haber ejercido funciones jurisdiccionales previamente) y preparación (contar con formación específica). Situación perfectamente posible al no contarse con unos criterios que permitan determinar la idoneidad del candidato no solo en términos mínimos sino comparativamente respecto al resto. En ese caso, resulta cuanto menos dudoso que la Sala de Gobierno tenga atribuida facultades para, sin acudir a interpretaciones quizás forzadas o a integraciones de dudosa viabilidad, nombrar a la que sea "más conveniente", entendiendo la conveniencia como más meritorio y, presumiblemente, más capaz o idóneo.

En definitiva, salvo aquellos supuestos en los que se haya omitido el expediente o este adoleciera de vicios o defectos formales (no iniciado, falta de publicación, incumplimientos plazos y otras similares)[87], estos recursos administrativos que puedan instar el candidato que se considere más idóneo o meritorio, incluida la eventual apertura de la vía judicial, tendrán muy pocas posibilidades de éxito. Al menos en el supuesto más habitual, que es el de la proposición del candidato electo por el Pleno del Ayuntamiento, la inexistencia de un baremo y de unos mínimos criterios objetivos de selección (ser español, mayor de edad y no incapaz), hacen cuanto menos inviable en la práctica cualquier impugnación. Parece claro que la falta de criterios que permitan baremar los méritos de los candidatos atribuye al Pleno del Ayuntamiento facultades amplísimas y desorbitadas en la elección del candidato. La elección es tan

[87] MUÑOZ LÓPEZ, F., "¿Hacia una profesionalización de los juzgados de paz?", cit.

influyente que resulta prácticamente vinculante en el posterior nombramiento por la Sala de Gobierno del Tribunal Superior de Justicia correspondiente. Por ese camino, la elección municipal y el posterior nombramiento tienen grandes posibilidades para ser arbitrarios. Paralelamente, se produce otro efecto pernicioso y extremadamente grave en cuanto afecta al derecho fundamental a la tutela judicial efectiva: un hipotético candidato con mejor aptitudes, más capaz o idóneo, pero sin la confianza o la afinidad con el Pleno del Ayuntamiento, no solo verá frustradas sus legítimas aspiraciones al acceso al cargo, sino que además ni siquiera se hallará en condiciones para impugnar el nombramiento de otro candidato con menos méritos, capacidad o aptitud con unas mínimas expectativas de estimación.

5. La reformulación del sistema de acceso, al menos, con la fijación de unos criterios objetivos

Todo lo anterior conduce a la necesidad de revisar profundamente el sistema de acceso. Las posibilidades para ello son diversas. Incluso pueden llegar al extremo de que el cargo fuera seleccionado por los electores "de derecho" del correspondiente municipio. No voy a entrar en esta cuestión, pues se trata de una decisión de carácter estrictamente político que, en cualquiera de los casos, no tendría obstáculos constitucionales, serían perfectamente viables desde una perspectiva jurídica, contamos con precedentes históricos[88], experiencias en

[88] El Proyecto de Constitución Federal de la República Española de 1873, aunque no llegó a entrar en vigor, contemplaba que "en cada municipio habrá un tribunal nombrado directamente por el pueblo y encargado de entender en la corrección de faltas, juicios verbales y actos de conciliación". Durante la II República, el RD de 8 de mayo de 1931 estableció el sistema de elección popular de los Jueces de Paz, entre vecinos mayores de veinticinco años que figurasen en las listas electorales. Estuvo vigente hasta su derogación por la Ley de 7 de junio de 1934. Sobre este sistema significaba ALCALÁ ZAMORA Y CASTILLO, N., "Un grave problema judicial y político: La Justicia Municipal", en *Estudios de Derecho Procesal*, Madrid, 1934, pág. 70, que *"aplicar el sufragio universal a la provisión de los Juzgados es tan inadecuado casi como utilizarlo para designar al médico titular de un pueblo o al ingeniero constructor de una carretera, so pretexto de que uno y otro cumplen una misión de interés general y sin que en ninguno de los dos supuestos fuese condición exigida la de ser...médico o ingeniero"*. De otro lado, la enmienda núm. 779 que presentó el grupo parlamentario de UCD, preveía la elección de los Jueces de Paz mediante sufragio directo, pero fue rechazada por la Ponencia Constitucional.

otros países[89], y, desde luego, no encontraría problema alguno desde el punto de vista democrático, sino más bien al contrario[90].

Ahora, con independencia del sistema: nombramiento y elección por la Sala de Gobierno, elección por los representantes municipales, directamente por los habitantes del municipio, o por cualquier otro sistema razonable que pudiera implantarse, los candidatos elegidos o elegibles habrían de cumplir en todo caso unos requisitos de aptitud tan severos que incluyeran formación jurídica y cierta experiencia. Es cierto que el sistema de elección por preferencias tiene la indudable virtud de permitir que el mejor o más capaz de los solicitantes acceda al cargo, si bien el sistema de elección por sufragio puede favorecer también, aunque sea indirectamente, que el candidato más meritorio, capaz o idóneo acceda y, además, refuerza la legitimidad democrática al sistema y al elegido.

---

89 En algunos ordenamientos jurídicos, como el venezolano, el colombiano o el peruano, el Juez de Paz es elegido por los propios vecinos de la comunidad donde ejercerá su cargo. El art. 248 de la Constitución Política de Colombia dispone que *"la ley podrá crear jueces de paz encargados de resolver en equidad conflictos individuales y comunitarios. También podrá ordenar que se elijan por votación popular"*. Por su parte, según el art. 258 de la Constitución de la República Bolivariana de Venezuela dispone que *"la ley organizará la justicia de paz en las comunidades. Los jueces o juezas de paz serán elegidos o elegidas por votación universal, directa y secreta, conforme a la ley"*. Norma desarrollada por los arts. 14 a 21 de la Ley Orgánica de la Jurisdicción Especial de la Justicia de Paz Comunal (Gaceta Oficial núm. 39.913, de 2 de mayo de 2012). Y en cuanto al Perú, el art. 152 de la Constitución Política de 1993, la Ley núm. 28545 que regula la elección de los Jueces de Paz y, por último, el Reglamento de elecciones de Jueces de Paz aprobado por Resolución administrativa núm. 139-2006-CE-PJ, establecen su nombramiento por elección popular.

90 Para MOVILLA ÁLVAREZ, C., "La participación popular en la administración de justicia", en *El Poder Judicial*, (con ANDRÉS IBÁÑEZ), Tecnos, Madrid, 1986, pág. 321 *"la participación democrática de los ciudadanos (...) sería mucho más intensa y serviría para acercar más la justicia a los ciudadanos con un sistema de elección directa, ya que, por otra parte, el Juez de Paz no tiene por qué coincidir en su extracción ideológica con la mayoría partidista en razón de la propia naturaleza de la función"*. Para DEL OLMO DEL OLMO, J. A., "La Justicia de Paz: fortaleza y oportunidades de futuro", original, pág. 9, la elección del Juez de Paz mediante sufragio universal de todos los vecinos del municipio, que podría celebrarse al mismo tiempo que las elecciones locales, es una de las alternativas de solución más adecuada a este problema, junto a un sistema de elección escalonado de preferencias. Para MONTERO CHAMORRO, J. J., "La elección del Juez de Paz ¿En Pleno siglo XXI, es el sistema más adecuado? Problemática que durante 150 años se ha planteado. ¿Qué alternativas existen? Cabrían en nuestro sistema legal?", original, pág. 14, cualquiera de las alternativas expuestas, entre las que se incluye la elección por sufragio universal, *"tiene cabida en nuestro sistema constitucional"*.

En cualquier caso, urge que se establezcan las condiciones, parámetros o criterios que permitan acceder al más meritorio, capaz o idóneo entre varios posibles solicitantes. La conexión íntima de esta cuestión con las garantías constitucionales conduce a que su determinación no se realice vía reglamentaria, pues no se trata de condiciones accesorias sino más bien esenciales. Siendo así y en virtud del artículo 122.1 CE, en cuanto los jueces de paz ejercen jurisdicción, como lo hace cualquier otro juez o magistrado sea en un ámbito competencial más o menos determinado y hasta ínfimo, los criterios deberían contenerse en una Ley Orgánica, y concretamente en la del Poder Judicial.

No obstante lo anterior, el tenor del artículo 110.2.a) LOPJ parece por el contrario dar cobertura a que se establezca reglamentariamente. Con todo, lo que se presenta claro es que no resulta admisible dictar norma de remisión al correspondiente acuerdo municipal pues, de lo contrario, se actualizaría el peligro de que el baremo sea diseñado "*ex post facto*", hecho a la medida del solicitante afín o de confianza. Asimismo, coadyuva esta conclusión la importancia de que exista un sistema de acceso común para la función jurisdiccional, en el que se respeten los principios de capacidad e igualdad, como presupuestos de la independencia del juez.

Es más, incluso podría plantearse la conveniencia de que se realizara alguna prueba a los solicitantes, principalmente acerca de conocimientos jurídicos, aunque fueran mínimos o sencillos. Es cierto que estas pruebas no están contempladas legalmente ni reguladas reglamentariamente en modo alguno, pero se justificarían atendiendo a que las mismas limitarían ciertas dosis de arbitrariedad y ofrecerían garantías al desempeño correcto del cargo. No ha de orillarse la importancia del cargo y las funciones que entraña, ya no solo en funciones jurisdiccionales directas sino incluso en lo referente a la cooperación, prevención o delegación solicitadas por órganos jurisdiccionales de rango "superior". Igualmente, estas pruebas posibilitarían que el acceso del candidato más capaz o idóneo quedara salvaguardado por un sistema más objetivo y por un mayor control judicial efectivo.

Lo anterior sin desmerecer el posible acceso por vía de concurso. Este sistema, debidamente articulado, permitirá que accedieran a la función jurisdiccional quienes, en otros campos (fundamentalmente jurídicos o en solución de conflictos), hayan demostrado especial capacidad y competencia[91]. Como se ha afirmado, este sistema supone *"una puerta por donde penetrase aire fresco y vitalizador"*[92]. Bien entendido, en todo caso, que la realización de este concurso ha de contar previamente con una previsión de aquellos aspectos relevantes que, debidamente puntuados, permita baremar aquello que precisamente entra en concurso: los méritos, la capacidad e idoneidad del concursante para el cargo.

Si bien entre los elementos a ponderar en el baremo podría incluirse cierto componente de sintonía o buena relación con el equipo de gobierno local, desde luego deberían atenderse principalmente a cuestiones tales como la formación tanto general (jurídica) como específica en dichas materias (cursos de formación diversos), las publicaciones relevantes, y también, por supuesto, la experiencia profesional, tanto general como específica, sobre todo en ámbitos jurisdiccionales y/o en solución alternativa de conflictos.

Desgraciadamente, con el sistema actual nada de esto se cumple. La omisión legal de requisitos específicos permite la elección para el cargo de Juez de Paz a personas en atención exclusivamente a afinidades personales, familiares o de otra índole similar sin tener en consideración la capacidad personal y profesional del solicitante al cargo[93].

---

91 Resultan ilustrativas las palabras de IRACHETA IRIBARREN, M., "La selección de los jueces y magistrados en la Ley Orgánica del Poder Judicial", en *Terceras jornadas de Derecho Judicial,* II, (con otros), Ministerio de Justicia, Madrid, 1987, pág. 1016, cuando afirma que *"los conocimientos precisos referidos, previos al ejercicio o al ingreso en la Escuela, pueden adquirirse, con la preparación de una oposición, que ciertamente exige unos estudios y da unos conocimientos, pero también pueden adquirirse con el ejercicio de una carrera jurídica o del ejercicio de la profesión de abogado, que también exigen unos estudios y unos conocimientos para la solución de problemas, iguales o parecidos a los de juzgar y hacer ejecutar lo juzgado".*

92 TOHARIA, J. J., *El juez español. Un estudio sociológico,* Madrid, 1975, pág. 38.

93 En general pueden hallarse ejemplos en los que el Pleno del Ayuntamiento correspondiente designa a persona sin cualificación profesional ni acreditación alguna de su capacidad. En ocasiones, designando al hijo de un concejal del Ayuntamiento, con el voto favorable de su padre (esto último, puede verse en la STS de 10 de febrero de 1993). En fin, como resultado, tal y como se pone de manifiesto en la ponencia titulada "El Juez de Paz y su ¿indemnización, retribución, salario,...?, sin constancia del autor, *"el colectivo de los Jueces de Paz es muy heterogéneo y no todos a fuer de ser sinceros merecemos este cargo, sin ir más lejos hay quien en su día planteó la cuestión de que él era Juez de Paz para llevar el bastón en las procesiones o por asistir a los toros (imagino que de forma gratuita), y otros que ejercen su cargo de forma profesional y digna son apartados del mismo por conveniencias políticas; con estas mimbres es muy difícil hacer un cesto digno".*

Esta lamentable situación tuvo su génesis incipiente a partir de la eliminación de la preferencia que tradicionalmente, desde el RD de 28 de noviembre de 1856 hasta la LOPJ de 1985, habían tenido siempre los letrados para el acceso al cargo. De hecho, a partir de la LOPJ de 1870, toda la legislación había venido requiriendo una serie de aptitudes a las personas designadas para el cargo entre las que la condición de licenciado en Derecho era la nota determinante. Así, por citar alguna de las más antiguas, el art. 121 LOPJ de 1870 disponía que *"donde hubiere letrados con aptitud para ser Jueces municipales serían preferibles..."*; los arts. 1 y 2 del RD de 2 de junio de 1883 que "los nombramientos de Jueces municipales recaerían en abogados que reunieran las condiciones..."; o la RO de 23 de abril de 1893, que se dará preferencia a *"funcionarios excedentes de las carreras judicial y fiscal... licenciados en derecho que no ejercieran profesión del foro... abogados en ejercicio"*[94].

Y esta preferencia de los licenciados o grados en derecho es deseable, a pesar de que, en la discusión parlamentaria de la vigente LOPJ, se presentaron enmiendas no aprobadas para que se eliminara la expresión "salvo licenciados en derecho". Enmiendas que se basaban correctamente en que el juez de paz debía ser perito en la materia, considerando que el conocimiento de las leyes y los procedimientos es la garantía de un mejor cumplimiento de sus funciones[95].

En este punto, puede afirmarse que la independencia judicial está en juego. No basta con una mera declaración de su vigencia, sino que requiere de garantías y, entre ellas, la de un sistema de acceso objetivo. Como afirma De Marino[96], la independencia *"no se logra con meras proclamaciones. Su delicadeza exige un entramado de garantías en el régimen estatutario de los Jueces y Magistrados, y en la estructura de los poderes del Estado, que la protejan frente al proteico mundo de las influencias más diversas y las sutiles penetraciones de la injusticia"*.

---

94 COBOS GAVALA, R., *El Juez de Paz en la ordenación judicial española,* cit., págs. 226 y ss, nota 94.

95 Véase las enmiendas 1.313 del diputado Sr. Pillado Montero, y la 278, citadas ambas por COBOS GAVALA, R., *El Juez de Paz en la Ordenación Jurisdiccional Española,* cit., pág. 205, notas 52 y 53.

96 DE MARINO Y BORREGÓ, R., *La independencia de los Tribunales, garantía de su función,* cit., pág. 458.

En definitiva, se hace necesario establecer unos criterios concretos que permitan que la "discrecionalidad" cuando no arbitrariedad con la que actualmente se viene actuando el Pleno del Ayuntamiento al elegir al Juez de Paz, se traduzca en una decisión más técnica. En consecuencia, que en los supuestos de concurrencia de solicitudes, se garantice que acceda el candidato más meritorio, idóneo y capaz, desterrando las afinidades o confianzas puramente subjetivas como único criterio determinante en su nombramiento.

CAPÍTULO III.
INDEPENDENCIA E IMPARCIALIDAD DEL JUEZ DE PAZ

I. ALGUNAS CONSIDERACIONES GENERALES SOBRE LA INDEPENDENCIA JUDICIAL

La Constitución española es rotunda al atribuir la potestad jurisdiccional exclusivamente a una muy determinada clase de órganos (art. 117.3 CE): aquellos que cumplan con los requisitos contenidos en el art. 117.1 CE, esto es, independencia, inamovilidad, responsabilidad y sometimiento únicamente al imperio de la ley[97].

Si bien se mira, los verdaderos requisitos son solamente el sometimiento único al imperio de la ley y la independencia judicial, pues el resto de los mencionados son subordinados a los primeros. A su vez, ambos requisitos de sometimiento único a la ley y la independencia son complementarios entre sí en cuanto que la independencia constituye presupuesto para que el juzgador se halle sometido exclusivamente a la ley.

Inamovilidad, prohibiciones, incompatibilidades, juez legal y configuración de gobierno autónomo de la magistratura, son todos ellos elementos subordinados o representan garantías de la independencia. Incluso la unidad jurisdiccional prevista en el art. 117.5 CE se subordina a la independencia en la medida que se justifica en que tiende a unificar las garantías de la misma.

Igualmente, la responsabilidad judicial tiene como presupuestos necesarios tanto la exclusiva sumisión del juez a la ley como la independencia judicial.

---

[97] Véase ORTELLS RAMOS, M., *Introducción al Derecho Procesal*, (con otros), cit., págs. 61 y ss.

En realidad, la independencia consiste en la atribución de poder al titular del órgano con sumisión exclusiva a la ley, de modo que si se desvía de esta sumisión a la ley incurre en responsabilidad. Si el juez fuera dependiente sería irresponsable, en la medida que la responsabilidad en tal caso recaería sobre quien el juzgador dependiera. La independencia impide así desviar la responsabilidad, de modo que esta resulta ser la cara inversa de la independencia.

De otro lado, la independencia no solamente cabe afirmarla genéricamente de la justicia o del Poder Judicial. Nuestra Constitución alude personalmente y en concreto a jueces y magistrados (arts. 117.1 y 127.2 CE) y a Tribunales (art. 124.1 CE). De hecho, la independencia del poder judicial como colectivo no impide todas las presiones ni, por tanto, eventuales desviaciones en la objetividad en las decisiones o juicios que realicen los jueces, magistrados o Tribunales. Es más, la independencia cabe afirmarla incluso frente al mismo poder judicial y hasta frente a otros órganos igualmente jurisdiccionales[98].

Por supuesto la independencia no es igual ni equivale a arbitrariedad, ya que la jurisdicción se ejerce con sometimiento en exclusiva a la ley (art. 117.1 CE) así como también a la Constitución y al resto del ordenamiento jurídico (art. 9 CE)[99]. En modo alguno el juez decidirá arbitrariamente, pero tampoco puede resolver conforme a la equidad o a lo que considere en conciencia como justo, puesto que si fuera así, no estaría sometido a la ley en un sentido amplio o como norma preestablecida por el legislador. Es más, el juzgador se convertiría en un tirano creador del derecho sustrayendo competencia a quien tiene atribuida democráticamente la potestad legislativa.

El sometimiento a la ley, con todo, no excluye que el juzgador tenga que adoptar ciertas opciones personales, por ejemplo, a la hora de fijación de los hechos probados, o la determinación concreta de los supuestos abstractos

---

98 Por esto último, el valor vinculante de la jurisprudencia sería contrario a la independencia. Por supuesto, serían contrarias a la independencia las instrucciones aplicativas o interpretativas de los órganos jurisdiccionales superiores. Así y todo, la reciente STC 37/2012, de 19 de marzo (BOE núm. 88 de 12 de abril), entre otras cosas, que no comparto, afirma que *"debemos descartar que el art. 100.7 LJCA, en la medida en que establece el carácter vinculante de las Sentencias del Tribunal Supremo que estiman los recursos de casación en interés de ley, sea inconstitucional porque vulnere (como se aduce en el Auto de planteamiento de la cuestión) el principio de independencia judicial proclamado en el art. 117.1 CE"*.

99 La costumbre con los requisitos del art. 1.3 CC), los tratados internacionales válidamente celebrados y ratificados (art. 95 CE y 1.5 CC) y los principios generales del derecho.

propios de la norma aplicable. Precisamente esta falta de automatismo en la aplicación de la norma, y el margen que resulta, impone el establecimiento de la independencia. Si no existiera tal margen, si la aplicación del derecho fuera automática, la independencia sería innecesaria. Y precisamente por no ser el derecho de aplicación automática, se requiere establecer el requisito de independencia. Mediante el mismo, en suma, el juez quedará liberado de cualquier otra regla que no sea ley, así como de cualquier influencia que pudiera quebrar la objetividad en su juicio.

La importancia de que la actividad jurisdiccional se desarrolle en estas condiciones justifica y explica que la Constitución haya establecido que la independencia judicial sea requisito esencial y, en consecuencia, que todas las normas estén informadas y deban interpretadas de forma que la misma mantenga su vigencia y no quede en entredicho.

II. GARANTÍAS DE LA INDEPENDENCIA JUDICIAL Y MATICES Y LIMITACIONES EN EL JUEZ DE PAZ

1. Aproximación a las manifestaciones y garantías de la independencia

La independencia judicial se regula de forma diversificada. Hay normas que son meramente manifestaciones de la independencia judicial, expresándola, estableciéndola y articulándola de *iure*; y otras que establecen garantías de la misma.

Entre las primeras, siguiendo la clasificación de ORTELLS[100], están las normas que: 1.º Establecen que el juez no está sometido a disposiciones imperativas distintas a la ley o contrarias a la misma. Así, entre otras, según el art. 6 LOPJ, está prohibido aplicar *"los reglamentos o cualquier otra disposición contrarios a la Constitución, a la ley o al principio de jerarquía normativa"*. 2.º Establecen la independencia frente a los órganos jurisdiccionales de grado superior (art. 12 LOPJ); los órganos de gobierno autónomo del Poder judicial

[100] ORTELLS RAMOS, M., *Introducción al Derecho Procesal,* (con otros), cit., págs. 68-9.

(art. 12 LOPJ); el poder legislativo (pues solo vinculan en cuanto actúan como legislador conforme al art. 76.1 CE[101].

De otro lado, resultan especialmente relevantes las garantías de independencia judicial, operativas frente a las injerencias indirectas o presiones que podría sufrir. En síntesis, han de citarse las siguientes (arts. 13 y 14 LOPJ): 1.º El establecimiento de unos métodos objetivos de selección de jueces y magistrados, así como la existencia de una carrera judicial (para evitar que pueda convertirse en el premio a conseguir o el castigo a evitar). 2.º La inamovilidad de jueces y magistrados frente a destituciones, traslados, suspensiones y jubilaciones arbitrarias (de ese modo se elimina el temor de que sus resoluciones puedan influir en las decisiones sobre su destino). 3.º Régimen de incompatibilidades (arts. 389-394 LOPJ; 70 a y d, y 127 CE), que aseguran no solo la plena dedicación sino sobre todo evitan que su inserción en órganos políticos y administrativos pueda influir en su actividad. 4.º Régimen de prohibiciones (arts. 389.5º a 9º y 395 LOPJ)[102], cuya finalidad es la misma que las incompatibilidades pero por el enraizamiento familiar, social, económico y por la toma de postura militante. Y 5.º Regulación de la abstención y recusación, que sirve para apartar al juez de los procesos concretos que tengan relación con el juez por el objeto o las partes.

2. Matices y limitaciones en las garantías de la independencia del Juez de Paz

Tras aproximarnos a los principales aspectos de la independencia judicial en general, solamente resta realizar un ejercicio de comparación con la regulación de los Jueces de Paz para comprobar como la independencia queda en este caso seriamente en entredicho.

---

[101] Todo ello al margen de que solamente vinculan las decisiones del legislativo en cuanto la norma emanada sea constitucional. El órgano jurisdiccional realizará un control de constitucionalidad. Si no lo es, la consideraran derogada si es preconstitucional (disposición Derogatoria 3 CE), o, siendo postconstitucional, tendrán el deber de examinar de oficio la constitucionalidad de la ley aplicable y de plantear cuestión de inconstitucionalidad si el examen es negativo, sin dictar sentencia hasta que no se resuelva (art. 35 LOTC y 5.2 LOPJ).

[102] Incluso algunas tienen rango constitucional, como es la de pertenecer a partidos políticos y sindicatos (art. 127 CE).

Lo anterior no se ve empañado por el hecho de que las manifestaciones de independencia tengan valor absoluto y las garantías solamente un valor relativo. Es así porque estas últimas son meras técnicas para obtener un resultado determinado, como es el evitar las presiones o los efectos de las influencias mediante el establecimiento de un estado de cosas por el que las decisiones judiciales sean adoptadas con objetividad y exclusivo sometimiento a la ley.

Este feliz resultado puede obtenerse mediante diversas técnicas. Así, por ejemplo, una causa de prohibición puede en un momento dado establecerse como de recusación, o a la inversa, siempre que se obtenga el fin pretendido. Asimismo, las eventuales presiones frente a las que se prevén las garantías pueden ser cambiantes y distintas en el tiempo y en el espacio, de modo que las correspondientes garantías podrán y deberán ser igualmente cambiantes para adaptarse a las citadas presiones. Todo ello permite afirmar que las garantías tienen valor relativo. Sin embargo, esta circunstancia no permite al legislador establecer normas que supongan negar de *iure* la independencia pues en tal caso dichas normas serían inconstitucionales. Y lo mismo cabe afirmar respecto de la introducción o mantenimiento de normas, o su ausencia, con nula aptitud para garantizar la independencia. Aunque el legislador en principio tenga cierto margen de libertad legislativa para establecer las garantías que considere adecuadas en el momento, no ha de olvidarse, en palabras de ORTELLS[103], que *"deberá ejercerla –como dice el art. 127.2 CE para el caso concreto de las incompatibilidades– de forma que resulte asegurada la total independencia de los jueces y magistrados"*.

Según se ha afirmado *"tan independiente es el Juez de Paz del último pueblo de España como el Tribunal Supremo en pleno"*[104]. Ahora bien, la regulación del régimen de garantías de los Jueces de Paz precisamente ha merecido importantes matices legislativos que, en algunos casos, ponen en entredicho la vigencia de la total independencia judicial. Veamos los más relevantes:

a) El inexistente método objetivo de selección ya ha merecido una referencia extensa y sumamente crítica en esta obra, precisamente por representar

---

[103] ORTELLS RAMOS, M., *Introducción al Derecho Procesal* (con otros), cit., pág. 70.

[104] RUIZ VADILLO, E., "La Constitución, la independencia de los jueces y magistrados y el acceso a l carrera judicial", en *Diario La Ley,* 1984, T. 4, pág. 992.

una merma injustificada de garantías. Me remito a lo señalado en el apartado anterior.

b) Dadas las especiales características que concurren en el cargo de Juez de Paz, nombrado para ejercer jurisdicción y otras funciones por un tiempo y en un ámbito municipal determinado, no existe ni se requiere el establecimiento de una carrera judicial. Otra cosa es que la propia limitación temporal del mandato y el sistema de elección y de eventual reelección, no evita en absoluto sino que fomenta que pueda convertirse en el premio a conseguir (la reelección del Juez de Paz) o el castigo a evitar (la no reelección del mismo Juez de Paz o la elección de otro solicitante).

c) El Juez de Paz disfrutará, aunque sea durante el tiempo de su mandato (cuatro años conforme al art. 101.1 LOPJ y art. 4 RJP), de inamovilidad (art. 19 RJP) frente a destituciones, suspensiones y jubilaciones arbitrarias, eliminando aunque sea temporalmente, el temor de que sus resoluciones puedan influir en las decisiones sobre estos puntos. Por supuesto, dado el carácter local del cargo, la inamovilidad no será necesario en esencia opere frente a eventuales traslados pues con inamovilidad o sin ella, los mismos no se podrán producir al ser nombrados exclusivamente para ejercer funciones en el ámbito de un municipio concreto. Otra cosa es que dentro del mismo municipio pueda ser trasladada la sede del juzgado, que no tendrá relevancia alguna a los efectos de la garantía que tratamos.

d) El régimen de incompatibilidades y prohibiciones se aplica con limitaciones. Recuérdese que las mismas aseguran tanto la plena dedicación como sobre todo tienden a evitar que pueda influir en su actividad por su inserción en órganos políticos y administrativos, o por el enraizamiento familiar, social, económico y por la toma de postura militante. En el caso de los Jueces de Paz la primera finalidad no tiene sentido puesto que, atendidas algunas de las características que actualmente concurren en su régimen (entre otras, escasa profesionalidad y, sobre todo, mínima remuneración), no parece exigible una dedicación a tiempo completo. Resulta coherente, por tanto, que el Juez de Paz pueda, cuando no deba, compaginar la función de judicial con otras actividades que, en el caso de los jueces profesionales y dedicados a tiempo completo, habrían de ser claramente incompatibles.

De ahí que el art. 14.1 RJP disponga que estén sujetos al régimen general de incompatibilidades y prohibiciones, pero *"en lo que les sea aplicable"*. Y establece, en el punto siguiente, la compatibilidad expresa con la *"dedicación a la docencia o a la investigación jurídica"*[105], así como con *"el ejercicio de actividades profesionales o mercantiles que no impliquen asesoramiento jurídico de ningún tipo y que, por su naturaleza, no sean susceptibles de impedir o menoscabar su imparcialidad o independencia ni puedan interferir en el estricto cumplimiento de los deberes judiciales"*.

Lo anterior implica que no todas las actividades profesionales o mercantiles son compatibles (pues se requiere que no implique asesoramiento ni impida, menoscabe o interfiera en el cumplimiento de los deberes judiciales); que la determinación de la compatibilidad a los efectos anteriores corresponde al CGPJ; y, desde luego, que ha de distinguirse entre causa de inelegibilidad y de incompatibilidad[106].

En cualquier caso, la mera previsión de limitaciones en el régimen e incompatibilidades implica ya, aunque sea parcialmente, una relevante especialidad. Conforme al régimen general del art. 389 LOPJ, en principio, el cargo de todo juez o magistrado es incompatible, entre otras cosas[107], con todo empleo,

---

[105] Esta previsión no implica en realidad ninguna especialidad respecto del régimen general del resto de jueces y magistrados puesto que, conforme al art. 389.5 LOPJ el cargo de juez o magistrado es incompatible con todo empleo, cargo o profesión retribuida, *"salvo la docencia o investigación jurídica, así como la producción y creación literaria, artística, científica y técnica, y las publicaciones derivadas de aquella, de conformidad con lo dispuesto en la legislación sobre incompatibilidades del personal al servicio de las Administraciones Públicas"*.

[106] El ejercicio de profesión incompatible y hasta la falta de solicitud de incompatibilidad son sancionables. Como pone de manifiesto la STS, Sala 3ª Secc. 7, de 22 de febrero de 2008, RJ 2008\1951, en lo que se refiere *"al ejercicio de actividades profesionales que puedan ser materialmente incompatibles, no solo su ejercicio es sancionable como infracción muy grave a tenor de lo dispuesto en el artículo 417.6 de la Ley Orgánica del Poder Judicial, sino que la falta de solicitud de la compatibilidad, constituye también una infracción de las previstas en el artículo 418 (actualmente apartado 14) de la Ley Orgánica del Poder Judicial"*.

[107] Como el ejercicio de cualquier otra jurisdicción ajena a la del Poder Judicial; con cualquier cargo de elección popular o designación política del estado, Comunidades Autónomas, provincias y demás entidades locales y organismos dependientes de cualquiera de ellos; con los empleos o cargos dotados o retribuidos por la Administración del Estado, las Cortes Generales, la Casa Real, Comunidades Autónomas, provincias, municipios y cualesquiera entidades, organismo o empresas dependientes de unos u otras; con los empleos de todas clases en los tribunales y juzgados de cualquier orden jurisdiccional.

cargo o profesión retribuida, salvo las expresamente excluidas (relativas a la docencia o investigación jurídica, así como la producción y creación literaria, artística, científica y técnica, y las publicaciones derivadas de aquella); así como también es incompatible con *"el ejercicio de toda actividad mercantil, por si o por otro"* y con *"las funciones de director, gerente, administrador, consejero, socio colectivo o cualquier otra que implique intervención directa, administrativa o económica en sociedades o empresas mercantiles, públicas o privadas, de cualquier género"*.

Esta matización en el régimen de incompatibilidades "a favor" del Juez de Paz, aunque fácilmente explicable desde un punto de vista económico si partimos de su escasa remuneración, implica un matiz o límite difícilmente justificable en lo referente a las garantías del ejercicio de la jurisdicción. De hecho, genéricamente quedan excluidas las actividades que impliquen asesoramiento jurídico de cualquier tipo, o que *"por su naturaleza, sean susceptibles de impedir o menoscabar su imparcialidad o independencia ni puedan interferir en el estricto cumplimiento de los deberes judiciales"*[108]. En realidad, cualquier actividad extrajudicial que pueda realizar el Juez de Paz potencialmente será susceptible de ser incluida en la citada causa genérica de exclusión. De otro modo, salvo en lo que pueda afectar a su dedicación a tiempo completo, tampoco se explicaría bien la razón de su exclusión general en el caso de los jueces y magistrados de carrera. Lo bien cierto es que, si bien la sospecha de parcialidad se agudiza en determinadas profesiones como la de abogado y, en menor medida pero también, en las de procurador o perito, de toda actividad extrajudicial puede derivar cierta sospecha de parcialidad genéricamente hablando. Ninguna duda cabe que todo aquél que actúa en el "tráfico" mercantil potencialmente podrá tener intereses directos o indirectos en materias y asuntos cuya competencia corresponda al Juez de Paz.

De otro lado, ha de plantearse si reducción en el nivel de prohibiciones e incompatibilidades se justifica en la escasa importancia cuantitativa o cualitativa

[108] GARRIDO CARRILLO, F. J., *El estatus de jueces y magistrados*, cit., pág. 149, cita algunos ejemplos de estas actividades, así, por ejemplo, se refiere a la Comisión Permanente del CGPJ, Acuerdo núm. 27 de 2 de abril de 2003, que declaraba incompatible el cargo de Juez de Paz con la función de contratada laboral en el Ayuntamiento de la misma localidad; acuerdo núm. 47 de 8 de abril de 2003 incompatible con participación en elecciones. Otros ejemplos de incompatibilidad lo sería con el cargo de policía local (Pleno del CGPJ de 19 de junio de 2002).

de los asuntos competencia del Juez de Paz, que desmerece la imprescindible garantía de imparcialidad subjetiva y objetiva que ha de corresponder a todo aquel que ejerce funciones jurisdiccionales; o quizá, se base realmente en la precaria remuneración económica con la que actualmente viene compensándose al Juez de Paz, de modo que sería un cargo inasumible salvo que contara con ingresos suficientes fruto de actividades distintas a la actividad empresarial, comercial, laboral o profesional.

La duda es si estas razones, o similares, son de la importancia suficiente como para no ceder ante la necesaria garantía de independencia e imparcialidad objetiva y subjetiva que debe corresponder a todo aquel que ejerza jurisdicción, incluido el Juez de Paz. Desde luego, las razones apuntadas se presentan endebles y, en todo caso, explican porqué ha de establecerse el régimen en el punto que determina la vigente regulación, y no permite igualmente atenuar todavía más el régimen de garantías para, por ejemplo, autorizarles pertenecer a partidos políticos o sindicatos.

Parece que la verdadera razón que explica, aunque no justifica, la reducción o limitación de las garantías es mucho más crematística: la escasa remuneración fruto de una actividad que se prevé como no profesional y a tiempo parcial. Esta circunstancia dificulta o excluye impedir que el Juez de Paz se dedique a otras actividades remuneradas. De otro modo, quedaría minorado escandalosamente el ámbito subjetivo de las personas dispuestas a asumir el cargo, concretamente a aquellos que, con ganas de dedicación, tuvieran suficientemente cubierto su sustento, sin necesidad de unas retribuciones por la actividad laboral o profesional desempeñada.

La escasa remuneración, además, choca frontalmente con el art. 402 LOPJ, por el que *"el Estado garantiza la independencia económica de los Jueces y Magistrados mediante una retribución adecuada a la dignidad de la función jurisdiccional"*. Si bien el problema en el caso que nos ocupa se plantea en cuanto que la dedicación del Juez de Paz no es exclusiva y, conforme al art. 403 LOPJ *"el régimen de retribuciones... se regirá por ley, atendiendo para su fijación a la exclusiva y plena dedicación a la función jurisdiccional..."* Por su parte, según el art. 103.1 LOPJ *"los jueces de paz serán retribuidos por el sistema y en la cuantía que legalmente se establezca"* (lo que reitera el art. 26 RJP); y conforme al art. 49.1 de la Ley 38/1988, de 28 de diciembre, de

Demarcación y Planta Judicial, *"los Jueces de Paz percibirán una retribución con arreglo a los módulos que se fijen en la Ley de Presupuestos Generales del Estado en función del número de habitantes de derecho de la localidad"*.

Si se observa con detenimiento puede comprobarse que se trata de un círculo vicioso: la mínima importancia de la función justificaría la no exclusividad y, con ella, la escasa remuneración que, a su vez, impediría atribuir más relevancia a la función. Lo grave de todo esto es que, tal y como se regula el sistema de retribuciones[109], además de incumplirse el mandato expreso de la LOPJ en el caso de los Jueces de Paz, queda sin garantizarse debidamente su independencia. A mi juicio, el círculo vicioso anterior habría de romperse precisamente utilizando el mazo de la debida garantía de independencia: para su garantía, la actividad habría de ser exclusiva, las funciones mayores y, paralelamente, la retribución adecuada a la dignidad de la función jurisdiccional. Sin embargo, como es habitual, una vez más los principios y garantías constitucionales ceden ante los criterios economicistas.

Asimismo, en el régimen general expresamente se contempla la incompatibilidad con el ejercicio de la Abogacía y de la Procuraduría, así como con todo tipo de asesoramiento jurídico, sea o no retribuido. En el régimen del Juez de Paz, en cambio, solamente serían incompatibles en la media que estas actividades profesionales impliquen asesoramiento de algún tipo y que, por su naturaleza, sea susceptible de impedir o menoscabar la imparcialidad o independencia o interfiera en el estricto cumplimiento de los deberes judiciales. Esto permitirá excluir en todo caso el ejercicio de la abogacía[110] aunque, con mayores dudas, la de procurador de los Tribunales[111]. En mi opinión, atendido

[109] Véase la ponencia presentada en el IV Congreso de Justicia de paz, celebrado en octubre de 2006, (sin constancia de autor) "El Juez de Paz y su ¿indemnización, retribución, salario…?", en http://ajpcam.org/pdf/iv%20congreso/EL%20JUEZ%20DE%20PAZ%20Y%20SU%20INDEMNIZACION,%20RETRIBUCION,%20SALARIO.pdf

[110] Desde luego, han de compartirse las palabras de SERRA DOMÍNGUEZ, M., "Notas sobre la situación actual de la administración de justicia en el ámbito procesal civil", en *Justicia*, 1995, 1, pág. 15, cuando afirma que *"el abogado que accediera a la función judicial, debería abstenerse totalmente de su ejercicio profesional para evitar posibles sospechas de parcialidad en su actuación"*.

[111] En los casos de duda, como indica MUÑOZ LÓPEZ, F., "¿Hacia una profesionalización de los juzgados de paz?", cit., en caso de duda sobre incompatibilidad, el interesado podrá dirigirse a la presidencia del TSJ para que, acompañado del correspondiente informe, lo envíe al CGPJ que será quien en definitiva resuelva.

el carácter meramente representativo en esta actividad, entiendo que no tendría porqué ser aplicable la incompatibilidad general automáticamente, sin perjuicio de que en los casos en que pueda verse afectada la imparcialidad pueda ser causa de abstención o recusación en el caso concreto.

Sin embargo, esta reducción de garantías, solamente basada en razones económicas, no se compadece con la sospecha de parcialidad propia de cualquier profesión, aunque no implique asesoramiento jurídico, en cuanto el juez de paz actúa en el "tráfico" y, por tanto, va a tener intereses que directamente o indirectamente serán incompatibles con el recto ejercicio de la jurisdicción. En fin, lo lamentable es que tal y como se regula el sistema de retribuciones, además de incumplirse el mandato expreso de la Ley Orgánica, en todo caso no se está garantizando debidamente la independencia del Juez de Paz. Más bien, en mi opinión, el discurso habría de ser el contrario: para garantizar la independencia, la actividad exclusiva y, consecuentemente, aumentadas sus competencias, sus garantías y remuneración.

e) Por último, no se ha previsto expresamente un régimen de abstención y recusación, ni siquiera por remisión al régimen general. Sin embargo, esto no representa una verdadera especialidad respecto del régimen general sino más bien una crítica a la deficiente técnica legislativa. Desde luego, el Juez de Paz deberá abstenerse y podrá ser recusado si atendemos a los arts. 217 y ss LOPJ[112], al menos, siempre que el Juez de Paz sea parte, actúe de asistente técnico o en representación de la misma, o como perito. A la misma conclusión cabe llegar si nos atenemos a los matices vistos en el régimen atenuado de prohibiciones e incompatibilidades, por el que ciertas causas en principio de incompatibilidad no operativas en el ámbito de los Jueces de Paz podrían convertirse en causas de abstención y recusación para los mismos.

---

[112] RIVES SEVA, J. M., "Otros procesos civiles en la Ley de Enjuiciamiento Civil", en *Diario La Ley,* núm. 6398, 12 de enero de 2006, da por sentada esta posibilidad cuando matiza que, en el caso de ser recusado un juez de paz, *"será competente el juez de primera instancia del Partido correspondiente, y, su fueren varios, el designado en turno de antigüedad"*.

CAPÍTULO IV. COMPETENCIAS DEL JUEZ DE PAZ

Aunque el núcleo principal de su actividad lo constituye el ejercicio de la potestad jurisdiccional, los Juzgados de Paz pueden realizar una gran diversidad de actividades y funciones. Así, entre las más relevantes, el registro civil o la solución alternativa de conflictos. La primera está llamada a desaparecer en virtud de la desjudicialización que trae consigo la Ley 20/2011, de 21 de julio, del Registro Civil (BOE de 22 de julio de 2011); la segunda, se perfilará debidamente en el último capítulo de esta obra.

Lo bien cierto es que todos los órganos jurisdiccionales cumplen determinadas funciones, podríamos decir extraordinarias, que van más allá del ejercicio de la potestad jurisdiccional. La misma CE (art. 117.4) se refiere a actividades expresamente determinadas por la ley en garantía de cualquier derecho, y que representan una buena parte de la conocida como "jurisdicción voluntaria"[113].

Las funciones que corresponden a los Jueces de Paz incluyen, principalmente, el ejercicio de la jurisdicción (en el ámbito competencial penal y civil), las relativas a Registro Civil por el momento, así como otras que les vengan atribuidas conforme a la Ley. Así, el art. 3 RJP, de conformidad con lo previsto actualmente en el art. 100 LOPJ[114], dispone que *"los Jueces de Paz conocerán en el orden civil y penal de los procesos cuyas competencias les corresponde*

---

[113] Para un acercamiento al concepto y diversidad de sujetos y actos que conforman la llamada "jurisdicción voluntaria", puede verse JUAN SÁNCHEZ, R., "Capítulo 3", en *Derecho Procesal Civil,* (con otros), Thomson-Reuters Aranzadi, Cizur Menor, 11ª ed., 2012, págs. 135-43.

[114] Redacción del precepto que se mantendrá vigente hasta julio de 2014 al haber sido modificado por la LO 8/2011, en la actualidad en *vacatio legis* durante tres años desde la publicación de la misma en el BOE del día 22 de julio de 2011.

por Ley. Cumplirán también funciones de Registro Civil y las demás que la Ley les atribuya".

Veamos cómo se concretan estas funciones.

I. EJERCICIO DE LA JURISDICCIÓN

Los Juzgados de Paz actualmente tienen asignadas competencias cualitativamente idénticas a las de cualquier otro juzgado o tribunal[115]. La Ley Orgánica del Poder Judicial, en relación con correlativas leyes procesales, establece que los Juzgados de Paz conozcan[116]:

1.º En el orden civil (arts. 100.1 LOPJ, 47 y 250.1 LEC), de la substanciación en primera instancia, fallo y ejecución de los procesos que la ley determine (concretamente, actos de conciliación y juicios verbales sobre demandas que cuya cuantía no exceda de 90 euros). Ello sin perjuicio de las funciones de Registro Civil y las demás que la ley les atribuya, que puedan ser civiles pero no jurisdiccionales.

2.º En el orden penal (arts. 100.2 LOPJ y 14.1 LECrim), por su parte, conocerán en primera instancia de la sustanciación, fallo y ejecución de los procesos que les atribuya la Ley, esto es, de los juicios de faltas tipificadas en los arts. 620.1 y 2 CP (excepto cuando el ofendido fuere alguna de las personas a que se refiere el artículo 173.2 del mismo CP), así como arts. 626, 630, 632 y 633 CP[117]. Podrán intervenir, igualmente y como luego veremos, en actuaciones penales de prevención, o por delegación, y en aquellas otras que señalen las leyes.

---

[115] Esto implicará, entre otras cosas, que deban valorar la actividad probatoria. Sobre la misma, específicamente en lo referente a los Jueces de Paz, véase CARRETERO SÁNCHEZ, A., "El Juez de Paz ante la valoración de la prueba", IV Congreso de Justicia de paz celebrado en Valdemoro en octubre de 2006.

[116] Véase, entre otros, MANGLANO SADA, L., RODRÍGUEZ LÓPEZ, A., y ALTÉS MARTÍ, M., *La justicia de Paz,* Valencia, 1989.

[117] Inicialmente conocían de los juicios por faltas comprendidas en los títulos I y II del Libro III del Código Penal (con excepción de los arts. 572 y 576); y por las faltas de los artículos 585, 590, 594 y 596 del mismo Código, el Juez de Paz del lugar en que se hubieren cometido conforme al artículo 14 LECRIM. En la actualidad los últimos preceptos reseñados (excepto el art. 585 convertido en el vigente art. 620) han sido derogados por el vigente Código Penal y no parecen tener homólogo en el mismo.

De hecho vienen realizando funciones complementarias como las de cooperación a solicitud de los Juzgados de Primera Instancia y Instrucción. Esto sin perjuicio de que el art. 67.3 del Reglamento 5/1995, de 7 de junio, de los aspectos accesorios de las actuaciones judiciales, deja bien claro que *"habrá de evitarse que sobre los Juzgados de Paz recaiga por vía del auxilio jurisdiccional la práctica de actuaciones procesales que desborden las posibilidades de su organización y medios"*. Lo bien cierto es que no resulta extraño que por exhorto en los Juzgados de Paz se realicen incluso testificales, confesiones y otra serie de actividades probatorias. Situación que es fuente de algunas divergencia y negativas a su realización en algunos Juzgados de Paz, basándose tanto en la falta de medios como por entender que no les compete su realización. Aunque puedan formularse excusas[118], el propio Tribunal Constitucional (STC 35/2000) ha puesto de manifiesto que la falta de medios en los Juzgados de Paz no justifica que el Juzgado de Instrucción asuma competencias que no le corresponden legalmente[119].

---

[118] En la STS, 11 de junio de 1993, RJ Aranzadi 1993, 5.055, se vislumbra la posibilidad de que puedan formularse excusas cuando indica que *"desobediencia... que no queda empañada ni por la disculpa de desconocer cuales eran los trámites a seguir para llevarlas a término ni la ausencia de medios materiales y personales para darles cumplido acatamiento, ni la amplitud, complejidad y disgregación urbana del municipio, pues todas estas justificaciones debieron desde luego ser puestas en conocimiento del órgano judicial del que dependían, y, en su caso, de los órganos jurisdiccionales de las que provenían los despachos a cumplimentar para que se hubiesen buscado los canales oportunos para ejecutar los mandatos recibidos, pero en modo alguno dar la callada por respuesta originando los cuantiosos perjuicios que, para la ordenada y eficaz administración de justicia, en los casos señalados, recoge la sentencia reclamada, por lo que debe revocarse en toda su integridad el fallo recurrido para dictar en su sustitución el procedente"*. Sin embargo, la STS, Sala 2ª, de 10 de febrero de 1995, RJ Aranzadi 1995, 815, declara no haber lugar al recurso de casación interpuesto por el secretario contra la Sentencia de la Audiencia Provincial de Logroño que le condenó como autor de un delito de desobediencia en cuanto que no atendió al requerimiento de práctica de levantamiento de cadáver por delegación, con el argumento de que dicha actuación no correspondía a un Juzgado de Paz, negándose a acudir a la diligencia delegada y a dar aviso al juez de paz. Respecto a la realización de actividades de colaboración, y la posible desobediencia, véase, entre otras, las Sentencias del Tribunal Supremo, Sala 4ª, 11 de julio de 1993 (en RJ Aranzadi 1993, 5.665); Sala 2ª, 17 de febrero de 1992 (en RJ Aranzadi, 1992, 1.189); y 23 de enero de 1995 (en RJ Aranzadi 1995, 30).

[119] STC 35/2000, de 14 de febrero, se muestra tajante cuando afirma que *"lo que hace el Juez de Instrucción en tal Sentencia y con razonamiento tan notoriamente inconsistente es avocar por su propia autoridad un asunto para juzgarlo en primera instancia cuando su posición en ese*

En cualquier caso, lo bien cierto es que la actividad jurisdiccional del Juez de Paz en su ámbito competencial es exactamente la misma que la realizada por el Juez de Primera Instancia e Instrucción[120]. Por relativamente reducido que sea el ámbito competencial del Juzgado de Paz, en coherencia con la falta de exigencia de formación jurídica, su actuación no estará informada por la equidad sino que deberán actuar sometidos al principio de legalidad[121]. Parece obvio, por ejemplo, que el procedimiento, actividad y decisión de un juicio verbal es –o debería ser– exactamente la misma cuando la cuantía del procedimiento sean sesenta, seiscientos o seis mil euros. Es más, los asuntos en materia civil hasta noventa euros, excluidos los adecuados por la materia, presentarán un interés relativo en atención a la escasa cuantía, y, por ello, los asuntos a resolver pueden presentarse más sencillos con carácter general. Sin embargo, aunque lo anterior no representa una regla sin excepciones, la intervención del juzgador en todo juicio puede implicar tomar decisiones técnicas relevantes sobre la falta de presupuestos y requisitos procesales o la concurrencia de óbices procesales[122]. No olvidemos que, no obstante la atribución de funciones al Secretario judicial, las decisiones sobre inadmisión de la demanda siempre corresponden en el proceso civil al titular de la

---

proceso penal era la de un juez de apelación. No solo se produce así una incompetencia total y absoluta, que conllevaría la nulidad de pleno Derecho de la decisión, sino que como efecto inducido se altera injustificadamente el sistema de recursos en ese orden judicial. Tal avocación, no prevista en ningún caso, choca frontalmente y niega radicalmente el concepto de competencia en su núcleo sustantivo. No se trata de un deslinde y amojonamiento de distintos y colindantes ámbitos de actuación en hipótesis polémicas o en situaciones problemáticas sino de extraer del inferior un asunto que le es propio por una orden superior, atentando así directamente al principio de independencia judicial y al gobierno de las leyes, que se sustituye por el puro arbitrio. Por ello, en cualquier caso supone la ruptura deliberada del esquema competencial por capricho o conveniencia ajenos a su estricta dimensión jurídica, en función de circunstancias de hecho, dotándole así de trascendencia constitucional".

[120] Como afirma MANGLANO SADA, L., *Cuestiones generales,* en "La Justicia de Paz", (con otros), cit., *"el Juez de Paz es integrante del Poder Judicial mientras ejercita la potestad jurisdiccional, por lo que dentro de su circunscripción, los Jueces de Paz tendrán el tratamiento que se reconoce a la suya a los Jueces de 1ª Instancia e Instrucción, debiéndoseles otorgar el tratamiento de Señoría"* . Con todo, el art. 27 RJP realiza una nueva remisión al Reglamento correspondiente a los efectos del tratamiento y precedencia que se les reconozca.

[121] En ese sentido, DE LA RÚA MORENO, J. A., "Relaciones del Partido Judicial con los Jueces de Paz de su circunscripción", cit., pág. 6.

[122] Así, por ejemplo, los arts. 38, 48, 58, 49, 63 a 65 LEC, prevén el tratamiento procesal de la jurisdicción y competencia como primera actividad a controlar una vez presentada la demanda, tanto en su caso de oficio como a instancia de parte mediante la formulación de la declinatoria.

potestad jurisdiccional como deriva del art. 404.2 LEC. Y también pueden surgir importantes complicaciones en diversos aspectos como, entre otros, la práctica de la prueba o la ejecución[123].

Lo anterior representa un buen acicate para criticar que en determinados supuestos el juez sea técnico, y en otros, como el Juez de Paz, pueda ser lego. Y, lo que todavía es más grave, que un mismo asunto civil hasta noventa euros, o uno penal por las faltas correspondientes, deba conocerlo en ocasiones (dependiendo, según los casos, del lugar del domicilio del demandado o del lugar donde se hubieren cometido los hechos) un juez con la preparación técnica y con todas las garantías y en otras un Juez de Paz sin contar necesariamente con tal preparación y con las garantías limitadas. Situación que plantea una desigualdad y un agravio comparativo a favor de aquellos que tengan la "suerte" de tener conflictos civiles con demandados que tengan su domicilio en municipios cabeza de partido o de haber cometido hechos tipificados como falta en los mismos municipios; y, por tanto, en detrimento de quienes residan en municipios que no tengan dicha condición. Desigualdad y agravio comparativo que podría ser parcialmente mitigado al contarse con capital humano suficiente para que, al margen de que puedan requerirse también otros valores personales[124], el cargo de Juez de Paz fuera asumido necesariamente por quienes cuenten con la preparación técnica que la función jurisdiccional requiere.

---

[123] DE LA RÚA MORENO, J. A., "Relaciones del Partido Judicial con los Jueces de Paz de su circunscripción", cit., pág. 7 se refiere a *"complicaciones afectantes a las garantías procesales en el desarrollo de los pertinentes trámites y, en concreto, en la práctica de los medios probatorios y en el campo de la ejecución forzosa, tanto más si las partes se hallan asistidas de intervención técnica"*.

[124] Manifiesta GUITIÉRREZ-ALVIZ Y ARMARIO, F., *La reforma de la Ley Orgánica*, en "Estudios jurídicos", Sevilla, 1978, pág. 174, *"en la justicia no sólo en el "ius" está el "fundamentum regnorum". Si la conciencia del juez no está despierta, la voz del Derecho, por vibrante y aguda que sea, quedará desvaída y lejana como las inaccesibles voces de los sueños..."*

1. Ejercicio de la jurisdicción en el orden penal

A) Competencia objetiva

Aunque la atribución de competencias en este ámbito ha merecido algunas críticas no exentas de fundamento[125], lo bien cierto es que en materia penal, conforme al art. 100.2 LOPJ y 14.1 LECrim, el Juez de Paz del lugar en que se hubiesen cometido (y subsidiariamente conforme a los criterios del art. 15 LECrim[126]) conoce en primera instancia del conocimiento[127], fallo y ejecución de determinadas faltas[128], siempre con sometimiento al principio de legalidad[129], de modo que no podrá obviarse este en aras de una afirmada aplicación de ninguna suerte de equidad.

Es más, hay una reiteradísima jurisprudencia que decreta la nulidad de actuaciones cuando el Juez de Instrucción conoce de las faltas que están reservadas al Juez de Paz[130]. Todo ello, básicamente, porque el art. 87.1 c)

---

[125] Así, por ejemplo, MARCOS AYJÓN, M., "¿Quién enjuicia las faltas"?, en *Diario La Ley,* 1997, Ref. D-98, T. 2, se muestra poco partidario en otorgarles competencia en este ámbito porque, en su opinión, ha creado múltiples problemas, por las carencias de recursos humanos y materiales para desarrollo de la labor con un mínimo rigor técnico, por la carencia de conocimientos técnico-jurídicos y porque las Fiscalías carecen de medios humanos y materiales para desplazarse a los distintos Juzgados de Paz.

[126] Como señala TEJERO REDONDO, J. A., "Jornada de Jueces de Paz. Área Penal. 7 de octubre de 2011", original, pág. 13, *"es difícil, aunque no imposible, que dadas las limitadas competencias objetivas de los Juzgados de Paz, pudieran concurrir los criterios alternativos que también prevé el artículo 15".*

[127] En la práctica, como recuerda SERRATS PALAU, J., "La administración de justicia penal en los juzgados de paz", cit., pág. 313, el inicio del conocimiento de las faltas por parte del Juez de Paz se suele producir previa remisión al Juzgado de Instrucción correspondiente quien acuerda las actuaciones correspondientes para determinar la naturaleza y circunstancias de los hechos y la condición de sus autores y el órgano competente para su enjuiciamiento.

[128] En el último Proyecto de Reforma de la LECrim, las faltas que conocería el Juez de Paz se ampliarían tímidamente pues conforme al art. 10.1.II PLECrim (y 721.1.II el Juzgado de Paz *"conocerá de los juicios por faltas comprendidas en los Títulos III y IV del Libro III del Código Penal, y por las faltas del artículo 620 del mismo Código"*, esto es, además de las faltas del art. 620, la de los arts. 629 a 637 CP. En definitiva, se excluirían las faltas del art. 626 CP y se añadirían las de los arts. 629, 631, 634, 635, 636 y 637 CP.

[129] DE LA RÚA MORENO, J. A., "Relaciones del Partido Judicial con los Jueces de Paz de su circunscripción", cit., pág. 8.

[130] Por citar solamente un ejemplo, la SAP Palencia (Secc. Única), de 1 de marzo de 1999 (ARP 1999\1063), estima que la celebración de juicio de falta de injurias del art. 620 CP por Juzgado

LOPJ sólo atribuye al Juzgado de Instrucción el conocimiento de los juicios de faltas, *"salvo los de competencia de los Juzgados de Paz"*, sin excepción ni restricción alguna a esta limitación[131]. Circunstancia que implica nulidad de pleno derecho al realizarse actuaciones con manifiesta falta de jurisdicción o de competencia objetiva o funcional, según previenen el art. 238.1 LOPJ, y que, conforme el art. 240.2 LOPJ, puede ser apreciada de oficio, cuando no proceda la subsanación[132].

De todos modos, el Juez de Paz no será competente para conocer de las faltas que pudieran cometer en ejercicio de sus funciones los miembros de cuerpos y fueras de seguridad del estado (art. 8.1.III LO 2/1986, de 13 de marzo, de Fuerzas y Cuerpos de Seguridad)[133], que se atribuyen al Juzgado de

---

de Instrucción es motivo suficiente para declarar la nulidad de actuaciones, debiendo remitirse al Juzgado de Paz correspondiente para conocer del asunto.

131 En algunos casos, como ocurre con la SAP Teruel, (Secc. Única), de 30 de diciembre de 2003 (JUR 2004\20905), incluso llega a recomendarse al Juzgado de Paz que *"debería tenerse en cuenta por el Sr. Juez de Paz, primero y después en su caso, por el de Instrucción, a quien eventualmente corresponda el conocimiento del asunto en apelación, si lo estiman procedente , analizar si los hechos ocurridos en agosto del 2002, y declarados como una infracción penal leve o falta en 13 de marzo del año en curso, han prescrito o no, al haber hoy transcurrido más de los seis meses que señala el art. 131.2 en relación con el art. 130 del Código Penal,–casi nueve meses– y declararse nulas todas las actuaciones posteriores a aquella fecha. Caso de estimarse que la infracción no ha prescrito, entendemos igualmente, si el juzgador lo cree procedente, debería sopesarse la posibilidad de estar ante una situación encajable entre las cuestiones prejudiciales que regula la Ley de Enjuiciamiento Criminal en sus arts. 3 y siguientes"*.

132 Y, como manifiesta la SAP Palencia, (Secc. Única), de 1 de marzo de 1999 (ARP 1999\1063), sin que el hecho de haber solicitado actividades al Juez de Instrucción permita atribuirle competencia pues no es admisible la sumisión expresa o tácita.

133 Si bien la STC 55/1990, de 28 de marzo, declara inconstitucional el párrafo II del mismo precepto, no ocurre así con el III. Para ello formula consideraciones tan sustanciosas como las siguientes: *"el precepto supone en la actualidad tan solo que los Juzgados de Instrucción asuman las competencias, más bien marginales, que en materia de faltas están asignadas a los Jueces de Paz (...) del art. 8.1 tercero, solo resulta una exclusión de la competencia residual en materia de faltas que corresponde a los Jueces de Paz (...) la regla especial de competencia no elimina ni restringe derechos de defensa de las posibles víctimas ni tampoco los de la acusación pública, puesto que las normas de procedimiento son idénticas en uno y otro caso, sin ninguna variación, con independencia de que sea el Juez de instrucción en vez del Juez de Distrito y hoy del Juez de Paz o la Audiencia Provincial en vez del Juez de lo Penal, el que enjuicia estos hechos (...) La sustitución originaria de los Juzgados de Distrito y, hoy, de los Jueces de Paz (aún más dado el carácter lego de estos últimos) por los Jueces de Instrucción, asegura objetivamente por esa mayor idoneidad técnica, decisiones más acertadas (...) la mayor proximidad e incluso el conocimiento personal puede derivar en prejuicio y falta de objetividad en favor o en contra del presunto im-*

Instrucción. Tampoco conocerá de las conexas o incidentales a algún delito (arts. 17, 18, 142.4.5 y 742.I LECrim), por corresponder al órgano competente para conocer del delito, generalmente el Juzgado de lo Penal o a la Audiencia Provincial. Tampoco en caso de aforamientos, atribuido al Tribunal Superior de Justicia. (art. 73.3 a y b LOPJ)[134]. Por último, tampoco conocerán de las faltas cuya competencia se atribuya a los Juzgados de Menores conforme a los arts. 1 y 2 LO 5/2000, de 12 de enero, Reguladora de la Responsabilidad Penal de los Menores.

El elenco de faltas pueda presentarse ciertamente reducido, máxime con las exclusiones acabadas de señalar para supuestos concretos, en coherencia con el inexistente nivel de formación jurídica que se les exige, y la escasa remuneración con que se les compensa. Concretamente, el Juez de Paz conocerá de las siguientes faltas[135]:

1.º De amenaza leve con armas u otros instrumentos peligrosos; así como la de amenaza, coacción, injuria o vejación injusta de carácter leve.

Ambas tipificadas en los arts. 620.1 y 2 del mismo CP, y siempre que el ofendido no sea persona con un vínculo cercano o se trate de personas particularmente vulnerables, esto es, que se trate de las personas referidas en el art. 173.2 del mismo CP[136]. Además, de otro lado, solamente podrán ser perseguidas mediante denuncia de la persona agraviada o de su representante legal.

---

putado y, consecuentemente, en contra o en favor de las presuntas víctimas de su actuación. Una medida legislativa que eleve en un grado el órgano decisor, puede también justificarse así como favorecimiento de una mayor objetividad e independencia del órgano judicial".

[134] Véase, entre otros, RIFÁ SOLER, J. M., VALLS GOMBAU, J. F., y RICHARD GONZÁLEZ, M., *El Proceso Penal Práctico,* La Ley, 6ª ed., Madrid, págs. 1395-443. SEGOVIA LÓPEZ, L., *Las faltas y el juicio de faltas,* Bosch, Barcelona, 2000, pág. 349.

[135] Para una referencia a los precedente normativos en relación con las faltas que ha venido conociendo el Juez de Paz, véase SERRATS PALAU, J., "La administración de justicia penal en los juzgados de paz", cit., págs. 305-10.

[136] Concretamente, cónyuge o persona en análoga relación de afectividad aun sin convivencia; descendientes, ascendientes o hermanos por naturaleza, adopción o afinidad, propios o del cónyuge o conviviente; menores o incapaces que con él convivan o que se hallen sujetos a la potestad, tutela, curatela, acogimiento o guarda de hecho del cónyuge o conviviente; persona amparada en cualquier otra relación por la que se encuentre integrada en el núcleo de su convivencia familiar; personas que por su especial vulnerabilidad se encuentran sometidas a custodia o guarda en centros públicos o privados.

Algunos ejemplos de hechos que encuadran con el tipo de falta que se atribuye al Juez de Paz, siempre que los mismos hayan ocurrido en municipio del citado Juez de Paz, son: en altercado, proferir expresiones tales como tu puta madre y cabrón, con intención de molestar[137]; cambiar la cerradura de un local[138]; escupir e insultar[139], o injuriar[140]; aludir a alguien como "esa gorda" y en otra ocasión, acercársele a la cara de manera intimidatoria[141]; increpar y alzar los brazos amenazadoramente, con actitud "en cierto modo agresiva"[142]; o situar el coche de manera que se impida la realización de una zanja por su vecina[143].

2.º Por deslucimiento de bienes muebles o inmuebles de dominio público o privado, sin la debida autorización (art. 626 CP).

Los hechos típicos son ahora más reducidos, básicamente se limitan a pintar y a empapelar los bienes sin autorización. Así, como ejemplos concretos, podemos encontrar el hacer pintadas en edificio, aunque este ya tenía otras

---

[137] Por estos hechos, se condena por falta de vejaciones a la pena de 10 días de multa, fijando la cuota diaria en la cantidad de 3 euros, esto es, a 30 euros, y a las costas causadas en esta instancia, previéndose que el impago de dos cuotas será sustituido por un día de privación de libertad, que podrá hacerse efectivo bajo el sistema de arresto de fines de semana. Véase la SAP Sevilla, (Secc. 4ª), de 13 de junio de 2002 (JUR 2002\211386).

[138] Por estos hechos se condena por falta de coacciones leves a la pena de 10 días de multa con una cuota diaria de 6 Euros (total 60 euros) a cada uno de los autores. Véase la SAP Teruel, (Secc. Única), de 30 de diciembre de 2003 (JUR 2004\20905).

[139] Por estos hechos procedería condena por falta de injurias a la pena de diez días de multa a razón de doscientas pesetas de cuota diaria así como a las costas. Véase SAP Girona, (Secc.3ª), de 22 de enero de 2002 (JUR 2002\87421).

[140] Falta de injurias a la pena de diez días de multa con cuota diaria de 500 pesetas. Véase la SAP Palencia, (Secc. Única), de 1 de marzo de 1999 (ARP 1999\1063).

[141] Condena por falta de vejaciones injustas leves a multa de diez días de multa con cuota de tres euros diarios y a las costas. Véase SAP Tarragona, (Secc.2ª), de 14 de julio de 2011 (JUR 2011\317899).

[142] Se condena por insultos y amenazas a pena de diez días con cuota diaria de 6 euros. Véase SAP Teruel, (Secc. Única), de 14 de octubre de 2002 (ARP 2002\637). Nótese que en este caso, además de anular el procedimiento por ser competente el Juez de Paz y no el de instrucción, también se plantean dudas sobre la motivación y la predeterminación del fallo, al no concretar qué hechos ocurrieron sino que se limita a calificarlos.

[143] Se condena por falta de coacciones a pena de veinte días de multa, a razón de seis euros al día, más indemnización de 92,80 euros. Véase SAP Pontevedra, (Secc.4ª), de 7 de mayo de 2009 (JUR 2009\270238).

previamente[144]; escribir en casa de otro "ladrón y estafador"[145]; o también colgar o pegar pasquines publicitarios de establecimiento en farolas, bancos y mobiliario urbano[146].

---

144 Condena por falta de deslucimiento de inmuebles del artículo 626 del Código Penal a la pena de un arresto de fin de semana cada uno sustituible, previa su conformidad, por dos jornadas de trabajo en beneficio de la comunidad y a indemnizar conjunta y solidariamente a la comunidad de propietarios correspondiente al edificio sito en la C/ La Paz nº 8 en la cantidad de 10.000 pesetas y condena en costas. Véase SAP Zaragoza (Secc. 3ª), de 14 de septiembre de2001 (JUR 2001\291291).

145 Condena por una falta de daños del art. 625 CP a diez días de multa con cuota diaria de tres euros con responsabilidad personal subsidiaria, de un día de privación de libertad por cada dos cuotas diarias no satisfechas, y al pago de las costas causadas. Pero la SAP Tarragona (Secc. 2ª), de 9 de noviembre de 2004 (JUR 2005\16251) discrepa de tal calificación, pues *"hacer pintadas en la fachada de uno o varios edificios no puede encuadrarse en la falta de daños, ya que no existe "daño" en sentido estricto, normalmente porque el aspecto del inmueble sea recuperable sin deterioro" (...) En trance de diferenciar los conceptos "dañar" y "deslucir ", no conviene olvidar que, mientras el segundo de los verbos significa "quitar gracia, atractivo o lustre", el primero, y en lo que penalmente resulta relevante, significa, según reiterada jurisprudencia de nuestro Tribunal Supremo, bien la destrucción de la cosa o la pérdida total del valor; bien su inutilización (que supone la desaparición de sus cualidades o utilidades), bien el menoscabo de la cosa misma (que consiste en la destrucción parcial, el cercenamiento a la integridad o la pérdida parcial de su valor), diferenciación que ha de conducir a la conclusión apuntada por cuanto parece incuestionable que la acción enjuiciada no generó ni "la destrucción total de los objetos", ni "la pérdida total de su valor", ni la "desaparición de sus cualidades o utilidades", ni su "destrucción parcial", ni "el cercenamiento de su integridad", ni la "pérdida parcial de su valor", resultados todos ellos que, como parece evidente, no pueden equipararse con unas simples "manchas" cuya limpieza no habrá sido difícil y cuyo valor o importe bien podría dar lugar, en su caso, al correspondiente resarcimiento civil, no pareciendo ocioso precisar, por último, que distinguiendo claramente el legislador como conductas típicas el daño causado en bienes muebles e inmuebles (artículo 625) y el deslucimiento de inmuebles (artículo 626), no parece que su intención fuera remitir al concepto de "daño", el "deslucimiento" del muebles y sí, por el contrario, considerar atípica esta última conducta» (...) Dicho lo anterior, y abundando en la idea de que la calificación palmariamente errónea no puede atraer la competencia de quien legalmente carece de ella, únicamente cabe declarar la nulidad de actuaciones".*

146 Condena por falta de deslucimiento de bienes públicos prevista y penada en el art. 626 CP a la pena de arresto de un fin de semana y al pago de las costas, y a que, en sede de responsabilidad civil indemnice al Excmo. Ayuntamiento, en la suma de 880,70 euros, con el interés legal prevenido en el art. 576 de la Ley de Enjuiciamiento Civil. La SAP Tarragona (Secc. 2ª), de 2 de enero de2004 (JUR 2004\60641), como en la mayoría de los ejemplos citados anula la resolución dictada por el Juez de Instrucción por ser competencia del Juez de Paz, y ello sin perjuicio de que este no sería civilmente competente para conocer de la responsabilidad civil derivada de los hechos penales por exceder de los límites cuantitativos que le competen.

3.º De abandono de jeringuillas u otros instrumentos, de modo que pudieran causar daño o en lugares frecuentados por menores (art. 630 CP).

También aquí las posibilidades de hechos típicos quedan limitados al abandono de concretos objetos que, además, puedan causar daños por producirse en lugares frecuentados por menores. Por tal motivo, no se ha considerado que encaje en el tipo penal el hecho de utilizarse sustancias tóxicas para desratizar que puedan haber causado daño a otros animales[147]; como tampoco colocar varias tablas llenas de clavos con puntas hacia arriba escondidas bajo el trigo sembrado[148].

---

[147] En principio el Juzgado de Instrucción condena a falta contra los intereses generales a treinta días de multa a razón de diez euros al día, con responsabilidad penal subsidiaria del art. 53 CP y a indemnización civil de seiscientos veintidós euros y a las costas. La SAP Lleida (Secc. 1ª), de 20 de octubre de2009 (JUR 2009\489140) además de considerar que la competencia objetiva correspondería al Juez de Paz, entiende que los hechos no son subsumibles en el tipo pues afirma *"evidentemente no nos encontraríamos ante la figura de la "jeringuilla " que menciona el tipo penal. No se menciona tampoco en la sentencia que el lugar estuviera frecuentado por menores. Por lo que la pena impuesta lo debería de ser por "colocación de instrumentos peligrosos que fueran susceptibles de causar daño a las personas". Los hechos se enmarcan en el desempeño de una labor contratada en un recinto cerrado, con responsabilidad directa del empleador, sin que haya sido acreditado con la certeza necesaria que pudiera afectar a una generalidad de personas. Pero, a mayor abundamiento, se ha basado la condena en la eventual causación de daños a otros animales, supuesto no contemplado por la infracción criminal de referencia. Por otro lado, el elemento objetivo del tipo hace referencia al abandono, supuesto éste que no encaja en los hechos denunciados cuando el denunciado fue contratado para la desratización del terreno; y además debería ser de instrumentos. Es decir, según la Real Academia de la Lengua Española, el conjunto de piezas combinadas adecuadamente para que sirva con determinado objeto en el ejercicio de las artes y oficios, ingenio o máquina, en definitiva, aquéllos de los que nos servimos para hacer una cosa. Desde esta perspectiva, resulta palmario que el cebo en bloques de parfina no es un instrumento, pues no sirve para hacer cosa alguna, ni desde luego sirve para ejercitar artes u oficios, ni es o puede ser utilizada para ingenio o máquina alguna. Se trata de una sustancia específicamente preparada para el fin para el que fue creada: un rodenticida".* Por su parte, como señala TEJERO REDONDO, J. A., "Jornada de Jueces de Paz. Área Penal. 7 de octubre de 2011", cit., pág. 17, *"no hay excesivas resoluciones sobre qué se entiende por instrumentos peligrosos, sólo y exclusivamente a los efectos de este tipo penal de falta, pues el concepto "peligroso" es lo que se llama un concepto jurídico indeterminado, muy subjetivo y dependerá de quién tenga que apreciar en cada caso tal peligrosidad, pero por ejemplo, pudiera considerarse como peligroso, cristales rotos esparcidos en un parque".*

[148] En principio se condena por falta contra los intereses generales del art. 630 CP a treinta días de multa con cuota diaria de tres euros, que en caso de no ser satisfecha dará lugar a una responsabilidad subsidiaria de un día de privación de libertad por cada dos cuotas de multa impagadas, imponiéndole asimismo las costas causadas. La SAP Soria, (Secc.1ª), de 20 de febrero de 2009

4.° Por cortar, talar, quemar, arrancar, o recolectar flora amenazada o de sus propágulos, sin grave perjuicio para el medio ambiente (art. 632.1 CP)[149]. Así como también por trato cruel de animales domésticos o cualquier otro en espectáculos no autorizados y sin concurrir supuestos previstos en el art. 337[150] (art. 632.2 CP).

Ejemplo de esta falta son los hechos que ocurrieron en la localidad de Montán (Castellón) donde el denunciado, mientras afirmaba "esto ¿qué mierda es?" colocó el pie bajo la tripa de una pequeña perra pitcher chihuahua, la lanzó por los aires, impactó contra la parte inferior de un balcón distando este del suelo unos tres metros, y quedó inconsciente la perra dejando en el suelo un charco de sangre[151].

5.° Y, por último, la falta de perturbar levemente el orden en la audiencia de un tribunal o juzgado, en actos públicos, espectáculos deportivos o culturales, solemnidades o reuniones numerosas (art. 633 CP).

En la primera de las faltas citadas se autoriza su ausencia con carácter general conforme al punto V.IV de la Circular 1/2003, de 7 de abril, referida, entre

---

(JUR 2009\188575), no aprecia de oficio la falta de competencia objetiva ni entiende que produce indefensión, pero considera que difícilmente podríamos entender que dicha colocación quedara integrada en el tipo, en el sentido que pudiera *"causar daño a una generalidad de personas"*. Además, no puede calificarse como instrumento la citada tabla con clavos *"siendo evidente que unas tablas que finalizan en clavos oxidados no nos sirven para hacer cosa alguna, ni desde luego sirve para ejercitar artes u oficios, ni es o puede ser utilizada para ingenio o máquina alguna"*.

[149] Véase TEJERO REDONDO, J. A., "Jornada de Jueces de Paz. Área Penal. 7 de octubre de 2011", cit., págs. 17-20.

[150] Siempre que no concurra justificación y a un animal doméstico o amansado, se le cause la muerte o lesiones que menoscaben gravemente su salud. En tal caso, será tipificado con penado de tres meses a un año de prisión e inhabilitación especial de uno a tres años para el ejercicio de profesión, oficio o comercio que tenga relación con los animales.

[151] Por estos hechos se condenó a una Falta de maltrato a animales domésticos a pena de 30 días de trabajos en beneficio de la comunidad si presta consentimiento y, subsidiariamente si no lo prestare, a pena de multa de cuarenta días con una cuota diaria de seis euros, sumando un total de doscientos cuarenta euros, con la responsabilidad personal subsidiaria de un día de privación de libertad por cada dos cuotas impagadas, con expresa condena en costas. Igualmente condena por responsabilidad civil a pagar ochocientos noventa y cinco euros con setenta y nueve céntimos de euros, que devengarán intereses legales del art. 576 LEC. La SAP Castellón, (Secc.2ª), de 29 de septiembre de 2009 (JUR 2009\498215) anula la condena, como en tantas ocasiones, por ser competente el Juez de Paz y no el de Instrucción. Todo ello al margen de las indemnizaciones civiles que exceden sus competencias.

otras cosas a las singularidades del juicio oral en el modelo de juicio de faltas y particularmente en lo que se refiere al art. 969.2 LECrim. Sin embargo, será en este tipo de faltas donde probablemente se presentan mayores dificultades de tramitación fruto de las relaciones de vecindad[152]. Solamente en el resto, y siempre que fuere citado, se contará con la presencia de un miembro del Ministerio Fiscal que, en su cualidad de profesional cuya actuación se informa en la defensa de la legalidad, podrá coadyuvar en salvar las dificultades que puedan surgir.

Con todo, al margen de su potencial para generar una responsabilidad civil cuya atribución al Juez de Paz está cuantitativamente limitada como luego veremos, las faltas anteriores representan tipos penales de ínfima gravedad y pena, al menos en comparación con otros hechos tipificados en el CP. La penalidad prevista legalmente, que es margen en el que el Juez de Paz podría imponer la pena concreta, se limita:

- En la primera, dividida en dos tipos de faltas (amenaza leve con armas u otros instrumentos peligrosos, así como amenaza, coacción, injuria o vejación injusta de carácter leve del art. 620.1 y 2 CP) la multa de diez a veinte días.

- En la segunda (deslucimiento de bienes muebles o inmuebles de dominio público o privado, sin la debida autorización del art. 626 CP), pena de localización permanente de dos a seis días o tres a nueve días de trabajos en beneficio de la comunidad.

- En la tercera (abandono de jeringuillas u otros instrumentos de modo que pudieran causar daño o en lugares frecuentados por menores del art. 630 CP), localización permanente de seis a diez días o multa de uno a dos meses.

- En la cuarta, subdividida en dos tipos, depende de si se trata de cortar, talar, quemar, arrancar, o recolectar flora amenazada o de sus propágulos, sin grave perjuicio para el medio ambiente del art. 632.1 CP, en

[152] Sobre este particular DE LA RÚA MORENO, J. A., "Relaciones del Partido Judicial con los Jueces de Paz de su circunscripción", cit., pág. 9, constata que *"en varias ocasiones se han presentado ante la Sala de Gobierno del Tribunal Superior de Justicia de la Comunidad Valenciana la renuncia al cargo por el Juez de Paz ante el hecho de verse compelido a tener que enjuiciar una situación de insultos o vejaciones entre vecinos del pueblo"*.

tal caso la pena de multa de diez a treinta días o trabajos en beneficio de la comunidad de diez a veinte días; y si es la de trato cruel de animales domésticos o cualquier otro en espectáculos no autorizados y sin concurrir supuestos previstos en el art. 337, del art. 632.2 CP, la pena aumenta prácticamente al doble, pues será de multa de veinte a sesenta días o trabajos en beneficio de la comunidad de veinte a treinta días.

- Y en la quinta, perturbar levemente el orden en la audiencia de un tribunal o juzgado, en actos públicos, espectáculos deportivos o culturales, solemnidades o reuniones numerosas del art. 633 CP, localización permanente de dos a doce días y multa de diez a treinta días.

Para la fijación exacta de las penas de multa habrá de atenderse, en primer lugar, a la extensión mínima y máxima fijada en cada tipo; y en segundo lugar, a la determinación de la cuota diaria conforme prevé el art. 50.5 CP, esto es, atendiendo exclusivamente a la capacidad económica[153]. Dice este último precepto que *"los Jueces o Tribunales determinarán motivadamente la extensión de la pena dentro de los límites establecidos para cada delito y según las reglas del Capítulo II de este Título. Igualmente, fijarán en la sentencia, el importe de estas cuotas, teniendo en cuenta para ello exclusivamente la situación económica del reo, deducida de su patrimonio, ingresos, obligaciones y cargas familiares y demás circunstancias personales del mismo"*[154].

[153] Véase, entre otras, la SAP Granada (Secc. 1ª), de 26 de julio de 2004, por la que estima parcialmente el recurso de apelación reduciendo a seis euros la pena de multa fijada inicialmente en veinte euros diarios.

[154] Por su parte, resulta particularmente interesante la Circular 2/2004, de 22 de diciembre de la Fiscalía General del Estado, sobre aplicación de la reforma del Código Penal operada por Ley Orgánica 15/2003, de 25 de noviembre. Entre otras cosas, explica que *"a través de la fijación de la cuantía de la cuota se evalúa la capacidad económica del penado con la finalidad de reducir el impacto desigual de la multa por las distintas capacidades económicas de las personas (STC 108/2001, de 23 abril). En consecuencia, el carácter más igualitario de este nuevo sistema radica en que, con arreglo al mismo, dos hechos de la misma gravedad pueden ser castigados con idéntica extensión o duración de la pena de multa, pero diferenciándose cada cuota a pagar según la situación económica del condenado"*. Asimismo, la misma Circular pone en evidencia que: *"en la práctica surgen dificultades derivadas de que para aplicar rectamente el sistema es necesario una investigación de la situación patrimonial del penado, que realizada correctamente genera complejidad y consiguientemente retrasos en el proceso. (...) no puede aceptarse que la praxis derive hacia la determinación de la pena de multa sin respetar la Ley. (...): 1) La ausencia de motivación en la fijación del importe de las cuotas correspondientes a la pena de días-multa incumple el deber reforzado de motivación de las Sentencias penales condenatorias (...) (STC*

Por su parte, la pena de localización permanente, aunque más leve que la prisión, es también de privación de libertad, y obliga durante su duración a que el condenado esté localizable en su domicilio o lugar que él designe. Asimismo, la imposición de días de trabajos en beneficio de la comunidad durante el tiempo establecido en el margen legal requiere el consentimiento del penado, a cuyo efecto deberá ser requerido por el Juez de Paz[155].

De otro lado, en el ámbito penal realizará las actividades de prevención conforme a lo previsto en los arts. 100.2 LOPJ y 307 LECrim. Dispone este

108/2001, de 23 abril). 2) Los Tribunales no tienen que efectuar "una inquisición exhaustiva de todos los factores directos o indirectos que pueden afectar a las disponibilidades económicas del acusado, lo que resulta imposible y es, además, desproporcionado, sino únicamente deben tomar en consideración aquellos datos esenciales que permitan efectuar una razonable ponderación (...)". (STS núm. 175/2001...). 3) La insuficiencia de datos no debe llevar automáticamente y con carácter generalizado a la imposición de la pena de multa con una cuota diaria cifrada en su umbral mínimo absoluto (200 ptas) a no ser que lo que en realidad se pretenda es vaciar de contenido el sistema de penas establecido por el Poder Legislativo en el Nuevo Código Penal, convirtiendo la pena de multa por el sistema legal de días-multa en algo meramente simbólico, en el que el contenido efectivo de las penas impuestas por hechos tipificados en el Código Penal acabe resultando inferior a las sanciones impuestas por infracciones administrativas similares, que tienen menor entidad que las penales (SSTS 1377/2001, de 11 julio...). 4) El reducido nivel mínimo de la pena de multa en el Código Penal debe quedar reservado para casos extremos de indigencia o miseria, por lo que en casos ordinarios en que no concurren dichas circunstancias extremas resulta adecuada la imposición de una cuota prudencial situada en el tramo inferior, próxima al mínimo, como sucede en el caso actual con la cuota diaria de 1.000 ptas. (STS 1377/2001, de 11 julio). 5) Si el ámbito legalmente abarcado por la pena de multa (de 200 a 50.000 ptas. de cuota diaria), lo dividiésemos hipotéticamente en diez tramos o escalones de igual extensión (de 4.980 ptas. cada uno), el primer escalón iría de 200 a 5.180 ptas., por lo que cuando se aplica la pena en la mitad inferior de este primer tramo, señalando por ejemplo una cuota diaria de mil ptas, ha de estimarse que ya se está imponiendo la pena en su grado mínimo, aun cuando no se alcance el mínimo absoluto. En estos supuestos si consta, por la profesión o actividad a que se dedica el acusado o por otras circunstancias genéricas, que no se encuentra en situación de indigencia o miseria, que son los supuestos para los que debe reservarse ese mínimo absoluto de 200 ptas. diarias, la pena impuesta debe reputarse correcta, aun cuando no consten datos exhaustivos sobre la situación económica del reo, deducida de su patrimonio, ingresos, obligaciones, cargas familiares y demás circunstancias personales. (STS 1377/2001, de 11 julio. En el mismo sentido SSTS 1207/1998, de 7 de abril...). 6) Es admisible utilizar como argumento para fijar la cuantía de la cuota el dato del argumento del potencial económico del penado que puede deducirse de haberse costeado letrado particular que le defienda en el proceso penal (SSTS 1342/2001, de 29 junio, 996/2003...)".

155 TEJERO REDONDO, J. A., "Jornada de Jueces de Paz. Área Penal. 7 de octubre de 2011", cit., pág. 34.

último precepto que *"en el caso de que el Juez municipal comenzare a instruir las primeras diligencias del sumario, practicadas que sean las urgentes y todas las que el Juez de Instrucción le hubiere prevenido, le remitirá la causa, que nunca podrá retener más de tres días"*. Actividades que, sin embargo, han quedado limitadas atendidas las atribuciones que se confiere a la Policía Judicial en los arts. 769 a 773 LECrim al regular el procedimiento abreviado[156].

B) Esquema del enjuiciamiento de las faltas

El procedimiento a seguir es común a todo juicio de faltas, sean competencia del Juez de Paz o del Juez de Instrucción[157]. Deberá sustanciarse, desde luego, con corrección formal y, en cualquier caso, respetando las exigencias constitucionales, especialmente los principios de contradicción e igualdad.

En atención a las especiales condiciones personales de preparación y gravedad de la materia, el procedimiento se halla extremadamente simplificado. De hecho destaca en su regulación su pretensión hacia la rapidez, cuando no inmediatez. Además, en correlación con el relativo mandato del art. 120.2 CE, por el que, *"el procedimiento será predominantemente oral, sobre todo en materia criminal"*, el mismo estará informado por la preponderancia de los actos orales frente a la utilización de la escritura, así como por la inmediación, concentración y publicidad real[158].

Como en todo procedimiento de faltas, al menos en la regulación, se prescinde en principio de la fase de instrucción así como del llamado "periodo intermedio". Por tanto, tras su inicio mediante denuncia, querella o, con matices de oficio, se abre directamente la fase de juicio oral, que se materializará en una vista concentrada, y tras la misma se dictará sentencia.

La denuncia se configura como relativamente informal, pues podrá realizarse por escrito o de palabra, personalmente o por medio de mandatario

---

[156] DE LA RÚA MORENO, J. A., "Relaciones del Partido Judicial con los Jueces de Paz de su circunscripción", cit., pág. 9.

[157] Para mayor profundidad, véase, entre otros, RIFÁ SOLER, J. M., VALLS GOMBAU, J. F., y RICHARD GONZÁLEZ, M., *El Proceso Penal Práctico,* La Ley, 6ª ed., Madrid, págs. 1402 y ss.

[158] Sobre estos principios, puede verse ORTELLS RAMOS, M., *Introducción al Derecho Procesal,* (con otros), cit., pág. 359-61.

con poder especial (arts. 265 a 269 LECrim). El atestado policial equivaldrá igualmente a denuncia (art. 962.3 y 964 LECrim). La querella, en cambio, deberá cumplir unos requisitos más rigurosos en comparación con la denuncia, concretamente los del art. 277 LECrim, con la excepción de la firma de abogado y procurador en cuanto que no es preceptiva la postulación (art. 969.1 LECrim)[159]. Por lo demás, que sea admisible el inicio de oficio en los juicios de faltas es altamente discutible. De hecho, la STC 225/1988, de 23 de noviembre, deja claro que el art. 24 CE no permite que ningún Juez penal, incluido en los juicios de faltas, juzgue de oficio o, en otros términos, sin previa acusación formulada por quien tenga legitimación para ello. No obstante lo anterior, cabe cierto inicio de oficio en la medida que el juicio de faltas pueda provenir de unas diligencias previas, seguidas por delito, en las que el Juez de Instrucción entendiera que los hechos son constitutivos de falta de las que ha de conocer el Juez de Paz.

Presentada una y otra, o limitadamente de oficio en los términos indicados, las actividades siguientes, según los arts. 964.2 y 965.1.2° LECrim, consistirán en celebrar *"de forma inmediata el juicio de faltas"*. Si no fuera posible, se señalará para el día hábil más próximo y, en cualquier caso, en un plazo no superior a siete días. Esto se debe a que no se prevé actividad instructora alguna. Circunstancias que, además, justifica que no exista juez instructor distinto al sentenciador.

Ahora bien, la inexistencia de fase de instrucción como tal no excluye que deban realizar algún tipo de actividad que merezca la consideración de instructora. Como se ha puesto de manifiesto[160], conviene oír al imputado con anterioridad o practicar alguna diligencia para una más completa calificación de la *"notitia criminis"* (como partes de lesiones, informes periciales) todo ello con anterioridad a la apertura del juicio oral. De hecho, la toma de declaración previa al imputado para ser oído (art. 486 y ss LECrim) resulta obligada a los efectos de garantizar el derecho al conocimiento previo de la

---

[159] Véase BELLIDO PENADÉS, R., *Derecho de defensa y principio acusatorio en el juicio por faltas"*, Dykinson, Madrid, 2012. De otro lado, el carácter facultativo de la postulación no impide que puede solicitarse abogado de oficio cuando se cumplan los presupuestos previstos en la Ley 1/1996, de 10 de enero, de Asistencia Jurídica Gratuita.

[160] GIMENO SENDRA, V., y DÍAZ MARTÍNEZ, M., *Derecho Procesal Penal,* Colex, 2ª ed., Madrid, 2007, pág. 832.

acusación y la defensa. En ese momento se aprovechará para ilustrársele sobre las previsiones que se refiere el art. 967.1 LECrim, esto es, información sobre el hecho imputado (mediante copia de la querella o denuncia presentada), así como advertencia de que pueden ser asistidos por abogado si lo desean y que deberán acudir al juicio con los medios de prueba de que intenten valerse. Por supuesto, cuando esta declaración no sea posible, se adoptarán al practicar la citación al denunciado o querellado[161].

Lo bien cierto es que, en ocasiones, presenta dificultades deslindar entre las actividades meramente preparadoras y aquellas que merecen la consideración de instructoras. En el seno del juicio de faltas, resulta perfectamente posible que algunas de ellas alcancen tal categoría. Desde luego, favorece la posibilidad de calificación que se hayan practicado en la instrucción de un procedimiento por delitos y, tras las mismas, hayan decidido transformar a juicio de faltas. En tal caso, debería considerarse que el Juez se encuentra "contaminado", pues es claro que cuando transforma un procedimiento por delito a otro por faltas y no dicta resolución de archivo, ya ha tomado su decisión

[161] Tal y como previene el art. 964.3 LECrim, también se notificará al Ministerio Fiscal, salvo que la falta sea solo perseguible a instancia de parte, al querellante o denunciante de haberlo, y a los testigos y peritos que pudieren razón del hecho. Igualmente, las notificaciones se practicarán directamente, bien de modo personal (entre otras, STC 175/2009, de 16 de julio) o mediante correo telégrafo o cualquier medio que permita constancia de su práctica y de las circunstancias esenciales de la misma (art. 271 LOPJ). . En cualquier caso, para practicar notificaciones edictales habrán de cumplirse severas exigencias. Según la STC 135/1997, de 21 de julio, *"la citación y el emplazamiento edictal son válidos constitucionalmente, pero por ser «ficciones jurídicas con un significado más simbólico que real (...)cuya recepción por el destinatario no puede ser demostrada» han de entenderse necesariamente como «un último y supletorio remedio (...) subsidiario y excepcional (...) reservado para situaciones extremas, cuando la persona buscada no pueda ser habida» –STC 29/1997, fundamento jurídico 2.º, y en el mismo sentido SSTC 97/1992 y 193/1993–, habiendo de quedar sometida su práctica a condiciones rigurosas, entre las que se encuentran: a) haber agotado antes las otras modalidades de citación con más garantías –arts. 166 a 171 y 178 LECrim que prevén la citación personal con entrega de cédula en su defecto a través de los parientes que habitaren en el domicilio o de los vecinos más próximos a éste, y en caso de domicilio desconocido, orden de busca a la Policía judicial–; b) constancia formal de haberse intentado la práctica de los medios ordinarios de citación, y c) que la resolución judicial de considerar al denunciado como persona en ignorado paradero o con domicilio desconocido se funde en un criterio de razonabilidad que lleve a la convicción de la ineficacia de aquellos otros medios normales de comunicación (SSTC 234/1988, 16/1989, 196/1989, 9/1991 y 103/1994)".*

sobre la calificación de los hechos[162]. De todos modos, el presente problema se soluciona bien en nuestro caso puesto que el Secretario judicial del Juzgado de Instrucción que se trate remitirá al Juzgado de Paz competente para que se proceda a realizar el señalamiento de juicio y las citaciones pertinentes (art. 965.2 LECrim).

Constatada la existencia y tipicidad de la falta, se abrirá el juicio oral el día señalado (art. 964.1 LECrim). Y aunque falte una previsión expresa sobre conformidad, no hay razón alguna que permita excluirla[163].

Como todo juicio oral, se caracteriza por la inmediación, de modo que el mismo juez ante el que se practica la prueba será el que dicte sentencia. También se configura mediante la concentración, pues se celebrará de ser posible en un solo acto; y, de no serlo, el Secretario judicial señalará para su celebración o continuación el día más inmediato posible y, en todo caso, dentro de los siete siguientes, haciéndolo saber a los interesados (art. 968 LECrim). Otra cosa es que el juicio pueda suspenderse en aquellos casos en los que pueda verse afectado el derecho de defensa (entre otras, SSTC 25/1997, de 11 de febrero; 220/2007, de 8 de octubre[164]). Por último, el juicio será público. Cuestión distinta es que pueda celebrarse a puerta cerrada excepcionalmente, cuando así lo exijan razones de moralidad o de orden público, o el respeto debido a la persona ofendida por el delito o a su familia (art. 969.1 en correlación con 680 ambos LECrim).

Al juicio oral habrá de acudir, en principio, el denunciado o querellado, el denunciante y querellante así como el Ministerio Fiscal. Ahora bien, solamente será imprescindible la presencia del denunciante o querellante en cuanto que es necesaria la acusación[165]. Y para el caso de que no asista el Ministerio Fiscal (posibilidad que reconoce genéricamente el art. 969.2 LECrim y en concreto

---

162 Véase BONET NAVARRO, J., "La transformación de procedimiento por delitos a juicio de faltas y el derecho a un juez imparcial (análisis jurisprudencial)", en *Tribunales de Justicia*, núm. 7, 1997, págs. 751-7.

163 Así, GIMENO SENDRA, V., y DÍAZ MARTÍNEZ, M., *Derecho Procesal Penal*, cit., pág. 833.

164 Esta última pone de manifiesto con toda la contundencia que: *"la decisión del Juzgado de no posponer la celebración del juicio equivale materialmente a una denegación de jurisdicción que lesiona el art. 24.1 CE siempre que no haya concurrido negligencia de la recurrente en su propia incomparecencia al juicio"*.

165 Sobre la acusación en el juicio de faltas, BELLIDO PENADÉS, R., *Derecho de defensa y principio acusatorio en el juicio por faltas"*, cit., págs. 145 y ss.

la Instrucción 6/1992, de 23 de septiembre, de la Fiscalía General del Estado), conforme al art. 969.2 LECrim, solamente *"la declaración del denunciante en el juicio afirmando los hechos denunciados tendrá valor de acusación, aunque no los califique ni señale pena"*.

La presencia del denunciado o querellado no será siempre necesaria pues, tal y como previene el art. 970 LECrim, si residiere fuera de la demarcación del Juzgado de Paz, no tendrá obligación de concurrir al acto de juicio, y podrá dirigir al Juez escrito alegando lo que estime conveniente en su defensa, o, en su caso, apoderar a abogado o procurador que presente en aquel acto las alegaciones y las pruebas de descargo que tuviere. Además, en todo caso y sin perjuicio de las sanciones que procedan en virtud del art. 967.2 LECrim, su ausencia injustificada *"no suspenderá la celebración ni la resolución del juicio, siempre que conste habérsele citado con las formalidades prescritas en esta Ley, a no ser que el Juez, de oficio o a instancia de parte, crea necesaria la declaración de aquel"* (art. 971 LECrim).

Por lo que se refiere a los testigos y peritos, cuando no comparezcan ni aleguen justa causa para dejar de hacerlo, como ocurre idénticamente con las partes, podrán ser sancionados con una multa de doscientos a dos mil euros (art. 967.2 LECrim).

Por lo demás, el juicio principiará por la lectura de la querella o de la denuncia. Seguirá por el interrogatorio de los testigos y con la práctica de las demás pruebas admisibles y pertinentes que propongan el querellante, el denunciante y, en su caso, el Fiscal.

Se oirá al acusado y, a continuación, procederá en su caso el interrogatorio de los testigos que presente en su descargo y se practicarán las demás pruebas que ofrezca y fueren pertinentes.

El acto terminará con la exposición de palabra por lo que crean conveniente en apoyo de sus pretensiones, hablando primero el Fiscal, si asistiere, después el querellante particular o el denunciante y, por último, el acusado.

Ha de resaltarse que solamente constituye prueba suficiente para desvirtuar el derecho a la presunción de inocencia que corresponde a todo sujeto pasivo de un proceso penal, incluido el denunciado-querellado en un juicio de faltas competencia del Juez de Paz, aquella que se haya practicado en el juicio oral con los principios de inmediación, contradicción y publicidad (STC 150/1989, de 25 de septiembre[166]).

En fin, todo lo actuado en el juicio oral habrá de registrarse en soporte apto para la grabación y reproducción del sonido y de la imagen, salvo que no sea posible, en cuyo caso se documentará el acto por el Secretario Judicial tal y como previenen los arts. 972 y 743 LECrim. Y en caso de disponer de los correspondientes medios, incluso podrá instrumentarse videoconferencia u otro sistema similar que permita la comunicación bidireccional y simultánea de la imagen y el sonido, siempre que se cumplan las previsiones del art. 229.3 LOPJ en relación con los arts. 448, 707 y 731 bis LECrim, esto es, por razones de utilidad, seguridad o de orden público, así como en aquellos supuestos en que la comparecencia de quien haya de intervenir resulte gravosa o perjudicial, y, especialmente, cuando se trate de un menor.

Al finalizar el acto de juicio o, de no ser posible, dentro de los tres días siguientes, el Juez de Paz dictará la sentencia. Para ello apreciará, según su conciencia, las pruebas practicadas (art. 973.1 LECrim), por tanto, la prueba será valorada libremente.

Como se ha indicado[167], la sentencia debe ser congruente con el hecho punible. Esto implica que no habrá de condenarse por hecho que no haya sido objeto de acusación, ni por una calificación de una falta distinta, salvo que la calificación judicial lo sea por una infracción homogénea con la afirmada en la acusación en cuanto al bien jurídico protegido.

Si considerase que el hecho es constitutivo de delito, habrá de inhibirse y remitir las actuaciones al Juez de Instrucción. Y en el caso de que se haya solicitado, también resolverá las cuestiones referentes a la responsabilidad civil

---

[166] Como indica, *"no todo acto procesal constituye un acto de prueba, sino, antes al contrario, por actos de prueba tan sólo cabe entender los practicados en el juicio oral bajo la vigencia de los principios de contradicción e inmediación del órgano judicial decisor, pues este Tribunal tiene declarado que las pruebas a las que se refiere el art. 741 de la Ley de Enjuiciamiento Criminal (L. E. Cr., en adelante) son «las pruebas practicadas en el juicio» (STC 31/1981), debiéndose exceptuar exclusivamente de dicha regla la prueba sumarial «anticipada y preconstituida», siempre y cuando en su ejecución se haya garantizado la aplicación de los referidos principios de contradicción e inmediación de un órgano judicial, de un lado, y pueda preverse su imposibilidad de reproducción en el juicio oral, de otro –STC 80/1986 y 150/1987–".*

[167] GIMENO SENDRA, V., y DÍAZ MARTÍNEZ, M., *Derecho Procesal Penal*, cit., pág. 835.

objeto de juicio, siempre que no exceda de la competencia que le corresponde en este orden jurisdiccional (esto es, que no se trate de las materias previstas en el art. 249.1 LEC ni supere la cuantía de noventa euros). Igualmente, se declarará calumniosa la querella cuando procediere.

La sentencia se redactará, en principio, por escrito y en la forma prevista en los arts. 248.3 LOPJ y 142 LECrim[168]. Se notificará a los ofendidos y perjudicados por la falta hayan sido o no parte, haciéndose constar los recursos procedentes, plazo y órgano competente ante quien deba interponerse (art. 973.2 LECrim). En este caso, corresponderá al Juez de Instrucción del partido del Juzgado de Paz conocer el recurso de apelación que ha de presentarse en el plazo de cinco días (art. 976 LECrim). Todo ello sin perjuicio de las posibilidades de aclaración o de completar la sentencia de oficio o a instancia de parte conforme previene el art. 267 LOPJ.

Ahora bien, el art. 975 LECrim reconoce la posibilidad de dictar sentencia *in voce*, y si conocido el fallo las partes expresan su decisión de no recurrir,

---

[168] Conforme este último precepto, *"se principiarán expresando: el lugar y la fecha en que se dictaren, los hechos que hubieren dado lugar a la formación de la causa, los nombres y apellidos de los actores particulares, si los hubiere, y de los procesados; los sobrenombres o apodos con que sean conocidos, su edad, estado, naturaleza, domicilio, oficio o profesión, y, en su defecto, todas las demás circunstancias con que hubieren figurado en la causa, y además el nombre y apellido del Magistrado ponente. Se consignarán en Resultandos numerados los hechos que estuvieren enlazados con las cuestiones que hayan de resolverse en el fallo, haciendo declaración expresa y terminante de los que se estimen probados. Se consignarán las conclusiones definitivas de la acusación y de la defensa y la que en su caso hubiese propuesto el Tribunal, en virtud de lo dispuesto en el artículo 733. Se consignarán también en párrafos numerados, que empezarán con la palabra Considerando: Los fundamentos doctrinales y legales de la calificación de los hechos que se hubiesen estimado probados. Los fundamentos doctrinales y legales determinantes de la participación que en los referidos hechos hubiese tenido cada uno de los procesados. Los fundamentos doctrinales y legales de la calificación de las circunstancias atenuantes, agravantes o eximentes de responsabilidad criminal, en caso de haber concurrido. Los fundamentos doctrinales y legales de la calificación de los hechos que se hubiesen estimado probados con relación a la responsabilidad civil en que hubiesen incurrido los procesados o las personas sujetas a ella a quienes se hubiere oído en la causa, y los correspondientes a las resoluciones que hubieren de dictarse sobre costas y, en su caso, a la declaración de querella calumniosa. La cita de las disposiciones legales que se consideren aplicables, pronunciándose por último el fallo, en el que se condenará o absolverá no sólo por el delito principal y sus conexos, sino también por las faltas incidentales de que se hubiere conocido en la causa, reputándose faltas incidentales las que los procesados hubiesen cometido antes, al tiempo o después del delito como medio de perpetrarlo o encubrirlo"*.

el Juez en el mismo acto declarará la firmeza de la sentencia. Igualmente, se pronunciará sobre la responsabilidad civil siempre que se haya solicitado y la cuantía no exceda de noventa euros.

La sentencia se llevará a efecto inmediatamente transcurrido el plazo fijado en el art. 212 LECrim desde la última notificación sin haber apelado. La ejecución de la sentencia en los juicios sobre faltas corresponde al órgano que haya conocido del juicio, esto es, en el caso que nos ocupa, el Juzgado de Paz. Otra cosa es que, si no pudiera practicar por sí mismo todas las diligencias necesarias, se dirigirá al órgano judicial de la circunscripción en que deban tener efecto para que las practique (art. 984 LECrim). Lo mismo cuando hubiere sido apelada la resolución, pues el Juez de Instrucción correspondiente mandará remitir los autos originales, y la certificación de la sentencia firme, al Juez de Paz que haya conocido del juicio en primera instancia. Y el pronunciamiento civil se ejecutará conforme a las disposiciones previstas en la LEC (principalmente los arts. 713 a 716 de la misma), si bien promovida de oficio por el Juez que dictó la resolución.

La pena de multa y la responsabilidad civil subsidiaria requerirá requerimiento si no se cumple voluntariamente. Si el condenado incumple el requerimiento, conforme al art. 53.1 CP se sustituirá por responsabilidad personal subsidiaria, de un día de privación de libertad por cada dos cuotas no satisfechas; por localización permanente, conforme al art. 37 CP en el domicilio o lugar determinado fijado por el Juez en sentencia o en auto motivado posterior[169], de igual cómputo de un día cada dos cuotas impagadas con un máximo de seis meses; o por trabajos en beneficios de la comunidad conforme al art. 49 CP, siempre condicionado a que el penado ofrezca consentimiento, tras haberse intentado su obtención vía de apremio[170].

De otro lado, sin perjuicio de las posibilidades de aclarar, rectificar, subsanar o completar las resoluciones de oficio o a instancia de parte conforme

---

[169] Si se constata el incumplimiento, por ejemplo, cuando policía visita en diversas horas y no lo encuentra en el lugar, debería darse testimonio al Juzgado de Instrucción por posible delito de quebrantamiento de condena.

[170] No obstante, como indica TEJERO REDONDO, J. A., "Jornada de Jueces de Paz. Área Penal. 7 de octubre de 2011", cit., págs. 37-8, se plantea un verdadero problema de infraestructura, pues el Juzgado de Paz carece de los medios para conocer el patrimonio y, por tanto, practicar los embargos oportunos.

a lo previsto en el art. 267 LOPJ, la sentencia dictada por el Juez de Paz será apelable, en el plazo de los cinco días siguientes a los de su notificación, ante el Juzgado de Instrucción del partido judicial en el que se halle el primero (arts. 85.3 y 87.1 e LOPJ y 976 LECrim). Y el recurso se formalizará y tramitará conforme a los arts. 790 a 792 LECrim. Esto supone que *"el recurso se presentará ante el órgano que dictó la resolución que se impugne, y en él se expondrán, ordenadamente, las alegaciones sobre quebrantamiento de las normas y garantías procesales, error en la apreciación de las pruebas o infracción de normas del ordenamiento jurídico en las que se base la impugnación. El recurrente también habrá de fijar un domicilio para notificaciones en el lugar donde tenga su sede la Audiencia"* (art. 790.2 LECrim)[171].

Recibido el escrito, el Juez de Paz, si reúne los requisitos exigidos, admitirá el recurso. *Sensu contrario*, no lo admitirá si no reúne los requisitos, sin perjuicio de que siendo subsanable, concederá al recurrente un plazo no superior a tres días para subsanación (art. 790.4 LECrim).

Admitido el recurso, el Secretario judicial dará traslado del escrito de formalización a las demás partes por un plazo común de diez días, quienes podrán formular alegaciones. También tendrá la opción de solicitar la práctica de prueba que no pudo proponer en la primera instancia, las propuestas que le fueron indebidamente denegadas y hubiera protestado, y las admitidas que no fueron practicadas por causas que no le sean imputables. Además, habrá de fijar un domicilio para notificaciones (art. 790.5 LECrim).

Una vez presentados los escritos de alegaciones o, en caso contrario, precluido el plazo para hacerlo, el Secretario, en los dos días siguientes, dará traslado de cada uno de ellos a las demás partes y elevará al Juzgado de Instrucción los autos originales con todos los escritos presentados (art. 790.6 LECrim).

---

[171] Además, añade que *"si en el recurso se pidiera la declaración de nulidad del juicio por infracción de normas o garantías procesales que causaren la indefensión del recurrente, en términos tales que no pueda ser subsanada en la segunda instancia, se citarán las normas legales o constitucionales que se consideren infringidas y se expresarán las razones de la indefensión. Asimismo, deberá acreditarse haberse pedido la subsanación de la falta o infracción en la primera instancia, salvo en el caso de que se hubieren cometido en momento en el que fuere ya imposible la reclamación. 3. En el mismo escrito de formalización podrá pedir el recurrente la práctica de las diligencias de prueba que no pudo proponer en la primera instancia, de las propuestas que le fueron indebidamente denegadas, siempre que hubiere formulado en su momento la oportuna protesta, y de las admitidas que no fueron practicadas por causas que no le sean imputables"*.

C) Distintas funciones y actividades: prevención, delegación y otras que determine la ley

El Juez de Paz podrá intervenir igualmente en actuaciones penales de prevención, o por delegación, y en aquellas otras que señalen las leyes.

Los Juzgados de Paz, en el contexto de su estructura piramidal y en el ámbito del proceso penal, han estado tradicionalmente subordinados a los de Instrucción del partido judicial al que pertenecen. Y esta tradición se recoge en el derecho positivo actual. De entrada, la dependencia puede observarse con claridad cuando el art. 20 LECrim indica que *"son superiores jerárquicos para resolver sobre las cuestiones de competencia, en la forma que determinarán los artículos siguientes: 1.º De los Jueces municipales del mismo partido, el de instrucción"*. También se constata por la atribución de competencia funcional del Juzgado de Primera Instancia e Instrucción para conocer en apelación de las sentencias dictadas por el Juez de Paz (arts. 85.3 y 87.1 e LOPJ). Y, sobre todo, cuando el mismo art. 100.1 y 2 LOPJ dispone que los Juzgados de Paz *"podrán intervenir, igualmente, en actuaciones penales de prevención, o por delegación, y en aquellas otras que señalen las Leyes"*.

De hecho la LECrim regula todo un régimen de actuación del Juez de Paz, a prevención o por delegación. Así, sin perjuicio de lo previsto en los arts. 769 a 763 LECrim que atribuyen amplias competencia a la Policía Judicial y al Ministerio Fiscal, el Juez de Paz podrá intervenir en la formación del sumario (art. 303 LECrim). Ahora bien, cuando comenzare a instruir las primeras diligencias, una vez practicadas las más urgentes y todas las que el Juez de instrucción le hubiere prevenido, remitirá la causa, que nunca podrá retener más de tres días (art. 307 LECrim)[172].

---

[172] Esto sin perjuicio de que cuando el delito revista gravedad o su comprobación fuera difícil por circunstancias especiales o hubiera causado alarma, el Juez de Instrucción debe trasladarse inmediatamente al lugar del delito y procederá a formar el sumario (art. 318 LECrim). Lo que se cohonesta bien con el art. 275 LOPJ que autoriza a *"los jueces realizar cualesquiera diligencias de instrucción penal en lugar no comprendido en el territorio de su jurisdicción, cuando el mismo se hallare próximo y ello resultare conveniente, dando inmediata noticia al juez competente. Los jueces y tribunales de otros órdenes jurisdiccionales podrán también practicar diligencias de instrucción o prueba fuera del territorio de su jurisdicción cuando no se perjudique la competencia del juez correspondiente y venga justificado por razones de economía procesal"*.

a) Actividades a prevención

Con carácter general, el Juez de Paz que tenga conocimiento de la comisión de un delito procederá a la formación del atestado. En el mismo hará constar cómo ha tenido conocimiento de los hechos, en su caso, con la declaración del denunciante. Y dará cuenta al Juzgado de Instrucción, con remisión de las siguientes diligencias posibles que se hayan realizado con carácter de urgencia para comprobar los hechos, las circunstancias y la atribución subjetiva de los mismos[173]:

1.º Toma de declaración a diversas personas

Permite expresamente la LECrim que podrá hacer concurrir a su presencia y examinar a los testigos citados en la denuncia, querella, o en cualquiera otras declaraciones o diligencias, y a todos los que conocieran hechos o poseyeran datos para la comprobación o averiguación del delito y del delincuente. Por supuesto, siempre procurando omitir evacuar citas impertinentes o inútiles (art. 421 LECrim).

En el caso de los presuntos autores de los hechos, se le identificará (mediante documentos de identidad o a través de testigos), comprobará sus circunstancias personales (arts. 373 y 374 LECrim) y serán cumplidas y realizadas las advertencias conforme a lo dispuesto en el art. 520 LECrim.

---

[173] Que sean posibles no significa que se practiquen habitualmente. Como advierte SERRATS PALAU, J., "La administración de justicia penal en los juzgados de paz", cit., pág. 300, en la práctica se limitan a recibir las denuncias y atestados policiales, que son remitidos inmediatamente al Juzgado de Guardia y a la realización de diligencia de inspección ocular y levantamiento de cadáver cuando se trata de muertes naturales, suicidios o accidentales y tras comunicación telefónica con el juzgado de guardia. En este caso la actividad se limita a describir el lugar y la forma en que se ha encontrado el cuerpo, datos personales de fallecido, testigos y se ordena el levantamiento del cadáver y traslado al depósito. Diligencia que posteriormente se remita al Juzgado de Instrucción sin perjuicio del atestado policial. En la misma línea, indica TEJERO REDONDO, J. A., "Jornada de Jueces de Paz. Área Penal. 7 de octubre de 2011", cit., pág. 40, que *"las facultades que hoy el artículo 769 de la LECRIM. y siguientes concede a la Policía Judicial en el ámbito del Procedimiento Abreviado (el que habitualmente supone el punto de inicio de todo proceso penal): tomar fotografías, datos, requerir la presencia de facultativos, etc... han relegado a las facultades del Juzgado de Paz en este sentido a un segundo plano"*.

Asimismo, cuando la denuncia no se hubiera realizado en presencia judicial, se solicitará al denunciante la ratificación de la misma y, en su caso, se practicará el ofrecimiento de acciones a que se refieren los arts. 109 y 110 LECrim.

2.º Inspección ocular y recogida de efectos

Es previsible que el Juez de Paz pueda acceder de forma más inmediata al lugar de los hechos para la observancia de los mismos antes de que se desvirtúen elementos de convicción. Por ello será habitual que él mismo observe la zona, recoja vestigios o elementos de convicción que se encuentren en los alrededores, y describa el lugar y todos los elementos concurrentes. En el mismo acto, conforme al art. 334 LECrim, recogerá las armas, instrumentos o efectos de cualquier caso que puedan tener relación con el delito y se hallen en el lugar de comisión, en sus inmediaciones o en poder del reo o en otra parte conocida. Todo ello será diligenciado por el Secretario judicial, con expresión del lugar, tiempo y ocasión en que se encontraren, describiéndolos minuciosamente para que se pueda formar idea cabal de los mismos y de las circunstancias. Por último, la diligencia será firmada por la persona en cuyo poder fueren hallados, notificándose a la misma el auto en que se mande recogerlos.

3.º Intervención en actos de investigación y otros elementos de convicción

Las posibilidades son diversas en función de la tipología delictiva. Así, tratándose de presuntos delitos contra las personas, podrá ordenar el reconocimiento y asistencia médica de los lesionados. Y si la consecuencia del delito ha sido la muerte, el Juez de Paz podrá ordenar el reconocimiento del cadáver por los facultativos correspondientes previo su levantamiento y traslado al Depósito Municipal. Aunque corresponde al Juez de Instrucción la diligencia de autopsia y autoriza la subsiguiente inhumación, si no hay indicios de muerte dolosa, puede delegar en el Juez de Paz, siempre que alguna causa justificada les impida su práctica por sí y se haga uso moderado de esta "facultad" (art. 310 LECrim)[174]. Por último, tratándose de delitos contra la propiedad, podrá

[174] Afirma la STS, Sala 2ª, de 10 de febrero de 1995, RJ 1995\815, que "*no puede ponerse en duda la orden dada por un Juez de Instrucción a un Juzgado de Paz para que proceda, por*

ordenar por los medios oportunos la comprobación de la prexistencia de la cosa (arts. 331 y 364 LECrim), así como sobre su valor (declaración del perjudicado y reconocimiento pericial (art. 365 LECrim).

4.º Otras actividades

En el contexto del procedimiento abreviado, conforme al art. 764.4 en relación con el art. 770.6 ambos LECrim, podrá decretarse la intervención del vehículo y la retirada de los permisos de circulación cuando se deduzca claramente la culpabilidad o la gravedad del caso lo aconseje.

b) Actividades por delegación o auxilio

Si las anteriores actividades se justificaban en razones de urgencia, las que realice el Juez de Paz por delegación o auxilio se basan en el hecho de una planta y demarcación judicial concreta y un ámbito competencial en ocasiones limitado territorialmente de los distintos órganos jurisdiccionales que hace conveniente en aras de la eficacia no tener que desplazarse a cualquier lugar para practicar las actuaciones que lo requieran. Podrán delegarse aquellas actividades que deban realizarse fuera de la sede del órgano jurisdiccional en cuestión, pero dentro de su circunscripción territorial; en cambio, el auxilio judicial procederá cuando deban realizarse fuera de su circunscripción.

Las actividades principales objeto de delegación son la práctica de actos de comunicación (citación, emplazamientos y requerimientos); y de declaraciones, incluida en ocasiones la de los posibles autores de los hechos. Esta circunstancia no implica *per se* infracción alguna ni supone indefensión[175]. Por

---

delegación, a la práctica de determinada diligencia de carácter penal entra dentro de la competencia del Juzgado de Instrucción y la obligación para proceder al levantamiento de un cadáver es totalmente correcta".

[175] Según indica el ATC 108/1999, de 28 de abril, *"aunque la primera declaración y el acto de imputación se efectuó ante el Juez de Paz y no ante el de Instrucción, ello no significa vulneración de las garantías procesales, por cuanto la ley procesal habilita al Juez de Paz para auxiliar en la instrucción (art. 100.2 LOPJ), y, en este caso, consta en las actuaciones que fue el Juez de Instrucción quien solicitó que el imputado fuera citado a declarar por aquél y que se le remitiera lo actuado, como así lo hizo el Juez de Paz. De manera que debe concluirse que el imputado conoció los hechos que se le imputaban, así como los derechos que le asistían en su defensa, y*

supuesto, la toma de declaración, sea del posible autor o del imputado[176], debe realizarse con todas las garantías, también cuando se produzca ante el Juez de Paz. Por tal motivo, entre otras cosas, la toma de declaración de testigo sin que la defensa haya tenido oportunidad de intervenir por no haber sido notificada, implica que no adquiera la condición de prueba de cargo[177]. Sin embargo, la declaración tendrá validez cuando el declarante no esté detenido y, tras haber sido instruido conveniente, haya declarado voluntariamente sin abogado.

Será delegable también la práctica de determinados actos de investigación y prueba. Así, por ejemplo, la LECrim prevé la delegación en la presidencia del acto pericial (art. 477 LECrim); y contempla expresamente la posibilidad de delegación en el Juez de Paz en actividades de investigación tan relevantes como es la entrada y registro en lugar cerrado (art. 563 LECrim)[178]. En este caso, conforme al art. 563.1 LECrim, sería irrelevante que se ausentara el Juez de Paz, siempre que concurriera el Secretario[179].

Igualmente, son relativamente habituales las delegaciones para actuaciones relacionadas con el proceso de ejecución, principalmente relacionadas con embargos, tasaciones periciales, cumplimiento de arrestos domiciliarios, pago de multas…

Lo bien cierto es que todo el elenco de posibilidades en la delegación de funciones no ha de resultar arbitraria ni tampoco depender de la simple "co-

---

que el Juez de Instrucción tuvo ocasión de conocer la versión exculpatoria de los hechos del inculpado antes de finalizar la Instrucción, a los efectos de su toma en consideración para dictar las resoluciones pertinentes en relación con la continuación del procedimiento".

176 Entre otras, SAP Pontevedra (Secc. 1ª), de 8 de abril de 1998.

177 SAP Barcelona (Secc. 5ª), de 1 de abril de 1998.

178 Dispone este precepto que *"si el edificio o lugar cerrado estuviere en el territorio propio del Juez instructor, podrá encomendar la entrada y registro al Juez municipal del territorio en que el edificio o lugar cerrado radiquen, o a cualquier Autoridad o agente de Policía judicial. Si el que lo hubiese ordenado fuere el Juez municipal, podrá encomendarlo también a dichas Autoridades o agentes de Policía judicial. Cuando el edificio o lugar cerrado estuviere fuera del territorio del Juez, encomendará éste la práctica de las operaciones al Juez de su propia categoría del territorio en que aquéllos radiquen, el cual, a su vez, podrá encomendarlas a las Autoridades o agentes de Policía judicial".*

179 En ese sentido, la STS 15 diciembre de 1998. Por su parte, dice ALONSO PÉREZ, F., "Formalidades en la práctica de la diligencia de entrada y registro en lugar cerrado", en *Diario La Ley,* núm. 5643. 29 de octubre de 2002, que la ley procesal permite la delegación para la práctica de diligencia de entrada y registro entre otros, en Juez de Paz.

modidad" del Juez delegante. El mismo Tribunal Supremo advierte que podrá delegar pero solamente cuando *"la ley no reserve exclusivamente a ellos cuando concurra causa justificada que les impida realizarlas por sí"*. Matización que es fruto precisamente del mismo tenor del art. 310 LECrim anteriormente citado cuando previene literalmente que *"los Jueces de instrucción podrán delegar en los municipales la práctica de todos los actos y diligencias que esta Ley no reserve exclusivamente a los primeros cuando alguna causa justificada les impida practicarlos por sí. Pero procurarán hacer uso moderado de esta facultad, y el Tribunal inmediato superior cuidará de impedir y corregir la frecuencia injustificada de estas delegaciones"*.

2. Ejercicio de la jurisdicción en el orden civil

A) Competencia objetiva

La competencia del Juzgado de Paz en materia Civil, conforme al art. 47 LEC[180], se limitará al conocimiento, solamente en primera instancia, de deter-

[180] En relación con este precepto, indica el AAP Burgos (Secc. 2ª), 15 de marzo de 2002, Ponente: D. Ramón Ibáñez de Aldecoa Lorente (JUR 2002\140033), que *"se trata de una norma que, como todas las que afectan a la competencia objetiva, es de "ius cogens", no comprendida dentro de la capacidad de disposición de las partes, y de ahí que el artículo 48 de la referida Ley establezca, en su apartado 1, que "la falta de competencia objetiva se apreciará de oficio, tan pronto como se advierta, por el Tribunal que esté conociendo del asunto", y añada en el apartado 2 que "cuando el Tribunal que conozca del asunto en segunda instancia o en trámite de recurso extraordinario por infracción procesal o de casación entienda que el Tribunal ante el que se siguió la primera instancia carecía de competencia objetiva, decretará la nulidad de todo lo actuado, dejando a salvo el derecho de las partes a ejercitar sus acciones ante la clase de Tribunal que corresponda", dado que es obvio que, por la infracción de las normas que distribuyen la competencia objetiva entre los diferentes órganos de la Jurisdicción Civil, puede verse también alterada la competencia funcional para conocer de los recursos, que es precisamente lo que ocurre en el presente supuesto, en que se ejercita una acción en reclamación de 13.000 ptas., no sujeta a especialidad procesal alguna por razón de la materia, que, por aplicación de las normas examinadas, debiera haber sido presentada ante el Juzgado de Paz del domicilio de los demandados (...) contra cuya sentencia cabría recurso de apelación, pero a interponer ante los Juzgados de Primera Instancia de Burgos, conforme a lo dispuesto en el artículo 455-2-1º de la referida Ley, por lo que, ha de concluirse necesariamente que carecía el Juzgado de Primera Instancia núm. 1 de Burgos de competencia objetiva para resolver el asunto en primera instancia, y carece éste Tribunal de competencia funcional para resolverlo en apelación, de manera que, una vez suscitada la cuestión competencial, en los términos previstos en el apartado 3 del artículo 48*

minados asuntos. Concretamente la competencia se atribuirá cuando la cuantía no supere los noventa euros, y siempre que, además, no estén comprendidos en ninguno de los casos que se adecúan al procedimiento de juicio verbal por razón de la materia, esto es, aquellos comprendidos en el apartado 1 del artículo 250 LEC[181]. Igualmente, se excluye su competencia para los procedimientos monitorios y juicios cambiarios con independencia de la cuantía (por aplicación, *sensu contrario*, de los arts. 813 y 820 LEC)[182].

Para que conozca el Juez de Paz en materia civil se precisa, en definitiva:

1.º Que, conforme a los criterios de competencia territorial[183], el asunto recaiga en un municipio en el que no tenga su sede un Juzgado de Primera Instancia.

2.º Que el asunto deba ser sustanciado por los trámites del juicio verbal en atención a la cuantía. De ese modo, excluye las materias que adecúan el

---

de la nueva Ley Procesal, oídas las partes y el Ministerio Fiscal, procede decretar la nulidad de todo lo actuado, dejando a salvo el derecho de la parte demandante a ejercitar la acción ante el Juzgado competente".

[181] En general, quedan fuera del ámbito de conocimiento de los Juzgados de Paz, los desahucios por falta de pago o extinción del plazo, así como en situación de precario; tutelas posesorias (de bienes adquiridos por herencia; tutela sumaria de la tenencia de cosa por quien haya sido despojado o perturbado en su disfrute; suspensión de obra nueva; demolición o derribo de obra, edificio, árbol, columna o cualquier otro objeto análogo en estado de ruina y que amenace causar daños); la efectividad de derechos reales; la solicitud de alimentos; la acción de rectificación de hechos inexactos y perjudiciales; asuntos relativos obligaciones de contratos inscritos en el Registro de Venta a Plazos de Bienes Muebles que cumplan determinados requisitos; el incumplimiento de ciertos arrendamientos financieros; la acción de cesación en defensa de intereses colectivos y difusos de consumidores y usuarios; y la efectividad de derechos reconocidos en el art. 160 CC, esto es, derecho a relacionarse con hijos, nietos así como parientes y allegados.

[182] Juicios especiales que, sobre todo el monitorio de los arts. 812 a 818 LEC, es con diferencia el más numeroso en nuestros juzgados y tribunales. Como consta en el Boletín Información Estadística núm. 22 de noviembre de 2010 del Consejo General del Poder Judicial, La participación de los monitorios en la carga de trabajo de los juzgados de primera instancia viene creciendo de forma ininterrumpida, si bien en el año 2002 el tanto por ciento respecto de los contenciosos ingresados en nuestros Juzgados de Primera Instancia representaban el 29,5 % del total, esta cuantía ha venido incrementándose año a año hasta llegar en el primer semestre de 2010 a superar la mitad de los asuntos, concretamente al 61,5%, siendo su tendencia ascendente.

[183] Los criterios de atribución son los previstos en los arts. 50 a 52 LEC, según la demandada sea persona física o jurídica y sin que, conforme al art. 54 LEC sea admisible la sumisión expresa o tácita. Para profundizar en la misma, puede verse ORTELLS RAMOS, M., "Capítulo 9", en *Derecho Procesal Civil*, (con otros), Thomso Reuters Aranzadi, 11ª ed., Cizur menor, 2012, págs. 253-61.

procedimiento al juicio ordinario (art. 249.1 LEC), así como también las que hacen lo propio al juicio verbal (art. 250.1 LEC) como prevé expresamente el art. 47 LEC. Y similarmente quedan excluidos los procesos especiales tales como los monitorios y cambiarios (arts. 813 y 820 LEC), como también los relativos a la capacidad de las personas (art. 756 LEC); filiación, paternidad y maternidad (*ex* art. 767 LEC); matrimoniales y de menores (art. 769 LEC); también sobre la oposición a resoluciones administrativas en materia de protección de menores y del procedimiento para determinar la necesidad de asentimiento en la adopción (art. 779.III LEC); así como la liquidación del régimen económico matrimonial (art. 807 LEC).

3.º Que, además de lo anterior, la cuantía no supere los noventa euros.

La competencia del Juez de Paz se presenta de ese modo como altamente restrictiva en materia civil, pues son ciertamente reducidas las pretensiones cuya cuantía sea hasta noventa euros, excluidas además todas aquellas adecuadas por la materia conforme al art. 249.1 LEC. En todo caso, no se limitará solamente al proceso de declaración sino que también incluirá las eventuales medidas cautelares que hipotéticamente pudiera solicitarse (art. 723 LEC), así como también los correspondientes actos de ejecución que deriven en caso de pretensiones de condena que no se cumplan voluntariamente (art. 545.1 LEC). Esto último incluso con independencia de que los bienes objeto de embargo o de otros medios de realización puedan eventualmente superar los límites cuantitativos de la ejecución. Consecuentemente, la competencia del Juez de Paz cabe predicarse para conocer de las tercerías en procesos de su competencia, aunque el valor del bien embargado supere los noventa euros[184].

Igualmente, la resolución que pueda dictar el Juez de Paz podrá certificarse como título ejecutivo europeo conforme previene el Reglamento (CE) 805/2004[185].

---

[184] Dice en ese sentido ACHÓN BRUÑÉN, Mª J., "Intervención de Abogado y Procurador en los procesos de ejecución: supuestos conflictivos", en *Diario La Ley,* núm. 7274, 2 de noviembre de 2009, que podrá conocer de las tercerías en procesos de su competencia, aunque el bien embargado pueda ser superior a 90 euros (art. 599 LEC).

[185] Indica BONACHERA VILLEGAS, R., "El título ejecutivo europeo y su aplicación a las transacciones y los documentos públicos con fuerza ejecutiva", en *Diario La Ley,* núm. 7558, 2010, que podrá certificarse como título ejecutivo europeo el auto que pueda dictar el Juez de Paz.

De modo equivalente a lo que ocurría con las sentencias dictadas en los juicios de faltas, el recurso de apelación que proceda frente a las dictadas en los juicios verbales por el Juez de Paz sería resuelto por el Juzgado de Primera Instancia del partido judicial al que pertenezca el Juzgado de Paz (art. 85.3 LOPJ y 455.2.1 LEC). Sin embargo, desde la Ley 37/2011, de 10 de octubre, de medidas de agilización procesal, el art. 455.1 LEC previene que no serán apelables *"las sentencias dictadas en los juicios verbales por razón de la cuantía cuando ésta no supere los 3.000 euros"*, lo que excluye de la apelación las sentencias dictadas por el Juez de Paz en el orden civil.

Por supuesto, en relación con la competencia funcional, conforme al art. 61 LEC, *"salvo disposición legal en otro sentido, el tribunal que tenga competencia para conocer de un pleito, la tendrá también para resolver sobre sus incidencias, para llevar a efecto las providencias y autos que dictare, y para la ejecución de la sentencia o convenios y transacciones que aprobare"*. Esto significa que el Juzgado de Paz será competente para conocer de los eventuales incidentes que se suscitaran en relación con los procesos civiles que sustancia así como para el cumplimiento de las resoluciones dictadas en los mismos y, en particular, para la ejecución de las sentencias condenatorias que pronuncie o de las transacciones que apruebe.

B) Esquema del juicio verbal

El procedimiento a seguir es el común a todo juicio verbal. Destaca por su sencillez, máxime cuando por la atribución competencial al Juez de Paz no conocerá de aquellas pretensiones que por razón de su materia puntualmente introducen especialidades en el procedimiento.

Siguiendo a JUAN SÁNCHEZ[186], el procedimiento se divide en dos grandes fases, la primera, la de demanda e iniciación; y la segunda, de celebración de vista y finalización.

Se inicia con la presentación de la demanda sucinta por el actor, que cumplirá los requisitos básicos del art. 437 LEC. No deberá estar firmada por abogado ni será necesaria la representación por procurador, pues la postulación

---

[186] JUAN SÁNCHEZ, R., "Capítulo 26", en *Derecho Procesal Civil,* (con otros), cit., págs. 613-14.

solamente es preceptiva cuando la cuantía de procedimiento supere los dos mil euros (arts. 213 y 31 LEC).

El Secretario judicial someterá a examen la admisión conforme a los arts. 439 y 440 LEC. Si se admite[187], el mismo Secretario dará traslado al demandado y citará a las partes para la celebración de una vista. Esta citación contendrá las previsiones a que se refiere el art. 440.1 LEC.

Se hará constar que la vista no se suspenderá por inasistencia del demandado y se advertirá a los litigantes que han de concurrir con los medios de prueba de que intenten valerse. Contendrá la prevención de que si no asistieren y se propusiere y admitiere su declaración, podrán considerarse admitidos los hechos del interrogatorio conforme a lo dispuesto en el art. 304 LEC. Asimismo, se prevendrá a demandante y demandado de lo dispuesto, en el art. 442 LEC, para el caso de que no comparecieren a la vista.

Esta última previsión implica que si el demandado no alegare interés legítimo en la continuación del proceso para que se dicte sentencia sobre el fondo, se tendrá en el acto por desistido al demandante, se le impondrán las costas causadas y se le condenará a indemnizar al demandado comparecido. Esto último procederá solamente si en su solicitud acreditare los daños y perjuicios sufridos; además, al demandado que no comparezca se le declarará en rebeldía y, sin volver a citarlo, continuará el juicio su curso.

En este punto se produce cierta incompatibilidad, al menos aparente, entre los arts. 442.1 y 36.2 LEC. Pero en realidad la misma no se produce si se concluye que el segundo solamente resultaría aplicable en los supuestos de desistimiento expreso, no en los que son fruto de mera incomparecencia[188].

---

[187] En caso de que considere que no es admisible, y sin perjuicio de eventuales solicitudes de subsanación, dará cuenta al Juez quien a la vista de lo actuado decidirá si admite o o, por el contrario, inadmite la demanda (*ex* art. 404.1 LEC).

[188] Como afirma JUAN SÁNCHEZ, R., "Capítulo 26", cit., pág. 629, "si el demandado no muestra dicho interés, el actor será condenado en costas". A su vez, según el AAP Castellón (Secc. 3ª), 26 de febrero de 2003, Colex-Data 2379/2004, en relación con el art. 36.2 LEC *"sólo cabría aplicar este precepto en caso de haberse producido un desistimiento expreso de la parte actora, presentando escrito manifestando su voluntad de desistir y que el demandado, al darle traslado del escrito de la actora, hubiere prestado su conformidad al desistimiento o no se hubiere opuesto a él en el plazo concedido al efecto. No habiéndolo hecho, de tal forma que su falta de comparecencia en legal forma fue la causa de tenerla por desistida, consecuencia necesaria es la imposición de las costas causadas a la parte contraria"*.

En el plazo de los tres días siguientes a la recepción de la citación, deben indicar las personas que, por no poderlas presentar ellas mismas, han de ser citadas por el Secretario judicial a la vista para que declaren en calidad de partes o de testigos. A tal fin, facilitarán todos los datos y circunstancias precisos para llevar a cabo la citación. En el mismo plazo de tres días podrán las partes pedir respuestas escritas a cargo de personas jurídicas o entidades públicas, por los trámites establecidos en el artículo 381 de la LEC.

Eventualmente, el demandado inicial tendrá la posibilidad de reconvenir en el plazo mínimo de cinco días antes de la vista siempre que el juicio verbal, por no ser de aplicación el art. 447.2 y 3 LEC, tenga efecto de cosa juzgada, y además se cumplan las previsiones del art. 438.1.II LEC. Igualmente, podrá en su caso oponer un crédito compensable conforme al art. 438.2 LEC.

La vista se celebrará dentro de un plazo no superior a veinte días, ni inferior a diez, desde el día siguiente a la citación. Para ello se requerirá que se dé alguna de las tres siguientes circunstancias: 1.ª Que concurran ambas partes a la misma. 2.ª Que solo comparezca el demandante en cuanto que la incomparecencia del demandado implicará la declaración de rebeldía (art. 442.2 LEC) y, en su caso, comportará que los hechos objeto de interrogatorio puedan considerarse admitidos (art. 440.1.II). o 3.ª Que comparezca únicamente el demandado y este manifieste interés legítimo en la continuación del procedimiento y en que se resuelva mediante sentencia de fondo (art. 442.1 LEC).

El demandante expondrá las razones por las que pide, o bien se ratificará en los mismos si no complementa o explica los de la demanda.

Acto seguido, el demandado formulará sus alegaciones defensivas tanto procesales en primer lugar, como también de fondo a continuación. Salvedad hecha a las cuestiones relativas a la jurisdicción y competencia que habrán de formularse mediante escrito de declinatoria en los cinco días primeros días posteriores a la citación, conforme a los arts. 63 a 65 LEC.

De haberse formulado cuestiones procesales y hayan sido resueltas las mismas en sentido favorable a la continuación de la vista, las partes fijarán con claridad los hechos relevantes para la decisión del asunto (art. 443.4 LEC).

Si hubiere conformidad en cuanto a los hechos, quedará el juicio visto para sentencia. De no haberla, procederá que las partes propongan prueba que, una vez admitida por el Juez (siempre que se hayan formulado en tiempo y forma, esté previsto legalmente el medio de prueba y no excluido, que sea necesaria y pertinente), se practicará.

Finalizada la vista, el Juez dictará sentencia en el plazo de diez días (art. 447.1 LEC)[189]. En principio, la sentencia sería recurrible mediante apelación y resuelta por el Juzgado de Primera Instancia que tenga su sede en la cabeza de partido en el que se halle el Juzgado de Paz (arts. 85.3 LOPJ y 455.2.1 LEC). Sin embargo, como se ha indicado, desde su redacción dada por la Ley 37/2011, de 10 de octubre, de medidas de agilización procesal, el art. 455.1 LEC, no serán apelables "*las sentencias dictadas en los juicios verbales por razón de la cuantía cuando ésta no supere los 3.000 euros*". Puede afirmarse, en definitiva, que las sentencias civiles dictadas por el Juez de Paz no son apelables pues todas ellas habrán sido dictadas en juicios verbales adecuados por la cuantía y sin que esta supere los noventa euros, por tanto, ostensiblemente inferior a los citados tres mil euros.

II. REGISTRO CIVIL

Aunque sea efímeramente habida cuenta de la inminente entrada en vigor de la Ley 20/2011, de 21 de julio, del Registro Civil (a los tres años desde el 22 de julio de 2011), una de las funciones más relevantes de los Jueces de Paz es la de llevanza del Registro Civil como Registros delegados.

Básicamente sus funciones son las diversas inscripciones en el mismo (de nacimiento, defunción y matrimonio), incluidas notas marginales que no sean de rectificación o cancelación. También les corresponde tramitar los expedientes de fe de vida, los de matrimonio civil, la recepción de solicitudes y la prestación de auxilio judicial en materia de registro civil. Actividades que pueden verse incrementadas, como ha ocurrido en diversos periodos, por eventualidades como el aumento de la población por vía de la inmigración, lo

---

189 La sentencia es la forma de finalizar "por antonomasia" el proceso. Sin embargo, no es exclusiva pues se cuenta con los llamados "modos anormales de terminación", esto es, allanamiento, renuncia, transacción, desistimiento, caducidad de la instancia, satisfacción extraprocesal o carencia sobrevenida de objeto. Sobre los mismos, por todos, véase ORTELLS RAMOS, M., *Derecho Procesal Civil,* (con otros), Thomoson-Reuters Aranzadi, Cizur Menor, 11 ed., 2012, págs. 457-81.

que conduce a una importante sobrecarga de trabajo, particularmente relevante en determinadas poblaciones[190].

En cualquier caso, la Ley 20/2011, de 21 de julio, del Registro Civil (BOE de 22 de julio de 2011), desjudicializa el registro civil. Esto implica que, una vez transcurra el largo periodo de *vacatio legis* previsto (de tres años desde la publicación en el BOE), el Juzgado de Paz queda privado de sus funciones en este ámbito. De hecho, ni siquiera corresponderá la celebración de matrimonios, atribuida en exclusiva al Alcalde o, por delegación, a los Concejales (art. 58.1 de la citada Ley)[191].

En efecto, entre otros temas, la Ley 20/2011 establece el Registro Civil único para toda España, informatizado (una base de datos), accesible electrónicamente de modo que exime de la carga de tener que acudir presencialmente a las oficinas de Registro. Y además, se establece como órgano administrativo que suprime su división en secciones, y crea un registro individual para cada persona. Por ello, su llevanza es asumida por funcionarios públicos distintos a los que integran el poder judicial del Estado, sin perjuicio de que sus actos quedan sujetos a control judicial, concretamente a los del orden civil, salvo la nacionalidad por residencia que traslada al orden contencioso-administrativo[192].

---

[190] Véase, específicamente en lo referente a los Jueces de Paz, LÓPEZ FRAGO, B., "Área de Registro Civil", en *Jornada de Jueces de Paz,* original, págs. 1-48. También puede verse YUNTA GARCÍA-PRIETO, J., "Registro Civil en el Juzgado de Paz. Inmigración. Matrimonios de conveniencia", Ponencia publicada en el VI Congreso de Justicia de Paz, original. También DE LA RÚA MORENO, J. L, "Relaciones del Partido Judicial con los Jueces de Paz de su circunscripción", cit., págs. 16-9.

[191] Como señala COSTA RODAL, L., "La nueva ley del registro civil de 21 de julio de 2011", en *Aranzadi Civil-Mercantil,* núm. 6/2011, *"a partir de la entrada en vigor de la Ley, la celebración del matrimonio civil corresponderá a los Alcaldes o a los Concejales en quienes aquéllos deleguen (art. 58. 1 LRC/2011). Con la nueva regulación debe entenderse modificado el artículo 51 CC y suprimida la parte que establece la competencia funcional del Juez encargado del Registro Civil o del Juez de Paz para la celebración del matrimonio, competencia que a partir de la entrada en vigor de la nueva LRC residirá en exclusiva en el Alcalde o Concejales por delegación. Como indica la Disposición final 2ª.2 LRC/2011, todas las referencias que se encuentren en cualquier norma al Juez , Alcalde o funcionario que haga sus veces competentes para autorizar el matrimonio, deben entenderse referidas al Alcalde o Concejal en quien éste delegue".*

[192] Véase, en general, COSTA RODAL, L., "La nueva ley del registro civil de 21 de julio de 2011", cit.

Frente al sistema actual, la Ley 20/2011 concibe el Registro Civil como registro electrónico, en el que se practican asientos informáticos. Por otra parte, la instrucción del expediente matrimonial y la celebración del matrimonio compete a los Ayuntamientos, quienes deberán remitir de oficio la documentación preceptiva al Registro Civil, manteniéndose la comunicación de los matrimonios celebrados en forma religiosa.

Esta Ley 20/2011 deroga la Ley de Registro Civil de 1957, si bien se mantendrá subsistente mientras no se implante definitivamente el nuevo sistema. Entre otras modificaciones procesales, se deroga el art. 86 LOPJ y la Ley 38/1998, de 28 de diciembre, de Planta y Demarcación Judicial en lo referente a los Registros Civiles. Y en efecto, la LO 8/2011, de 21 de julio (BOE del 22), complementaria de la Ley del Registro Civil, modifica la LOPJ, impuesto por la desjudicialización que deriva la Ley 20/2011. Esto impone alterar la atribución de funciones judiciales que regulaban los arts. 2.2, 86 y 100 LOPJ.

De este modo, los Juzgados y Tribunales no ejercerán más funciones que el ejercicio de la potestad jurisdiccional (juzgando y haciendo ejecutar lo juzgado), y las demás que les sean atribuidas por ley en garantía de cualquier derecho, sin incluir, por tanto, las de Registro Civil (art. 2.2 LOPJ en cuanto entre en vigor en julio de 2014). En la misma línea, deroga el art. 86 LOPJ por el cual, como es sabido, se establece que *"el Registro Civil estará a cargo de los Jueces de Primera Instancia y, por delegación de éstos, de los de paz, de conformidad..."* Y se da nueva redacción al art. 100.1 LOPJ, para eliminar la referencia a las funciones de registro civil, por tanto, *"los Juzgados de Paz conocerán, en el orden civil, de la sustanciación en primera instancia, fallo y ejecución de los procesos que la ley determine y cumplirán también las demás funciones que la ley les atribuya"*. Todo ello, por supuesto, se hará efectivo en cuento entren en vigor tanto la Ley 20/2011 como la LO 8/2011, ambas publicadas en el BOE el día 22 de julio de 2011, cuando transcurra el periodo de *vacatio legis* fijado en tres años desde la fecha de publicación.

Sin perjuicio de los avatares que pueda deparar el futuro en orden a la puesta en funcionamiento de un sistema que implica un cambio profundo en el Registro Civil y en la extracción de funciones de los órganos judiciales y su trasvase a órganos estrictamente administrativos, parece claro que el Juez de Paz, está en estos momentos llamado a limitar su actividad a la función de juzgar, hacer ejecutar lo juzgado, las funciones de auxilio, cooperación y delegación, así como a las de conciliación, como veremos ampliamente más adelante.

III. LÍMITES A LA COOPERACIÓN, DELEGACIÓN Y AUXILIO JUDICIAL

Los jueces y tribunales, entre los que sin duda se incluye el Juez de Paz (no en vano se menciona en el art. 26 LOPJ), como se ha visto en páginas anteriores, cooperarán y se auxiliarán entre sí en el ejercicio de la función jurisdiccional (art 273 LOPJ), lo que incluye incluso la cooperación con autoridades judiciales extranjeras (arts. 277 y 278 LOPJ).

Precisamente gran parte de la actividad del Juzgado de Paz, llegando a constituir el grueso de su carga de trabajo[193], es consecuencia de este deber. Y ello con independencia del nivel jerárquico de los órganos jurisdiccionales[194], así como del orden jurisdiccional del que deriven, pudiendo ser civiles (actos de comunicación, pruebas, embargos, depósitos, tasaciones, lanzamientos,

[193] Los datos estadísticos son contundentes, como evidencia CGPJ, *La justicia dato a dato. Año 2009. Estadística judicial,* Madrid, 2009, pág. 69, en el año 2009, en materia penal, los juicios de faltas fueron 22.612, y los exhortos penales 944.123. En materia civil, los juicios verbales 3.821, los actos de conciliación 31.764 y los exhortos civiles 1.030.394. DEL OLMO DEL OLMO, J. A., "La problemática derivada de la situación actual de la justicia de paz", cit., pág. 93, se refiere a *"una importante labor de cooperación judicial a través del auxilio y la delegación, que hoy en día constituye el componente fundamental de su carga de trabajo"*. Y, por su parte, como indica LÓPEZ ORTEGA, F. J., "Jueces de Paz. Competencia", en Ponencia Jornada Jueces de Paz, *"no cabe duda de que la cumplimentación de los exhortos es una de las actividades que más atención requiere de los Juzgados de Paz que, constantemente, se ven requeridos para la práctica de notificaciones, citaciones, emplazamientos y requerimientos procedentes de otros juzgados y a practicar en los residentes en dichos municipios"*. Por su parte DE LA RÚA MORENO, J. L, "Relaciones del Partido Judicial con los Jueces de Paz de su circunscripción", cit., pág. 12, alude a una *"forma de actuar, con tintes abusivos en múltipes ocasiones"*.

[194] Como indica la STS, Sala 2ª, de 27 de marzo de 1998, RJ 1998\2955, *"las actuaciones de auxilio entre órganos judiciales responden a relaciones de cooperación, y no de subordinación, aunque el que pida la cooperación tenga un nivel funcional superior. Así resulta de lo dispuesto en los arts. 273 y 274 de la LOPJ y, en relación con la Jurisdicción Civil, de lo establecido en los arts. 284 y ss., en la nueva redacción dada por la Ley 34/1984, de 6 agosto, habiéndose sustituido las tres clases de despachos –suplicatorios, exhortos y cartas órdenes– que existían con anterioridad, por el único de exhortos"*.

etc.), como penales (actos de comunicación, recepción de declaraciones testificales y de imputados, inspecciones oculares, tasaciones periciales, etc.).

Lo bien cierto es que se recabará la cooperación cuando debiere practicarse una diligencia fuera de sede o la circunscripción del juzgado o tribunal que la hubiere ordenado o esta fuere de la específica competencia de otro juzgado o tribunal (arts. 274 LOPJ).

A su vez, el Acuerdo del Pleno del CGPJ, de 15 de septiembre de 2005, aprueba el Reglamento 1/2005, de los aspectos accesorios de las actuaciones judiciales. El mismo desarrolla la regulación de la cooperación jurisdiccional entre los jueces y tribunales españoles en sus arts. 64 a 73.

De esta regulación merece destacar, por referirse prácticamente a los Jueces de Paz, que podrá solicitarse, además, la cooperación para la práctica de actuaciones que hayan de llevarse a efecto dentro de la circunscripción del órgano que las hubiere dispuesto, pero en localidad distinta de su sede, siempre que hubiere causa que lo justifique y se motive suficientemente su decisión, valorando las circunstancias de complejidad, dificultad o repercusión concurrentes en la actuación a practicar, así como la aptitud y posibilidad del órgano solicitante y de aquel cuyo auxilio se pida (art. 67.1 y 2 Reglamento 1/2005).

La cooperación también tiene limitaciones pues no podrá suponer, *"en ningún caso, la atribución al órgano requerido de funciones procesales que excedan del ámbito propio de la cooperación judicial"* (art. 69 Reglamento 1/2005). Con carácter general, el art. 73 Reglamento establece que los Presidentes de los Tribunales y Audiencias y el Servicio de Inspección del CGPJ comprobarán *"que la cifra de peticiones de auxilio jurisdiccional pendientes en cada órgano no supere los límites de lo razonable, adoptando las prevenciones oportunas para corregir los excesos que detecten"*. Y, sobre todo, el art. 71.3 del mismo Reglamento previene específicamente que *"en todo caso habrá de evitarse que sobre los Juzgados de Paz recaiga por vía del auxilio jurisdiccional la práctica de actuaciones procesales que desborden las posibilidades de su organización y medios"*.

La LEC contiene una regulación sobre el auxilio judicial en los arts. 169 a 177. De la misma destaca que se contempla la misma para las actuaciones que hayan de efectuarse fuera de la circunscripción del tribunal que conozca del asunto, incluidos los actos de reconocimiento judicial, cuando el tribunal no considere posible o conveniente desplazarse fuera de su circunscripción para practicarlas, y también para actuaciones que hayan de practicarse fuera del término municipal en que tenga su sede el tribunal que las haya ordenado, pero dentro del partido judicial o circunscripción correspondiente (art. 169.3 LEC).

En los casos de interrogatorio de parte, declaración de testigos y ratificación de peritos, solamente se podrá solicitar auxilio judicial cuando resulte imposible o muy gravosa la comparecencia de los mismos en la sede del Juzgado o Tribunal que esté conociendo (art. 169.4.II LEC). Además, por lo que se refiere al Juzgado de Paz, solamente se prestará el auxilio si consistiere en un acto de comunicación (art. 170 LEC), es decir, exclusivamente cuando se trate de notificaciones, citaciones, emplazamientos y requerimientos. Circunstancias todas ellas que habrán de razonarse en la correspondiente resolución.

La regulación en la LECrim, como vimos en páginas anteriores, se presenta más escasa. Así y todo, como vimos, el art. 310 LECrim prevé la delegación la práctica de todos los actos y diligencia no reservados legalmente a la exclusividad del delegante cuando alguna causa justificada les impida practicaros por sí. Ahora bien, como matiza el mismo precepto, *"procurarán hacer uso moderado de esta facultad, y el Tribunal inmediato superior cuidará de impedir y corregir la frecuencia injustificada de estas delegaciones"*. Delegación que, asimismo, permite la formación del sumario a los "Jueces municipales" tal y como contempla el art. 303 LECrim, sin perjuicio de los límites impuestos por el art. 318 de la misma. Lo bien cierto es que la indeterminación con que se regula, como se ha afirmado[195], ocasiona en la práctica cotidiana de muchos Juzgados de Paz la realización de actuaciones que únicamente debieran ser llevadas a cabo por el Juez de Instrucción, como los actos ya vistos de declaraciones de imputados, tasaciones periciales, cumplimiento de arrestos domiciliarios, pago de multas, etc.

Asimismo, la Instrucción 4/2001, de 20 de junio del Pleno del CGPJ[196], sobre el alcance y los límites del deber de auxilio judicial dedica todo un

---

[195] DEL OLMO DEL OLMO, J. A., "La problemática derivada de la situación actual de la justicia de paz", cit., pág. 99, lo que podría, según afirma, *"menoscabar seriamente los derechos y garantías del sujeto pasivo del proceso penal"*.

[196] LÓPEZ ORTEGA, F. J., "Jueces de Paz. Competencia", cit., resalta la importancia de esta Instrucción señalando que se dicta por el CGPJ con el fin de evitar posibles abusos y extralimitaciones en esta técnica de cooperación judicial que, una vez entrada en vigor la LEC, clarificó

punto exclusivamente a resaltar el carácter restrictivo del auxilio judicial a prestar por los Juzgados de Paz. Esta Instrucción reconoce que la atención al auxilio judicial por parte de los Juzgados de Paz supone seguramente su más frecuente colaboración en la función de "administrar justicia" y se traduce en una importante ayuda para los restantes órganos jurisdiccionales "de superior jerarquía funcional". Parte de la subdivisión de Juzgados de Paz *"de poblaciones pequeñas, en las que el Juez de Paz parece encajar en el concepto cuasi-honorífico propio de nuestra tradición jurídica y que asume la Ley Orgánica del Poder Judicial"*, otros de *"localidades mayores o de tipo medio, donde el Juez de Paz tiene una relevante tarea jurisdiccional, ya que celebra con alguna frecuencia juicios de faltas, desarrolla una notable actividad en materia de Registro Civil y, sobre todo, practica numerosos actos de auxilio judicial"*. En el primer caso, tratándose de poblaciones pequeñas considera que su cooperación *"debe reducirse a solo los actos procesales de comunicación"*. En cambio, en poblaciones mayores, y especialmente encontrándonos ante una de las denominadas *"Agrupaciones de Secretarías de Juzgados de Paz"*, en tales casos *"cabe ampliar razonablemente, aunque no de modo ilimitado, dicho ámbito de actuaciones, salvo que por la peculiar naturaleza de las que se trate de practicar, requieran la mediación del Juez del proceso, como, por ejemplo y salvando el concurso de circunstancias excepcionales, ocurre con los actos de prueba"*. Todo ello con la colaboración a su vez de las oficinas judiciales para la realización de actos procesales de carácter repetitivo, concretamente en lo referente a los servicios comunes.

Los criterios generales en su conjunto suponen establecer limitaciones y restricciones al recurso de la cooperación judicial, y son principalmente las siguientes:

1.º El carácter complementario del auxilio judicial, *"en el sentido de que ha de ser precisamente el órgano judicial que resulte competente para conocer de cada proceso determinado, el que, con carácter general y salvo circunstancias especiales, practique cuantas actuaciones y diligencias exija su tramitación"* (criterio 1 Instrucción 4/2001).

---

numerosas dudas que se estaban planteando en esta materia y que habían dado lugar a resoluciones no siempre contestes de las diferentes Salas de Gobierno de los Tribunales Superiores de Justicia.

2.º Deberá evitarse para la práctica de actos de prueba, *"salvo que, excepcionalmente, las circunstancias concurrentes hagan inevitable el recurso a los sistemas de auxilio judicial, lo que habrá de acordarse por resolución motivada"*. (criterio 2.2 Instrucción 4/2001).

3.º No se recurrirá al auxilio para actos de comunicación que deban llevarse a efecto en la persona del Procurador (criterio 2.3 Instrucción 4/2001). Y, en caso contrario, solamente en *"aquellos actos de comunicación que impliquen necesariamente la entrega directa a la persona del destinatario de la copia de la resolución que se le haya de notificar, del requerimiento que el Tribunal le dirija o de la cédula de citación o de emplazamiento"* (criterio 2.5 Instrucción 4/2001).

4.º La preferencia del órgano competente para conocer cada proceso, sobre todo cuando han de tener lugar dentro de la circunscripción territorial del órgano. Por ello la posibilidad que ofrece el art. 169.3 LEC para su realización fuera del término municipal que constituya la sede de aquel pero dentro de su ámbito territorial propio, *"debe ser objeto de interpretación restrictiva y reservarse por lo común para la práctica de aquellos actos de comunicación que no se puedan efectuar directamente por el Juzgado o Tribunal de que se trate. Fuera de estos casos, la posibilidad de acudir a mecanismos de auxilio judicial en dicho ámbito espacial debe limitarse a supuestos ciertamente excepcionales que deben ser objeto de la oportuna motivación"*, y del mismo modo cuando han de realizarse fuera de la circunscripción del órgano, si bien *"con una intensidad sin duda menor"* (criterios 3.2 y 3 Instrucción 4/2001).

5.º En los casos de interrogatorio de parte, declaración de testigos y ratificación de peritos, solamente serán admisibles cuando resulte imposible o muy gravosa la comparecencia de los mismos en la sede del Juzgado o Tribunal que esté conociendo. Conforme al art. 169.4.II LEC, *"habrán de interpretarse también restrictivamente, exigiendo una resolución fundada al efecto y, en todo caso, deberá evitarse que recaigan en un Juzgado de Paz, aunque su Secretaría esté integrada en una agrupación"* (criterio 3.4 Instrucción 4/2001).

6-º Con la supervisión del Servicio de Inspección del CGPJ, el control de los actos de auxilio judicial se reserva a los Presidentes de los Tribunales y Audiencias, corrigiendo los excesos y anomalías que adviertan, resolverán las cuestiones que se les sometan relativas al alcance del auxilio judicial o su adecuación a exigencias legales y reglamentarias. Asimismo, las autoridades gubernativas bajo cuya dependencia actúe algún servicio común para la práctica de actos de comunicación o de ejecución cuidarán de organizar su funcionamiento *"de modo que puedan prestar su asistencia para la realización de las diligencias de auxilio judicial que reciban y que apoyen y colaboren en tal tipo de cometidos con los Juzgados de Paz de su ámbito territorial que lo precisen"* (criterio 5 Instrucción 4/2001).

7.º Junto a los anteriores criterios, de por sí esencialmente limitativos, se introduce otro en la misma Instrucción, destinado en exclusiva a expresar el carácter restrictivo del auxilio judicial a prestar por los Juzgados de Paz. Parte en primer lugar de que el *"el recurso al auxilio judicial que haya de prestarse por los Juzgados de Paz no deberá utilizarse con carácter general y sistemático, sino tan solo cuando concurran causas justificadas para ello (...). Corresponderá en todo caso al órgano autor de la solicitud motivar suficientemente las causas justificativas del auxilio solicitado"*. Y esto porque el Juzgado del pleito deberá practicar dentro de su circunscripción todas cuantas actuaciones exija la tramitación de los procesos (criterio 4.1 Instrucción 4/2001).

8.º Cuando se recabe auxilio del Juzgado de Paz (para actos de comunicación exclusivamente conforme al citado antes art. 170 LEC), *"habrá de realizarse de forma prudente y moderada, debiendo ponderar los Presidentes de los Tribunales y Audiencias y las restantes instancias de gobierno del Poder Judicial, cuando resuelvan las incidencias que ante ellos se planteen, la situación concreta que concurra en cada caso, la naturaleza de la diligencia solicitada y la disponibilidad de medios del Juzgado de Paz destinatario"* (criterio 4.3 Instrucción 4/2001).

9.º En los casos en que se trate de Agrupación de Secretarías de Juzgados de Paz, con personal de los Cuerpos al Servicio de la Administración de Justicia, o de órganos que se encuentren asistidos por los Servicios Comunes, *"el órgano exhortante valorará la naturaleza, dificultad y complejidad de la diligencia a practicar y la necesidad de preservar el principio de inmediación judicial, antes de encomendar a dichos órganos por vía de auxilio judicial la realización de alguna diligencia que no sea un acto de comunicación, y si decidiere acudir a tal vía adoptará una resolución fundada en que consten sucintamente las razones de su acuerdo"* (criterio 4.4 Instrucción 4/2001).

10.º Y, por último, los Presidentes de los Tribunales y Audiencias, así como los Jueces Decanos, *"cuidarán de que la práctica de los actos de comunicación y de ejecución que hayan de efectuarse por los Juzgados de Paz, cuando exceda de sus normales posibilidades, se lleve a cabo en estrecha colaboración con los servicios comunes que para la realización de tales actos se hubieran constituido en el ámbito territorial de que se trate"*. Asimismo, los servicios comunes para la práctica de los actos de comunicación y ejecución prestarán a los Juzgados de Paz que lo precisen la asistencia que sea necesaria para cumplimentar las peticiones de auxilio judicial que estos reciban (criterios 4.5 y 6 Instrucción 4/2001).

En fin, la principal finalidad de todo este conjunto de normas es limitar los eventuales excesos y abusos en la atribución de funciones de colaboración, auxilio y delegación, de muy variada índole y naturaleza, por parte de los Juzgados de Primera Instancia e Instrucción. A tal efecto, la atribución no ha de ser general, sino concreta, y además, habrá de justificarse en causas excepcionales en las que se atienda tanto a la dificultad o naturaleza de la actividad atribuida como a las condiciones técnicas y materiales del Juzgado de Paz. De este modo, la atribución podrá ser más amplia en actividades de ejecución que pueden considerarse más sencillas, como los actos de comunicación, o corresponda conocer a aquellos Juzgados de Paz servidos por personal de la Administración de Justicia. Al contrario, habrán de ser restringidas en los Juzgados de Paz no servidos por personal con la debida formación jurídica específica, y respecto de las actividades más complejas, como pueden ser la mayor parte de la actividad probatoria, requerida de inmediación judicial y con afección del derecho de defensa; o determinadas diligencias como, la de embargo, siempre con transcendencia patrimonial y hasta jurídica en cuanto que puede afectar el derecho de terceros. Así y todo, la eventual simplicidad o preparación del personal no se admitirá como excusa para que el órgano competente se desprenda de actuaciones que le corresponden, quien deberá motivar la necesidad de la cooperación, auxilio o delegación, en las condiciones excepcionales que impidan al órgano competente su realización. Esto debería impedir, por ejemplo, la delegación de la práctica de la declaración de testigos y la ratificación de peritos. Para ello habría de justificar que resulta imposible o muy gravosa la comparecencia en la sede del Juzgado o Tribunal conforme al art. 169.4.II LEC, lo que no parece sencillo tratándose de un Juzgado de Paz que estará a escasos kilómetros y además comunicado con una red de carreteras y unos medios que dificultan explicar por qué en la sede no es posible, o es muy gravosa la comparecencia. En cualquier caso, el incumplimiento de estas exigencias permitirá fundar una oposición a la realización de determinadas actuaciones por parte del Juzgado de Paz y, en su caso, eximir de la correspondiente responsabilidad que pudiera corresponder al titular del mismo. Como concreción a estos principios generales y consecuencia de lo preceptuado en el art. 72.2 Reglamento 1/2005, y a modo de ejemplo, DE LA RÚA[197], indica que la Presidencia de la Sala de Gobierno del Tribunal Superior de Justicia de la Comunidad Valenciana ha determinado algunos supuestos en los que no procede la encomienda a los Juzgados de Paz, entre otros, en los siguientes supuestos: a) para la práctica de un deslinde y amojonamiento, considerándose derogado lo preceptuado en el art. 2063 Ley 1881; b) para la recepción de una declaración al imputado en una causa penal; c) para la práctica de prueba testifical con incidencia relevante en la actividad investigadora por poder constituirse en prueba de cargo, o prueba anticipada.

[197] DE LA RÚA MORENO, J. L., "Relaciones del Partido Judicial con los Jueces de Paz de su circunscripción", cit., págs. 15-6, concluye señalando que se impone a los Jueces del Partido mostrar la conveniente sensibilidad para observar esos criterios delimitadores que fundamental la delegación y auxilio. Debiéndose desterrar esa impresión de "sepultar –a los Jueces de Paz– a papelazo limpio" exigiéndoles "órdenes difíciles de cumplir". La experiencia indica que esta consideración está pasando a la historia.

CAPÍTULO V.
DERECHOS, DEBERES Y RESPONSABILIDAD DEL JUEZ DE PAZ

El Juez de Paz, como cualquier otro Juez o Magistrado, goza de derechos y, por supuesto, está sometido a una serie de deberes y a responsabilidad.

I. DERECHOS

Entre los derechos destacan los siguientes: a una remuneración económica y reconocimiento de un régimen de Seguridad Social (arts. 402 a 404 LOPJ); honores y tratamiento adecuado (arts. 324 y 325 LOPJ); disfrute de vacaciones (art. 371 LOPJ); concesión de licencias y permisos (arts. 370 a 377 LOPJ); e inmunidad judicial (arts. 398 a 400 LOPJ).

Sin embargo, el Juez de Paz recibe una regulación específica de los mismos en los arts. 17 a 29 RJP. En algunos casos, ciertos derechos son omitidos o quedan reconocidos con una intensidad menor o, en ocasiones, reconoce expresamente otros como el de disponer de documento acreditativo de su identidad, expedido por la Sala de Gobierno respectiva, conforme al modelo aprobado por el CGPJ (art. 22 RJP). Veamos más concretamente los más relevantes.

1. Derecho a remuneración, pero sin disfrute de régimen de Seguridad Social

Los derechos se manifiestan con intensidad variable en el caso de los Jueces de Paz. Por lo pronto, en cuanto a las remuneraciones de jueces y magistrados, el art. 404 LOPJ ya está previendo un régimen diferenciado cuando dispone que "*Junto a las demás partidas correspondientes a retribuciones de jueces y magistrados, los Presupuestos Generales del Estado contendrán una consignación anual para la dotación de los jueces de paz...*" Y en desarrollo de esta norma, el art. 49 LDyPJ prevé que *"1. Los jueces de paz percibirán una retribución con arreglo a los módulos que se fijen en la Ley de presupuestos generales del Estado en función del número de habitantes de derecho de la localidad"*. Si bien, a continuación, y en coherencia con la no incompatibilidad con todo empleo o profesión, matiza que *"La percepción a que se refiere el apartado anterior de este artículo será compatible con las percepciones ordinarias obtenidas por el interesado en el ejercicio de actividades profesionales o mercantiles. En ningún caso supondrá reconocimiento de dependencia alguna con respecto al Ayuntamiento"*. Y a su vez el art. 32 del RD 122/1989, de 3 de febrero, por el que se acuerdan medidas para la efectividad de la Planta Judicial, se refiere a que *"Los Jueces de Paz designados con arreglo al nuevo sistema percibirán por períodos cuatrimestrales durante 1989 con cargo al concepto presupuestario 14.01 del Programa 142.A, «Tribunales de Justicia», las siguientes cantidades anuales, en función del número de habitantes de derecho de la localidad."*. Por su parte, según el art. 26 RJP *"de conformidad con lo dispuesto en el artículo 103.1 de la Ley Orgánica del Poder Judicial, los Jueces de Paz serán retribuidos por el sistema y la cuantía legalmente establecidos.* Y por último, en la Disposición Adicional vigésima primera del Proyecto de Ley de Presupuestos del Estado para el año 2012 (BOCG de 29 de mayo de 2012), establece lo que denomina "Módulos para la compensación económica por la actuación de Jueces de Paz y Secretarios de Juzgados de Paz". Y dispone que "*Los Jueces de Paz, nombrados con arreglo a lo dispuesto en el artículo 101 de la Ley Orgánica 6/1985, de1 de julio, del Poder Judicial percibirán, de acuerdo con el número de habitantes de derecho del municipio, las retribuciones anuales que se indican a continuación, que no varían respecto de las vigentes a 31 de diciembre de 2011"*[198].

Al margen de alguna sentencia que ha entendido que el cargo de Jueces de Paz es una función de carácter voluntario al servicio de la comunidad, no remunerada. De ese modo, las percepciones que reciben lo serán en concepto

[198] Anual de 1 a 1.999 habitantes 1.072,78; de 2.000 a 4.999 habitantes 1.609,11; de 5.000 a 6.999 habitantes 2.145,45; de 7.000 a 14.999 habitantes 3.218,15; de 15.000 o más habitantes 4.290,85.

de indemnización no computables en el Impuesto sobre la Renta[199]. Por el contrario, el Tribual Supremo, en recurso de casación en interés de ley, resuelve que *"que las percepciones que el Ministerio de Justicia atribuye a los Jueces de Paz, según la legislación vigente, sí constituyen hecho imponible, en el Impuesto sobre la Renta de las Personas Físicas, siendo rendimientos de trabajo sujetos y no exentos a tal tributo"*. Se considera, por tanto, como una especie de retribución o compensación, más o menos "por las molestias causadas"[200], pero que se halla sujeta al Impuesto. Ahora bien, no llevará aparejada alta en la Seguridad Social ni siquiera seguro médico, en tanto que no se reconoce dichos "derechos" en el RJP.

2. Honores y tratamiento adecuado al cargo de Juez de Paz

Los honores, y el tratamiento adecuado, que corresponden a los Jueces de Paz coinciden básicamente con los que merece cualquier otro Juez, aunque especialmente en el ámbito de las precedencias, en grado adecuado a su situación en la base de la pirámide judicial y a su categoría ínfima.

Lo bien cierto es que, según el art. 27 RJP, *"los Jueces de Paz tendrán derecho dentro de su circunscripción al tratamiento y precedencia que se les reconozcan en el Reglamento correspondiente"*. Remite de este modo al Reglamento 2/2005, de Honores, Tratamiento y Protocolo. Y el art. 6 Reglamento 2/2005 establece que *"los Jueces de Paz, en el ejercicio de sus funciones jurisdiccionales, tendrán el tratamiento de Señoría"*, que es exactamente el mismo tratamiento que merece cualquier otro Juez (art. 5.III Reglamento 2/2005).

Por lo que se refiere al orden de precedencia en los actos judiciales solemnes, siempre se situarán en el último lugar del orden que corresponde a las autoridades judiciales. Así, en aquellos organizados por el CGPJ, estarán ordenados en octavo lugar, por detrás de todos los miembros de la carrera judicial, sea cual sea su categoría y orden de antigüedad. Por su parte, los Jueces

---

[199] STSJ Cataluña, Sala de lo Contencioso-Administrativo, Secc. 1ª, núm. 1/2003, de 8 de enero de 2003.

[200] Como indica LÓPEZ ORTEGA, F. J., "Jueces de Paz. Competencia", cit., *"más que ante una retribución, nos encontramos ante una compensación simbólica que se abona cuatrimestralmente y que debe ser considerada como insatisfactoria sobre todo en aquellos municipios con una importante población que va a suponer un importante incremento de la carga de trabajo"*.

de Paz se ordenarán por razón de antigüedad en el cargo y, en supuestos de igualdad, por edad (art. 11 Reglamento 2/2005). En aquellos organizados por los órganos de gobierno interno del Poder Judicial, también en el mismo octavo lugar, por detrás, entre otras más altas autoridades, de los representantes de los colegios de profesionales de carácter jurídico, de fiscales y de secretarios judiciales (art. 15 Reglamento 2/2005).

Como cualquier otro titular de potestad jurisdiccional, el Juez de Paz también deberá tomar posesión mediante juramento o promesa. La diferencia en este caso se encuentra en la autoridad judicial ante el que se jura o promete. A tal efecto, previene el art. 27 bis del Reglamento 2/2005 que *"quien resulte nombrado Juez de Paz, antes de tomar posesión del cargo, prestará juramento o promesa ante el Juez de Primera Instancia e Instrucción del Partido, o Decano si hubiere varios, con la fórmula prevista en el artículo 318 de la Ley Orgánica del Poder Judicial, y tomará posesión ante quien se hallare ejerciendo la jurisdicción en el Juzgado al que fuere destinado"*.

De otro lado, en los actos protocolarios y en las actuaciones jurisdiccionales celebradas en estrados del Juzgado, al igual que fiscales, secretarios, abogados, procuradores o graduados sociales, el Juez de Paz usará toga, con los atributos propios de su rango (art. 33.III Reglamento 2/2005). En principio estos atributos son la placa y medalla de juez[201]. Sin embargo, ha de tenerse en

[201] El diseño de la medalla y placa será el que figura en la Orden Ministerial de 16 de octubre de 1939, a la que se remite en el Acuerdo del Pleno del Consejo General del Poder Judicial de 29 de mayo de 1985, con las modificaciones en él previstas, y tal y como figuran en el Anexo I del Reglamento 2/2005. La Placa de Juez consistirá en *"escudo heráldico, en plata o metal plateado, partido en el primer cuartel las armas de España, en el segundo los símbolos de la Justicia y la inscripción de la palabra JUSTICIA, entre ellos. El escudo irá timbrado de corona real de España en plata. Por divisa tiene dos columnas de plata con base y capitel del mismo metal, y en una cinta de plata la palabra PLUS de plata en la columna del lado derecho, y ULTRA, también de plata cinta y palabra en la columna del lado izquierdo, sumada de corona imperial la primera y real la segunda. El escudo irá montado sobre una cartela de esmalte de color azul fileteada de plata y todo este conjunto montado sobre 8 ráfagas de plata o metal plateado. Sobre la base de las ráfagas, ya aludida, y en su parte inferior bordeando la mitad inferior de la cartela de referencia, figura una cinta con la leyenda Juez"*. La medalla de Juez *"confeccionada en plata o metal plateado, medirá 85 mm. en su eje vertical y 35 mm. en el horizontal y a su mitad. Consta de cartela con fondo rameado y presidida por la Corona Real, de la cual sale el asa de enlace con el cordón plateado de la que ha de pender. En su anverso figura óvalo con las armas del Escudo de España y en el reverso óvalo, de igual tamaño que el anterior, con el fondo en plata o metal plateado en el que aparecerán en relieve los símbolos de la Justicia y la inscripción Justicia"*.

cuenta que solamente podrán usar condecoraciones en los actos protocolarios, y, de llevarlas en la toga, se colocarán en su lado derecho (art. 34.6 Reglamento 2/2005).

3. Disfrute de vacaciones previa petición

En este caso la referencia en el RJP es por remisión. Dispone el art. 29 del mismo RJP que *"los Jueces de Paz están sujetos al régimen de licencias y permisos previsto en los artículos 370 a 377 de la Ley Orgánica del Poder Judicial con las excepciones que se deriven de la naturaleza del cargo y de su carácter no profesional"*. Y entre dichos preceptos se halla precisamente el art. 371.1 LOPJ (y 210 Reglamento 2/2011) por el que *"Los Jueces y Magistrados tendrán derecho a disfrutar como mínimo, durante cada año natural, de unas vacaciones retribuidas de veintidós días hábiles, o de los días que correspondan proporcionalmente si el tiempo de servicio durante el año fue menor"*[202].

Aunque en el precepto anterior lo denomina como "derecho", la misma LOPJ presupone que el disfrute anual de vacaciones es un "permiso". En el art. 372 LOPJ se refiere a que *"el permiso anual de vacaciones podrá denegarse para el tiempo en que se solicite cuando por los asuntos pendientes en un juzgado o tribunal, por la acumulación de peticiones de licencias en el territorio o por otras circunstancias excepcionales, pudiera perjudicarse el regular funcionamiento de la administración de justicia"*[203].

Como regla general, el periodo vacacional debería establecerse como ordinario en el mes de agosto[204]. Solo se habría de admitir en otros meses con carácter excepcional, debiéndose denegar en la mayoría de las ocasiones y mediante

---

[202] A continuación, dispone el mismo precepto que *"a los efectos de lo previsto en el presente artículo, no se considerarán como días hábiles los sábados. Asimismo, tendrán derecho a un día hábil adicional al cumplir quince años de servicio, añadiéndose un día hábil más al cumplir los veinte, veinticinco y treinta años de servicio, respectivamente, hasta un total de veintiséis días hábiles por año natural"*.

[203] En la misma línea, el art. 209 Reglamento 2/2011 dispone que *"los jueces y magistrados tienen derecho al disfrute de un permiso anual de vacaciones y de los permisos y licencias, en las condiciones establecidas en la Ley Orgánica del Poder Judicial y en el presente Reglamento"*.

[204] Ello sin perjuicio de que el art. 210.5 Reglamento 2/2011 se muestra relativamente permisivo cuando permite que "los titulares de los órganos unipersonales disfrutarán del permiso de vacaciones durante el período comprendido entre el uno de junio y el treinta de septiembre de cada

resolución motivada si se solicitare para otro mes, con base en lo previsto en los art. 372 LOPJ y 212 Reglamento 2/2011, y habida cuenta de que el mes de agosto es inhábil conforme al art. 183 LOPJ. Y el mismo criterio, atendiendo a las necesidades del servicio, debería considerarse para el Secretario Judicial, especialmente con el objeto de que coincidiera al máximo con las vacaciones del Juez de Paz. En cualquier caso, una vez aprobado el plan de vacaciones por la Sala de Gobierno, como previene el art. 210 Reglamento 2/2011, *"no será necesaria petición expresa de permiso por parte de los jueces... que hayan de disfrutar de vacación en el periodo ordinario"*.

Asimismo, el Juez de Paz habrá de ser sustituido en los casos de enfermedad o *"ausencia por causa legal"*. Y entre las situaciones típicas de ausencia por causa legal destaca el disfrute de vacaciones. De no haber Juez de Paz suplente (y, debería añadirse "*o por no haber titular, el suplente disfrute de las vacaciones que le correspondan*"), *"la Sala de Gobierno prorrogará la jurisdicción al titular de otra localidad, que desempeñará ambos cargos"* (art. 25.2 RJP). Por supuesto, sin perjuicio del disfrute de vacaciones de éste.

4. Concesión de licencias y permisos

Junto al derecho o "permiso" de vacaciones, los arts. 370 a 377 LOPJ, desarrollados por el Reglamento 2/2011, regulan la posible concesión de una serie de permisos y licencias. Todos ellos podrán gozarse también por los Jueces de Paz puesto que el art. 25 RJP prevé que sean sustituidos, o mediante prórroga de la jurisdicción al titular de otra localidad que desempeñará ambos cargos, *"en los casos de enfermedad o ausencia por causa legal"*; y el art. 29 RJP remite sin duda a la citada LOPJ aunque sea *"con las excepciones que se deriven de la naturaleza del cargo y de su carácter no profesional"*.

Concretamente, las posibles causas de permisos y licencias son las siguientes:

a) Por razón de matrimonio. El permiso será de quince días de duración, a disfrutar en días anteriores o posteriores al matrimonio (art. 373.1

año, salvo expresa autorización para su disfrute en periodo distinto o cuando se hallara enfermo durante el período ordinario para el disfrute de vacaciones.

LOPJ y 217 Reglamento 2/2011). Permiso de concesión obligatoria, si bien deberá justificarse la celebración del matrimonio.

b) Por parto, nacimiento, acogimiento o adopción. En caso de parto (a favor solamente de juezas y magistradas), adopción y acogimiento preadoptivo como permanente (arts. 373.2 LOPJ[205], 218 a 220 Reglamento 2/2011). A su vez, por el nacimiento, acogimiento o adopción de un hijo, el juez tendrá derecho a disfrutar de un permiso de paternidad de quince días, a partir de la fecha del nacimiento, de la decisión administrativa o judicial de acogimiento o de la resolución judicial por la que se constituya la adopción (arts. 373.6 LOPJ, 222 y 223 Reglamento 2/2011).

c) Por estudios. Para su realización, siempre que estén relacionados con la función judicial, y previo informe favorable del Presidente del Tribunal correspondiente, que tendrá en cuenta las necesidades del servicio (art. 373.3 LOPJ[206], 231 a 235 Reglamento 2/2011).

d) Por necesidades diversas. Será por tres días, sin que puedan exceder de seis en el año natural ni de uno al mes (arts. 373.4 LOPJ y 213 Reglamento 2/2011)[207], ni afecten al régimen retributivo de quien corresponda (art. 215.2 Reglamento 2/2011). En esta categoría ha de entenderse el permiso extraordinario por el tiempo indispensable para cumplir un deber inexcusable de carácter público, previa solicitud a la Comisión Permanente del CGPJ (art. 216 Reglamento 2/2011).

e) Por asuntos propios. Conforme al art. 236 Reglamento 2/2011, sin derecho a retribución, con una duración acumulada que no podrá ex-

[205] En el art. 373.2.II LOPJ se prevé que *"en los supuestos de adopción internacional, cuando sea necesario el desplazamiento previo de los padres al país de origen del adoptado, el permiso previsto en este artículo podrá iniciarse hasta cuatro semanas antes de la resolución por la que se constituya la adopción"*.

[206] Conforme al art. 373.3.II LOPJ *"finalizada la licencia, se elevará al Consejo General del Poder Judicial memoria de los trabajos realizados, y si su contenido no fuera bastante para justificarla, se compensará la licencia con el tiempo que se determine de las vacaciones del interesado"*.

[207] En virtud del art. 373.4.II LOPJ, *"para su concesión, el peticionario deberá justificar la necesidad a los superiores respectivos, de quienes habrán de obtener autorización, quienes podrán denegarlos cuando coincidan con señalamientos, vistas o deliberaciones salvo que se justifique que la petición obedece a una causa imprevista o de urgencia"*.

ceder de tres meses cada dos años. No obstante, podrá ser retribuida, con un máximo de quince días anuales, susceptibles de ser distribuidos en periodos no inferiores a cinco días hábiles cuando lo autorice el CGPJ por quedar debidamente acreditado que las condiciones de especial dificultad en que se ejerce jurisdicción puedan llegar a afectar gravemente a la situación personal del juez o magistrado; bien si está basada en circunstancias personales o familiares debida y objetivamente acreditadas que afecten gravemente a su situación personal.

f) Licencias extraordinarias. Conforme a los arts. 237 a 240 Reglamento 2/2011, para la realización de determinados cursos o para el ejercicio de actividades asociativas. En este último caso, conforme previenen los arts. 27 y 28 del Reglamento 1/2011 de asociaciones judiciales profesionales, aprobado por Acuerdo de 28 de febrero de 2011, del Pleno del CGPJ,

g) Por fallecimiento, accidente o enfermedad graves de cónyuge, análogo y determinados parientes (art. 373.5 LOPJ[208], 227 a 230 Reglamento 2/2011). En caso de enfermedad que impida acudir al despacho, el régimen varía en función de los días de duración de la misma. Hasta cinco días, bastará con que se comunique "al presidente del que inmediatamente dependa". Si su duración se dilata en el tiempo, será necesario solicitar la licencia acreditando la misma y la previsión sobre el tiempo necesario para su restablecimiento (art. 374 LOPJ). Una vez transcurrido el sexto mes de duración, las licencias *"solo darán derecho al percibo de las retribuciones básicas y por razón de familia, sin perjuicio de su complemento, en lo que corresponda, con arreglo al régimen de seguridad social aplicable"* (art. 375.1 LOPJ)[209]. Todo ello sin perjuicio de

---

[208] Se distingue si es de cónyuge o persona a la que estuviese unido por análoga relación de afectividad o de un familiar dentro del primer grado de consanguinidad o afinidad, que será de tres días hábiles, si bien podrá ser de hasta cinco cuando a tal efecto sea preciso un desplazamiento a otra localidad; o, de otro lado, se reducirán a dos y cuatro días hábiles, respectivamente, cuando el fallecimiento y las otras circunstancias señaladas afecten a familiares en segundo grado de afinidad o consanguinidad.

[209] Igualmente se prevé en el mismo art- 375 LOPJ que *"2. Las licencias para realizar estudios en general darán derecho a percibir las retribuciones básicas y por razón de familia. 3. Las licencias por enfermedad, hasta el sexto mes inclusive, y las demás licencias y permisos no afectarán al régimen retributivo de quien los disfrute o los haya obtenido".*

que, con carácter general, por circunstancias excepcionales el disfrute de estas licencias o permisos pueda suspenderse o revocarse, con la consiguiente orden de incorporación al juzgado (art. 376 LOPJ).

h) Para la conciliación de la vida personal, familiar y labora, y por razón de violencia de género, en este caso se regula en los arts. 373.7 LOPJ, 223 a 226 Reglamento 2/2011.

De otro lado, conforme a la remisión del art. 377 LOPJ, el Reglamento 2/2011 de la Carrera Judicial, aprobado por Acuerdo de 28 de abril de 2011 del Pleno del CGPJ, realiza el desarrollo reglamentario de todo este régimen. Por exceder de los límites de este trabajo, me he limitado a reseñar los preceptos del citado Reglamento.

Únicamente merece añadirse que los permisos y licencias comenzarán a disfrutarse en las fechas fijadas en los escritos de solicitud o, en su defecto, dentro de los seis días hábiles siguientes al de la notificación de su concesión, considerándose caducadas en otro caso; deberán comunicar el inicio al órgano gubernativo del que dependen así como al juez que deba sustituirle (arts. 241 y 242 Reglamento 2/2011). Igualmente, podrán suspenderse o revocarse las licencias, mediante resolución fundada y recurrible administrativamente, cuando circunstancias excepcionales lo impongan y siempre que su naturaleza lo permita (art. 243 Reglamento 2/2011).

5. Inmunidad judicial

Ninguna referencia expresa puede encontrarse sobre la inmunidad judicial en el RJP. Sin embargo, el art. 1 del mismo deja claro que los Jueces de Paz ejercen funciones jurisdiccionales, aunque sea sin pertenecer a la Carrera Judicial, con sujeción al régimen establecido en la LOPJ. Y ésta, a su vez, regula en los arts. 398 a 400 la denominada "inmunidad judicial".

El Juez de Paz en servicio activo, por tanto, solo podrá ser detenido por orden de juez competente o en caso de flagrante delito. Serán tomadas las medidas de aseguramiento indispensables y el detenido entregado inmediatamente al Juez de Instrucción más próximo (art. 398.1 LOPJ).

Igualmente, las autoridades civiles y militares se abstendrán de intimar a los jueces y magistrados y de citarlos para que comparezcan a su presencia (art. 399.1 LOPJ)[210]. Otra cosa es que la instrucción de una causa penal requiera su declaración y esta pudiera prestarse legalmente, en cuyo caso no podrá excusarse de declarar (art. 400 LOPJ).

6. Otros derechos y atribuciones: la posibilidad de formular cuestión de inconstitucionalidad

Salvo en aquello que derive de la naturaleza del cargo, su temporalidad y carácter no profesional, puede afirmarse que al Juez de Paz en general corresponden los mismos derechos y atribuciones que a cualquier otro Juez. Esto incluye la posibilidad de plantear cuestión de inconstitucionalidad (art. 26 LOPJ en relación con los arts. 29 y 35 LOTC). Así lo ha reconocido expresamente el Tribunal Constitucional en el ATC 54/2006, de 15 de febrero[211], aunque negándola en relación con las funciones de Registro Civil que todavía le puedan corresponder, puesto que en tal caso no ejercen jurisdicción ni su

---

[210] Ahora bien, "cuando una autoridad civil o militar precise de datos o declaraciones que pueda facilitar un juez o magistrado, y que no se refieran a su cargo o función, se solicitarán por escrito o se recibirán en el despacho oficial de aquel, previo aviso" (art. 399.1.II LOPJ).

[211] Argumenta en su fundamento jurídico tercero que *"pese a que los Jueces de Paz ostentan competencia para plantear cuestiones de inconstitucionalidad (ATC 235/1997, de 24 de junio), dado que los Juzgados de Paz son órganos judiciales (art. 26 LOPJ) que constituyen el primer escalón en la estructura judicial del Estado (STC 62/1990, de 30 de marzo, F. 6) y que están dotados de aquellas competencias que en los órdenes jurisdiccionales civil y penal determinen las Leyes (art. 100 LOPJ), al mismo tiempo que «cumplirán también funciones de Registro Civil y las demás que la Ley les atribuya» (art. 100.1 LOPJ), debemos considerar, sin embargo, que esta regla quiebra cuando actúan en el cumplimiento de las funciones que legalmente se les encomiendan en el ámbito de los Registros Civiles Municipales, por delegación del Juez de Primera Instancia Encargado del Registro Civil respectivo (arts. 86.1 LOPJ, 10.1º LRC y 46.1 RRC).(...) no ejercen jurisdicción ni, por consiguiente, su actuación puede ser calificada como jurisdiccional, cualidad que, en consecuencia, tampoco revisten las decisiones o resoluciones que puedan dictar en el ejercicio de tales funciones, aun estando dictadas por quien es, además, titular de un órgano judicial. (...) Los Jueces a los que, además del ejercicio de la correspondiente función jurisdiccional, se les encomienda la llevanza del Registro Civil, en esta función no actúan –se afirma en la Sentencia– como órganos jurisdiccionales, sino como registradores o encargados del Registro»".*

actuación puede considerarse como jurisdiccional aunque estén dictadas por quien, además, ejerza función jurisdiccional (AAT 505/2005 y 508/2005)[212]

II. DEBERES

Destaca principalmente el correcto desempeño de la función jurisdiccional, lo que supone la aplicación del derecho objetivo lo más acertada posible y el cumplimiento con el horario y jornada adecuado a su servicio (art. 189 LOPJ), así como también el debido respeto al personal auxiliar y colaborador y al llamado justiciable.

Asimismo, el RJP atribuye expresa y específicamente al Juez de Paz una serie de deberes. Pero esto no excluye que le corresponda todo el régimen general de derechos y deberes de los jueces y magistrados en general y que configura su estatuto, con las adaptaciones en atención al carácter no profesional y temporal de su mandato. Lo bien cierto es que el RJP se refiere expresamente a los siguientes:

a) Tomar posesión en los veinte días naturales siguientes a la fecha de publicación de su nombramiento en el BOP, previo juramento o promesa, salvo que lo hubieren prestado ya como Juez de Paz, ante el Juez de Primera Instancia e Instrucción del Partido, o, en su caso, el Decano, sin perjuicio de posibilidad de que la Sala de Gobierno correspondiente pueda prorrogar si media justa causa (art. 20.1 y 2 RJP). Todo ello como *conditio sine qua non* para que no se entienda que renuncia al cargo (art. 21 RJP).

b) Residir en la población donde tenga su sede el Juzgado de Paz (art. 17.1 RJP)[213], si bien cabe la posibilidad de que la Sala de Gobierno del

[212] No obstante los votos particulares de los magistrados D. Javier Delgado Barrio, D. Jorge Rodríguez-Zapata Pérez. D. Roberto García-Calvo y Montiel y D. Ramón Rodríguez Arribas.

[213] Se trata de un rasgo común en los ordenamientos jurídicos en los que se implanta la figura del Juez de Paz, incluso en algunos casos, como ocurre en el Perú debe hablar el idioma o el dialecto utilizado en la comunidad en la que debe prestar sus servicios. Según el art. 183.5 del Texto Único ordenado de la LOPJ del Perú *"para ser nombrado Juez de Paz se requiere (...) conocer además del castellano, el idioma quechua o aymara o cualquier otro dialecto si en el lugar donde va a actuar, predomina uno de ellos"*. Repárese que en el Perú existen unos once millones de campesinos, mayoritariamente indígenas, entre andinos y amazónicos, con cincuenta lenguas en

TSJ del que dependa autorice la residencia en lugar distinto por causas justificadas y siempre que sea compatible con el exacto cumplimiento de los deberes propios del cargo (art. 17.2 RJP).

c) Fijar las horas de audiencia mediante acuerdo al que se le dé la debida publicidad (art. 18 RJP).

d) Cesar cuando corresponda. Como vimos, tienen derecho a inamovilidad temporal mientras dura el mandato (art. 19 RJP). El periodo de cuatro años que durará su mandato se computará desde la fecha de publicación de su nombramiento en el BOP, al margen de la toma de posesión efectiva (art. 20.3 RJP). Y trascurridos estos cuatro años deberán cesar en su cargo, sin perjuicio de eventuales prórrogas hasta la toma de posesión del nuevo Juez de Paz (art. 28.1.a RJP y 101.1 LOPJ).

   El cese será acordado por la Sala de Gobierno del TSJ correspondiente y comunicado al CGPJ cuando finalice su mandato, así como también cuando se deba a renuncia, causa de incapacidad o incompatiblidad. Sin embargo, será acordado por el Pleno del CGPJ en caso de sanción disciplinaria, pérdida de nacionalidad española o condena a pena privativa de libertad por razón de delito doloso (art. 28 RJP).

e) Someterse a las prohibiciones propias de su cargo. El art. 23 RJP reitera, con redacción más resumida, el contenido del art. 395 LOPJ, por el que se establecen determinadas prohibiciones como la de pertenecer a partidos políticos o sindicatos, o tener empleo al servicio de los mismos, así como dirigir a poderes, autoridades y funcionarios o corporaciones oficiales felicitaciones o censuras por su actos; concurrir en calidad de miembros del Poder Judicial, a cualquier acto o reunión pública que no tengan carácter judicial (salvo que tengan por objeto cumplimentar al Rey o para las que hubieran sido convocados o autorizados por el CGPI); o tomar en las elecciones más parte que la de emitir su voto personal.

f) Guardar secreto. Igualmente el art. 24 RJP reitera el contenido del art. 396 LOPJ, imponiéndoles el deber de no revelar hechos o noticias

la región andina más sus respetivos dialectos, y cuarenta y dos lenguas en la cuenca amazónica, pertenecientes a doce familias lingüísticas.

referentes a personas físicas o jurídicas de los que hayan tenido conocimiento en el ejercicio de sus funciones.

III. RESPONSABILIDAD

El art. 117.1 CE establece las características básicas de los órganos jurisdiccionales cuando afirma que *"la justicia emana del pueblo y se administra en nombre del Rey por Jueces y Magistrados integrantes del poder judicial, independientes, inamovibles, responsables y sometidos únicamente al imperio de la Ley"*.

De estos requisitos, como advierte Ortells Ramos[214], los prioritarios son el de la sumisión exclusiva de los jueces y magistrados a la ley y el de su independencia. Los demás requisitos, como el de la responsabilidad, están en función de estos dos fundamentales. De hecho, la responsabilidad de los jueces y magistrados tiene como presupuesto la exclusiva sumisión del juez a la ley y su independencia. La independencia es postulada para que pueda ejercer su potestad con sumisión exclusiva a la ley. Y si se desvía de esa sumisión, contrae responsabilidad, *"precisamente porque su posición de independencia impide que pueda derivarla hacia otra persona"*. Por eso se ha afirmado que la responsabilidad es "la otra cara de la moneda" de la independencia[215].

La responsabilidad de todos los Jueces y Magistrados, que puede ser disciplinaria, civil y penal, se regula en los arts. 16 y arts. 405 a 417 LOPJ[216]. Preceptos a los que a su vez remiten los arts. 30 a 32 RJP, *"en lo que les sea aplicable"*, a los Jueces de Paz.

1. Civil

Procederá por los daños y perjuicios que causaren cuando, en el desempeño de su cargo, actúen con dolo o culpa (art. 411 LOPJ y 31 RJP). Podrá preten-

---

[214] ORTELLS RAMOS, M., *Introducción al Derecho Procesal*, cit., págs. 61-2.

[215] Por todos, LARA LÓPEZ, A., "Personal al servicio de los juzgados y tribunales", en *Conceptos básicos del Derecho Procesal Civil*, Tecnos, Madrid, 2008, pág. 97.

[216] Véase, entre otros, MONTERO AROCA, J., *Independencia y responsabilidad del juez*, Cuadernos Civitas, Madrid, 1990, págs. 182-222. JUAN SÁNCHEZ, R., "Los Jueces y Magistrados", en *Introducción al Derecho Procesal*, (con otros), Thomson-Reuters Aranzadi, Cizur Menor, 2011, pág. 186.

derse el cobro de la correspondiente indemnización a través del proceso civil, si bien ha de ser firme la resolución que ponga fin al proceso en que se haya producido el perjuicio (art. 413 LOPJ).

En el caso de los Jueces de Paz, no concurre ninguna de las causas de competencia objetiva que las normas procesales atribuyen a determinados titulares de la potestad jurisdiccional (arts. 56.2 y 73.2 LOPJ). Por tanto, competente para conocer será el que deriva de las reglas generales de competencia civil, esto es, el Juzgado de Primera Instancia del domicilio del Juez de Paz responsable que tenga en el momento de presentación de la demanda, con independencia del lugar en que se hubieran cometido los hechos que eventualmente hayan generado la responsabilidad (arts. 85.1 LOPJ, 45 y 50 LEC).

2. Penal

Deriva de los delitos y las faltas que cometa el Juez de Paz en el ejercicio de las funciones de su cargo judicial (art. 405 LOPJ y 30 RJP). Como toda responsabilidad penal, solamente puede ser exigida por los poderes del Estado, concretamente por órganos dotados de jurisdicción y competencia y además precisamente a través del proceso penal.

La competencia objetiva puede atribuirse en función de diversos criterios, principalmente atendido el tipo y, sobre todo, la gravedad del delito cometido. La regla general será que conozca inicialmente el Juzgado de Instrucción de la circunscripción del Juzgado de Paz. Es así como consecuencia del *forum comisii delicti* por el que se atribuye en principio competencia al órgano del lugar de comisión (art. 15 LECrim), para resolver las causas por delito cuyo conocimiento corresponde a la Audiencia Provincial, Juzgado de lo Penal y Jurado (arts. 87 a LOPJ y 14.2 LECrim). El Juzgado de lo Penal de la provincia en que se halle el Juzgado de Paz, para conocer los procesos penales abreviados que no corresponda conocer a otros órganos (arts. 89 bis 2 LOPJ y 14.3 LECrim), esto es, de los delitos castigados hasta cinco años de prisión o multa que no exceda de diez años de duración, y de las faltas relacionadas con los citados delitos. Y la Audiencia Provincial para conocer del proceso penal ordinario por delitos más graves (castigados con pena superior a nueve años de prisión) y para conocer el procedimiento abreviado que no se atribuya al Juzgado de lo Penal (delitos castigados entre cinco y nueve años de prisión).

Los Jueces de Paz en el ejercicio de sus cargos pueden cometer hechos que pueden ser calificados penalmente. Entre los supuestos más representativos puede citarse el delito de prevaricación de los arts. 446 y 447 CP[217], y, sobre todo, el de negativa a juzgar o el retardo malicioso en la Administración de Justicia de los arts. 448 y 449 CP respectivamente.

No son habituales pronunciamientos jurisprudenciales dictados con ocasión de la atribución de hechos delictivos imputados a Jueces de Paz en ejercicio de sus cargos. Así y todo podemos encontrar algunas resoluciones de Tribunales Superiores de Justicia y del Tribunal Supremo sobre estas cuestiones. Veamos algunos ejemplos:

Se estima que no comete el delito de falsificación de certificado del art. 398 CP (castigado con la pena de suspensión de seis meses a dos años) el Juez de Paz que da fe de vida asomándose a la ventana y viendo que hay un señor cuando los hijos afirman que su padre está enfermo y no puede entrar, por ser una mera imprudencia, y el citado delito solamente puede ser doloso[218].

Tampoco hay delito de estafa del art. 528 CP 1973 por el hecho de que el Juez de Paz haya cobrado alguna suma de dinero a varias parejas que contrajeron matrimonio civil, cuando en el caso enjuiciado no engañó al decir a dichas parejas que cobraba por servicios extras como música, canciones, poesías y similares, cuando estos se concertaban y efectivamente se prestaban[219].

Se estima que el Juez de Paz no es responsable por delito de prevaricación por retardo malicioso en la administración de justicia del art. 449 CP (penado

[217] Reconoce CARRETERO PÉREZ, A., "Notas sobre la prevaricación judicial dolosa", en *Diario La Ley,* núm. 5541, 10 de mayo de 2002, que los jueces de paz podrán ser sujetos activos del delito de prevaricación previsto en el art. 446 CP. En el mismo sentido, GARRIDO CARRILLO, F. J., *El estatus de jueces y magistrados,* cit., pág. 27 podrán ser sujetos activos, los Jueces de Paz, sin embargo, advierte que no se cometerá el delito del art. 466 sino el del art. 404, cuando la resolución injusta atribuible a un Juez o Magistrado recaiga en un asunto gubernativo.

[218] ATSJ Andalucía, núm. 26/1999, 17 de mayo (ARP 1999\2424).

[219] Afirma la STS, Sala 2ª, núm. 231/1997, 21 de febrero de 1997 (RJ 1997\1567) que "*no hubo engaño, faltó el elemento esencial de la estafa y, por consiguiente, tal y como se denuncia en este motivo 3.º el art. 528 fue indebidamente aplicado al caso otra cosa es que el Juez estuviera o no facultado para cobrar como lo hizo, pero esto nada tiene que ver con el concepto de estafa*".

con inhabilitación especial para empleo o cargo público por tiempo de seis meses a cuatro años), consecuencia de haber dilatado la tramitación de una demanda de conciliación contra una comunidad de propietarios de la que formaba parte el mismo Juez, cuando este retraso es motivado por falta de organización del juzgado y por el cambio de hasta tres ocasiones de secretario judicial, no apreciándose por ello voluntad maliciosa. Todo ello sin perjuicio de la responsabilidad disciplinaria en que pudiera haber incurrido[220].

Distinta es la decisión en otros asuntos, como al estimar que concurre responsabilidad penal en el Juez de Paz por retardo malicioso en la administración de justicia del art. 357 CP 1973 (que se penaba en dicho código con suspensión), por el hecho de no abstenerse en un asunto propio, ordenando retener el exhorto para ganar tiempo y paralizando voluntariamente la tramitación de una reclamación en su contra durante un año, con perjuicio de los intereses legítimos de la entidad acreedora. Sin que sea admisible alegar ignorancia o falta de malicia por cuanto el Secretario Judicial le recordó ocasiones que debería darse curso al citado exhorto[221].

Lo anterior no significa que siempre que no se dé curso o se incumpla un exhorto se cometa un hecho tipificado como delito. De serlo, se trataría de denegación dolosa de auxilio del art. 412 CP, en ningún caso de delito de desobediencia. Además, requiere que sea doloso, de modo que no lo sería si se denegare por incompetencia atendida la complejidad de las actuaciones y

---

[220] Según la STSJ Cataluña, Sala de lo Civil y Penal, de 28 de abril de 2011, RJ 2011\214953, *"no es aceptable bajo ningún punto de vista que una simple demanda de conciliación, carente de otro trámite que la citación a las partes, pueda ser dilatada durante más de un año, sin que, por otra parte, el órgano judicial tuviera una carga de trabajo que lo pudiera explicar. No obstante, lo constatado en juicio oral, pese a dejar patente que hay retardo irrazonable, pone de relieve que el Juzgado de Paz carecía de organización, teniendo como circunstancia añadida una sucesión de Secretarios, sin que haya la mínima constancia de que el saliente diera cuenta al entrante de los expedientes pendientes. Por último, antes de entrar en valoraciones sobre la concurrencia de elementos subjetivos, nada se ha acreditado que permita afirmar que la oficina judicial fuese controlada por el Juez de Paz. Es más, el hecho de no encontrar la demanda y hallarla en una caja, entre papeles de la secretaria saliente, sugiere que la deficiencia no era atribuible al Juez de Paz (...) Sin perjuicio de las responsabilidades disciplinarias que pudieran corresponder, pues el Tribunal no desconoce que la secretaria Doña. Esther si le dio cuenta verbal de la existencia de la demanda, el dato objetivo del retardo carece de relevancia penal si no va asociado a la voluntad de ocasionar un resultado ilegítimo".*

[221] STS, Sala 2ª, de 15 de marzo de 1991, RJ 1991\2150.

si consta al Juez de Paz que la actuación es injusta en cuanto se acredita que este conocía que los bienes embargados y que debía entregar al depositario eran propiedad de terceros[222].

También se estima que concurre responsabilidad penal por delito de prevaricación, usurpación de funciones y falsedad en el Juez de Paz sustituto desde el fallecimiento del titular[223], básicamente por celebrar matrimonio sin permitirlo el estado del expediente, con asunción por abogado de las funciones de Secretario Judicial cuando el mismo se negó a participar en la celebración[224].

3. Disciplinaria

Derivará de los incumplimientos de los deberes dimanantes de su cargo, o también por la no observancia del régimen de incompatibilidades y prohibiciones que legalmente les corresponden. Estas faltas se tipifican con relativo desarrollo como leves en el art. 419 LOPJ; graves los supuestos previstos en el art. 418 LOPJ); o, en el peor de los casos, muy graves en los correspondientes del art. 417 LOPJ).

---

222 Afirma la STS, Sala 2ª, de 27 de marzo de 1998, RJ 1998\2955, que *"el delito de denegación de auxilio exige en el plano objetivo una actuación omisiva, de clara y pertinaz resistencia al incumplimiento de las diligencias solicitadas, y en el plano subjetivo, una actitud dolosa directa integrada por el consciente y malicioso propósito de no prestar la cooperación jurisdiccional requerida. La ausencia de dolo directo determina que no quepa apreciar el delito de denegación de auxilios en supuestos en que la inejecución procede de error, olvido o nula inteligencia, y no responde a una falta de intencionalidad (...) Tal ausencia de dolo de no cooperación jurisdiccional es la que se aprecia en la actuación del Juez de Paz (...) cuando decide no practicar la diligencia pedida de entrega de ciertos bienes embargados al depositario, en atención a la lesión que ello comportaría a los derechos de las personas que el Juez de Paz le constaba eran propietarias de tales bienes, y que no eran los deudores y demandados en el proceso ejecutivo que determinó el embargo"*.

223 Además de las costas correspondientes, condena al Juez de Paz, por el delito de prevaricación, a las penas de multa de doce meses con cuota diaria de quinientas pesetas, y responsabilidad penal subsidiaria de un día de privación de libertad por cada dos cuotas diarias no satisfechas, e inhabilitación especial para empleo o cargo público por tiempo de diez años, que se concreta para el acusado Juez de Paz en la privación definitiva del cargo de Juez de Paz que ostenta e incapacidad para volver a ser designado para el mismo por ese tiempo de diez años. Y por el delito de usurpación de funciones se condena a la pena de seis meses y un día de prisión menor y accesoria de suspensión de todo cargo público, profesión u oficio y derecho de sufragio durante el período al que se contrae la pena privativa de libertad.

224 STS, Sala 2ª, de 24 de junio de 1998, RJ 1998\5694.

Se sancionarán con diversa graduación en atención a la gravedad de la falta. Así, según señala el art. 420.2 LOPJ, *"las faltas leves sólo podrán sancionarse con advertencia o multa de hasta cincuenta mil pesetas o con ambas; las graves con multa de cincuenta mil una a quinientas mil pesetas*[225]*, y las muy graves con suspensión, traslado forzoso o separación"*[226].

Según el tenor literal del anterior precepto, si "solo podrán sancionarse" las graves con multa hasta quinientas mil pesetas y no se dice nada respecto de las muy graves, de modo que "solo podrá sancionarse" con suspensión, traslado forzoso o separación, parece que no cabrá imposición de multa por importe superior a quinientas mil pesetas (o, en su equivalente actual, tres mil euros). Sin embargo, el punto primero del mismo precepto contempla que las sanciones que se pueden imponer a los Jueces y Magistrados por faltas cometidas en el ejercicio de sus cargos son, entre otras como la advertencia, el traslado forzoso al menos en cien kilómetros de la sede en que estuviera destinado, suspensión de hasta tres años o separación, la multa de hasta seis mil euros. Cantidad esta última que contrasta significativamente con la limitación que, al menos desde una interpretación literal, deriva del citado art. 420.2 LOPJ.

---

[225] La STS, Sala 3ª Secc. 7, de 22 de febrero de 2008, RJ 2008\1951, se pronuncia sobre la sanción de multa de 300,51 euros por falta grave del art. 418.3 LOPJ (actualmente art. 418.14) al Juez de Paz sustituto, por no solicitar la declaración de compatibilidad específica al CGPJ siendo socio de empresa que presta servicios funerarios (art. 418.14 LOPJ), y firmó varias licencias de enterramiento en el Registro Civil. Señala sobre el particular que *"siendo posible la existencia de una situación de incompatibilidad material, aun cuando la profesión en principio pudiera ser compatible para otros servicios, era preciso que el recurrente, solicitara previamente la correspondiente compatibilidad, al objeto de que el Consejo General del Poder Judicial pudiera en su caso, dilucidar la existencia o no de aquélla. En consecuencia, si existe la prohibición de incurrir en el ejercicio de la profesión en actividades materialmente incompatibles con la independencia judicial, es evidente que, aun cuando el cargo sea compatible con el ejercicio de actividades profesionales, cuando estas pueden ser materialmente incompatibles, no solo su ejercicio es sancionable como infracción muy grave a tenor de lo dispuesto en el artículo 417.6 de la Ley Orgánica del Poder Judicial, sino que la falta de solicitud de la compatibilidad, constituye también una infracción de las previstas en el artículo 418 (actualmente apartado 14) de la Ley Orgánica del Poder Judicial"*.

[226] GARRIDO CARRILLO, F. J., *El estatus de jueces y magistrados,* cit., pág. 149, alude al acuerdo núm. 21 de 26 de junio de 2002, que determina la incoación de expediente disciplinario por afiliación a partido político con remisión para cese. De otro lado, la STS, Sala 3ª Secc. 8, de 12 de mayo de 2009 (RJ 2009\5302), considera como falta muy grave del art. 417.9 LOPJ, con sanción de separación, el hecho de no celebrar juicios de faltas, sin que sea excusa para ello el que la Jueza de Paz no sea licenciada en derecho y afirme que no se le informó ni se le dio información de que debía celebrar dichos juicios.

Tratándose de una norma sancionadora y, por tanto, restrictiva de derechos, parece que la más que aparente contradicción habría de interpretarse en el sentido más favorable al sancionado. De ese modo, no parece procedente la imposición de multa que supere los tres mil euros[227].

De otro lado, las sanciones impuestas por faltas muy graves prescribirán a los dos años; las impuestas por faltas graves al año, y por faltas leves en el plazo previsto en el CP para la prescripción de las faltas, esto es, conforme al art. 131.2 del citado CP, a los seis meses. Este plazo de prescripción comenzará a computarse desde el día siguiente a aquel en que adquiera firmeza la resolución por la que se impusiera la correspondiente sanción (art. 420.3 LOPJ).

En este caso, la responsabilidad será exigible observando la debida adecuación o proporcionalidad entre la gravedad del hecho constitutivo de la infracción y la sanción aplicada, mediante el procedimiento correspondiente y por los órganos de gobierno autónomo de los juzgados y tribunales tal y como determina el art. 421 LOPJ. Concretamente serán competentes para la imposición de las sanciones siguientes: 1.º De advertencia, el Presidente del órgano correspondiente. En el caso del Juez de Paz, el del Tribunal Superior de Justicia correspondiente. 2.º De Multa o advertencia y multa correspondiente a faltas leves, la Sala de Gobierno correspondiente, esto es, en este caso, del Tribunal Superior de Justicia del que dependa. 3.º Las sanciones correspondientes a faltas graves (recordemos que conforme al art. 420.2 LOPJ será de multa de cincuenta mil una a quinientas mil pesetas), la Comisión Disciplinaria del CGPJ.4.º Las sanciones correspondientes a faltas muy graves (según el mismo art. 420.2, suspensión, traslado forzoso o separación), el Pleno del CGPJ a propuesta de la Comisión Disciplinaria.

A maiori ad minus, los citados órganos podrán imponer sanciones de menor gravedad a las citadas *"si, al examinar un expediente que inicialmente está*

[227] A esta conclusión parece que permite llegar, la STS, Sala 3ª, Secc. 8ª, de 16 de noviembre de 2009 (RJ 2010\3952) cuando estimando parcialmente el recurso interpuesto por el sancionado con suspensión de funciones por un año y seis meses, al considerarlo el Pleno del CGPJ como responsable de una falta muy grave del art. 417.9 LOPJ, anula dicha sanción *"reduciendo la infracción por los hechos a que se refiere dicho procedimiento sancionador a la de una infracción grave, prevista en el artículo 418.11 de la Ley Orgánica del Poder Judicial, y la sanción impuesta a la multa de 3.000 euros".*

atribuido a su competencia, resulta que los hechos objeto del mismo merecen un inferior reproche disciplinario" (art. 421.2 LOPJ)[228].

El procedimiento para la imposición de las sanciones igualmente depende de los tipos de sanciones y, por ende, de la gravedad de las faltas. Así, la sanción de advertencia se impondrá sin más trámite que la audiencia del interesado, previa una información sumaria. Será recurrible en la vía judicial contencioso-administrativa, sin perjuicio de que el sancionado cuenta también con recurso administrativo potestativo (art. 422.1 LOPJ).

Para el resto de sanciones ha de seguirse el trámite previsto en los artículos 423 a 427 LOPJ, con la salvedad de que para las muy graves además se impondrán por el Pleno del CGPJ, a propuesta de la Comisión Disciplinaria, y previa audiencia de la persona frente a quien se dirija el expediente. Este podrá alegar o presentar los documentos que estime pertinentes en un plazo entre diez y quince días si la propuesta se separase de la formulada por el instructor. (art. 422.3 LOPJ). En síntesis, el procedimiento para la imposición de sanciones será el siguiente:

A) Inicio, duración máxima, informe del Servicio de Inspección y posibilidades del denunciante

El procedimiento se iniciará del mismo modo por el órgano gubernativo correspondiente, también previa denuncia o a instancia del Ministerio Fiscal. Y será impulsado de oficio (art. 423.1 LOPJ).

Como regla, la tramitación del expediente no excederá de seis meses. Si por razones excepcionales excediera, el instructor deberá dar cuenta cada diez días del estado de tramitación y circunstancias que impiden su conclusión (art. 425.6 LOPJ).

Toda denuncia será objeto, en el plazo de un mes, de informe del Jefe del Servicio de Inspección del CGPJ. Consecuencia del mismo derivará el archivo, la apertura de diligencias informativas o la incoación directa del expediente (art. 423.2 LOPJ).

---

[228] Pero no a la inversa. Véase, entre otras, la STS, Sala 3ª, Secc. 7ª, de 23 de marzo de 1998, RJ 1998\3023.

El denunciante podrá recurrir solamente en la vía jurisdiccional, quedándole vedado el recurso administrativo. Se le notificarán las resoluciones que se adopten y, si es de incoación, se designará un instructor y un secretario. Uno y otro tendrán deber de abstención y podrán ser ser recusados conforme al art. 425 bis LOPJ en relación con los arts. 28 y 29 de Ley de Régimen Jurídico de las Administraciones públicas y del procedimiento administrativo común. Asimismo, el denunciante podrá formular alegaciones en el expediente (art. 423.3 y 4 LOPJ).

B) Posible suspensión cautelar en faltas muy graves

La Comisión Disciplinaria del CGPJ, por propia iniciativa oído el instructor, o a iniciativa de éste, y previa audiencia del Juez o Magistrado a quien se dirija el expediente y del Ministerio Fiscal, podrá acordar cautelarmente la suspensión provisional del expedientado por un periodo máximo de seis meses cuando aparezcan indicios racionales de la comisión de una falta muy grave. Esta decisión es recurrible mediante alzada por el interesado ante el Pleno del CGPJ previo recurso contencioso-administrativo ante la Sala 3ª del TS (arts. 424 y 143 LOPJ).

C) Instrucción del expediente

En la instrucción podrá intervenir el Ministerio Fiscal y el interesado, quien podrá valerse de abogado desde el inicio del expediente.

El Instructor delegado practicará cuantas pruebas y actuaciones sean necesarias para la determinación y comprobación de los hechos, así como para la atribución subjetiva de los mismos susceptibles de sanción (art. 425.1 LOPJ).

D) Propuesta de resolución

Como resultado, el Instructor podrá formular pliego de cargos en el que consten los hechos, las faltas y las correspondientes sanciones. Se notificará al interesado para que pueda alegar y proponer las pruebas que sean pertinentes y precisas.

A continuación, previa audiencia del Ministerio Fiscal, el mismo Instructor formulará propuesta de resolución con la determinación precisa de hechos, su valoración jurídica y la sanción que estime procedente. Una vez notificada al interesado, se le otorgará un plazo de ocho días para alegación (art. 425.2 y 3 LOPJ).

E) Decisión por el órgano correspondiente

Tras ello, remitirá la propuesta a la autoridad que ordenó la iniciación para la decisión que proceda. Si esta la estima de mayor gravedad, la elevará al órgano que corresponda Igualmente, podrá devolver al instructor para que complete, amplíe o modifique (art. 425.4 y 5 LOPJ).

La resolución que ponga fin al expediente será motivada y congruente con la propuesta de resolución, sin perjuicio de la distinta valoración siempre que no sea de mayor gravedad, y también será directamente ejecutiva una vez agotada la vía administrativa (art. 425.7 y 9 LOPJ).

Se notificará al interesado y al Ministerio Fiscal. Si el acuerdo procede de la Sala de Gobierno o de la Comisión Disciplinaria del CGPJ, podrán interponer recurso potestativo en vía administrativa sin perjuicio de la vía contencioso-administrativa que también podrán interponer las Asociaciones de Jueces y Magistrados con la expresa autorización de los interesados (art. 425.8 LOPJ).

F) Anotación de sanciones y eventual cancelación

Por último, las eventuales sanciones serán anotadas en el expediente personal del interesado, con expresión de los hechos imputados. Y estas serán canceladas y los antecedentes borrados a todos los efectos, salvo la de separación y la de advertencia, a los seis meses desde la firmeza siempre que no hubiera sido sancionado mediante otro procedimiento. Esto se realizará a instancia del interesado y oído el Ministerio Fiscal, transcurrido uno, dos o cuatro años, según se trate, respectivamente de sanción leve, grave o muy grave (arts. 426 y 427 LOPJ).

4. La negativa a celebrar juicios: entre la responsabilidad penal por delito y la disciplinaria por falta muy grave

A modo de conclusión en el presente punto, considero que ha de hacerse referencia a una actitud que en ocasiones adoptan algunos Jueces de Paz como es la de negarse a ejercer jurisdicción, especialmente cuando se trata de la tramitación de juicios de faltas[229].

Sin necesidad de entrar en supuestas ausencias o reducción de valores morales, y del sentido de la rectitud o del honor en los tiempos actuales, o en la posible erosión cuando no disolución del respeto y dignidad del cargo, esta actitud puede explicarse, aunque naturalmente no justificarse, en otros dos puntos que considero claves. De un lado, cabe entender que la escasa remuneración que reciben por su actividad pueda provocar la falsa creencia de que no se compensa una responsabilidad tan elevada como es la de sustanciar todo un proceso penal como es el juicio de faltas, aunque se trate en principio del más sencillo de los posibles. Proceso que incluye la práctica y valoración de pruebas sobre la concurrencia de tipos penales, circunstancias concurrentes y atribución de los hechos a personas, lo que tendrá como resultado el dictado de una sentencia debidamente motivada y fundada en derecho, que eventualmente condenará a persona vecina del Juez en el mismo municipio. De otro lado, también resulta influyente en la tendencia a no ejercer las funciones jurisdiccionales y, en particular, en evitar tramitar juicios de faltas, la no exigencia de formación jurídica para el acceso del Juez de Paz, lo que supone que de hecho muchos Jueces sean legos y no dispongan de conocimientos jurídicos, lo que puede generar igualmente la falsa creencia que aquella tan compleja actividad técnica no va con el cargo[230].

Sin embargo, el derecho positivo se presenta ciertamente tozudo ante la descrita falsa creencia o tendencia a orillar la función jurisdiccional. De un

[229] Cuestión distinta es que, como advierte, SERRATS PALAU, J., "La administración de justicia penal en los juzgados de paz", págs. 310-11, en algún momento, determinados Juzgados de Instrucción no se inhibieran a favor del Juez de Paz, con base en la economía procesal, la precariedad de la justicia de paz, la falta de preparación técnica del juez de paz o cualquier otra cuestión similar.

[230] Ambos elementos, sobre todo este último, pueden tener a su vez cierta influencia en la acusada tendencia a dejar al margen la función jurisdiccional intentando solucionar los eventuales conflictos de forma alternativa.

lado, el art. 448 CP resulta rotundo cuando dispone que *"el Juez o Magistrado que se negase a juzgar, sin alegar causa legal, o so pretexto de oscuridad, insuficiencia o silencio de la Ley, será castigado con la pena de inhabilitación especial para empleo o cargo público por tiempo de seis meses a cuatro años"*. Y para las situaciones menos obvias, en las que la negativa a juzgar solamente se hace patente con el hecho de la no tramitación o esta fuera parcial, el art. 449 CP determina que *"en la misma pena señalada en el artículo anterior incurrirá el Juez, Magistrado o Secretario Judicial culpable de retardo malicioso en la Administración de Justicia. Se entenderá por malicioso el retardo provocado para conseguir cualquier finalidad ilegítima"*.

Si con lo anterior no fuera suficiente y por si acaso la exigencia de responsabilidad penal no se actualizara consecuencia de los principios y garantías que favorecen al imputado en el proceso penal, principalmente la presunción de inocencia y la aplicación del derecho *"in dubio pro reo"*, la misma actitud de no ejercer jurisdicción, concretamente no tramitando juicios de faltas, se considera falta muy grave en el art. 417.9 LOPJ. Dispone este precepto que *"son faltas muy graves: (...) 9. La desatención o el retraso injustificado y reiterado en la iniciación, tramitación o resolución de procesos y causas o en el ejercicio de cualquiera de las competencias judiciales"*. Recordemos que, conforme al art. 420.2 LOPJ, la sanción que corresponde a estos supuestos es la de suspensión, traslado forzoso o separación. Como sea que la de traslado forzoso tendrá difícil aplicación práctica en estos casos, dadas las características propias del Juez de Paz (principalmente su específico sistema de acceso y su deber de residencia en el municipio), y la relativamente corta duración en el tiempo de su mandato por lo que le reste hasta cumplir los cuatro años, el resultado práctico de la pena por delito de los arts. 448 y 449 CP o por la falta muy grave del art. 417.9 LOPJ será siempre el de la separación y pérdida de la condición de Juez de Paz.

Al margen del quizá menor reproche social que pueda derivar de la condena en un proceso penal frente a la imposición de una sanción administrativa por falta muy grave, y posiblemente fruto de las mayores dificultades para imponer pena encajando la situación fáctica de no tramitar juicios de faltas durante cierto tiempo en un tipo penal considerando los principios y garantías del proceso, lo bien cierto es que la consecuencia más probable ante tan nefasta actitud omisiva sea la de apertura de expediente disciplinario que tenga como resultado la sanción de separación. Y frente a esto, la carencia de licenciatura o grado en derecho por el Juez de Paz, o la afirmación por el mismo de desconocimiento de la obligación de celebrar juicios de faltas, no han impedido al Tribunal Supremo considerar que quien se niega a celebrar juicios de faltas incurre en falta muy grave del art. 417.9 LOPJ y que procede la sanción de separación[231].

Esta recalcitrante actitud consistente en orillar la función jurisdiccional en general, y en particular la que implica tramitar e imponer penas por faltas, representa una de las manifestaciones más evidentes de los problemas que subyacen en el régimen jurídico de la justicia de paz española. Es, podría decirse, la punta del iceberg. Frente a ella pueden adoptarse al menos dos

---

231 Argumenta la STS, Sala 3ª Secc. 8, de 12 de mayo de 2009 (RJ 2009\5302), que *"la insuficiencia de la oposición reseñada resulta clara. Basta con acudir a los Principios Generales del Derecho y singularmente al que establece que la ignorancia de las leyes, no excusa de su cumplimiento, plasmado en el art. 6º.1 del Código Civil, para que deba rechazarse la alegación de ignorancia sobre las obligaciones de celebrar juicios de faltas, que como motivación principal aduce la Juez de Paz sancionada, dado que son inequívocas las previsiones que se establecen en las Leyes Orgánicas y Procesales, acerca de las competencias que en cuanto titulares de unos órganos judiciales, con competencias en materia penal, se atribuyen a los Jueces de Paz para pronunciar las sentencias que correspondan. Lo que lógicamente lleva implícita la obligación de celebración del oportuno juicio que garantice la efectividad del principio de contradicción constitucionalmente consagrado por el art. 24 de la Constitución. Debe decirse, en conclusión sobre este punto del litigio, que es notorio que forma parte del contenido cultural mínimo atribuible a cualquier persona con calidad y capacidad para ser designado Juez de Paz, y aunque carezca del Título de Licenciado en derecho, la idea de que en la propia expresión Juez, está ínsito que el que ocupa ese cargo, es alguien que debe dictar sentencias, que es tanto como que debe decidir o resolver litigios que se le planteen en el ámbito competencial que desempeña. Sentencias que también es notorio, que son pronunciamientos sujetos a unos trámites previos de celebración de un acto que garantice la contradicción. En último lugar, y en lo referente a la alegación de inadecuación de los tipos de infracción elegida por el CGPJ, para imponer la sanción, porque en opinión del actor los hechos debieron ser considerados todo lo mas, como falta grave del art. 418.11 , o leve del art. 419.3, ambos de la LOPJ , o incluso manteniendo el tipo de muy grave, por la elección de la sanción más grave de las legalmente previstas, es de considerar que la elección del tipo efectuada por el CGPJ, en el acuerdo impugnado, y en el grado de la sanción impuesta se ajusta a los criterios jurisprudencialmente admitidos por este Tribunal –así sentencia de 25 de Septiembre de 2005 , citada por la representación estatal en la contestación–, pues según se infiere de los hechos que se declaran probados, se está ante un caso de absoluto incumplimiento de la obligación de celebrar juicios de faltas, afectante a todos los juicios registrados en el Juzgado de Paz que ocupaba la sancionada desde su toma de posesión, y extensiva a un plazo de tres años, que inexorablemente ha de calificarse de muy grave".*

tipos de reacciones[232]. Una negativa, por la que se proponga su supresión o eliminación, quizá sustituidos en sus funciones por algún órgano específico o servicio común; y otra más positiva, por la que se propugne introducir reformas importantes en las que garantías, formación, remuneración, competencias y responsabilidades queden debidamente equilibradas.

[232] En efecto, pone de manifiesto CALVO GONZÁLEZ, J., "Jueces de Paz escolares", cit., que se debe *"abordar una regulación específica de las competencias de esos Juzgados, mejorar su funcionamiento y, en previsión de un incremento de atribuciones, requerir a los Jueces de Paz la acreditación de determinada suficiencia jurídica, por ejemplo con la promoción de licenciados en Derecho, así como establecer parámetros de rendimiento objetivables. También hay quienes, contrarios a paliativos y desnaturalizaciones en su actual configuración, abogan* lege ferenda *por la supresión".*

CAPÍTULO VI.
LA OFICINA JUDICIAL EN EL JUZGADO DE PAZ

Llegados a este punto, cabe considerar que algunos de los problemas y carencias que han venido poniéndose en evidencia, sobre todo los que derivan de la inexistente exigencia de profesionalidad y conocimientos jurídicos del titular del Juzgado de Paz, podrían suplirse o paliarse en alguna medida por la Oficina Judicial, principalmente por la intervención de una Secretaria judicial en la que deberían concurrir las notas de profesionalidad y conocimientos jurídico[233]. Lamentablemente, ni siquiera por esta vía se alcanza a paliar la problemática en todos los casos.

Ciertamente la Oficina Judicial constituye la estructura de apoyo y soporte a la función jurisdiccional y de todas las funciones que la acompañan como es el gobierno, gestión y administración de los elementos personales y materiales del Juzgado. Su actividad se orienta a canalizar y articular los elementos personales y las actuaciones que estos deben desempeñar, así como también los elementos materiales del juzgado. En palabras del art. 435.1 LOPJ es la *"organización de carácter instrumental, que sirve de soporte y apoyo a la actividad jurisdiccional"*.

El actual diseño de esta organización se introduce mediante la LO 19/2003, de 23 de diciembre, de reforma de la LOPJ. Sustituye el anterior sistema de "Secretaría judicial", que representaba una estructura adscrita a un solo órga-

[233] Por ello dice GÓMEZ ARROYO, J. L., "Comentarios al artículo 452 de la Ley Orgánica del Poder Judicial", en *Diario La Ley,* núm. 6074, 2 de agosto de 2004, nota 70, que mientras al Juez de Paz no se le exige formación alguna, al Secretario judicial del mismo Juzgado de Paz se le exige ser funcionario y además pertenecer al cuerpo de gestión procesal y administrativa (nivel diplomado) o primer ciclo universitario.

no jurisdiccional, compuesta por un Secretario Judicial y el correspondiente personal auxiliar.

Ya se contaba con los denominados "servicios comunes", que funcionaban junto a las Secretarías, inicialmente previstos para la práctica de notificaciones (art. 272.1 LOPJ, según la redacción de 1985), ampliada con la reforma de la LOPJ de 1994, entre otras cuestiones, para actos procesales de comunicación, la ejecución de sentencias, o la práctica de embargos y lanzamientos (art. 272.1 LOPJ). Todo ello hasta que la citada reforma de 2003 a la LOPJ regula estos servicios comunes como una de las unidades que integran la estructura de la Oficinal judicial (arts. 436 y 438 LOPJ). Por último, esta evolución se consolida con la Ley 13/2009, de 3 de noviembre, de reforma de la legislación procesal para la implantación de la nueva Oficina judicial, así como con la LO 1/2009, de 3 de noviembre, complementaria de la Ley de reforma de la legislación procesal para la implantación de la nueva Oficina judicial, por la que se modifica la LOPJ.

Lo bien cierto es que se pretende que la Oficina Judicial garantice la independencia del Juez con una adecuada racionalización de los medios utilizados. Y su actividad principal, como dispone el art. 436.2 LOPJ, *"viene determinada por la aplicación de las normas procesales"*, lo que se evidencia en la elaboración material de los actos procesales. Como característica inicial destaca la flexibilización en su diseño[234], pues se adecuará conforme a la actividad que deba desarrollar. Y se articulará a partir de una estructura básica compuesta por la unidad de "servicios comunes procesales" y por la correspondiente "unidad procesales de apoyo directo". Todo ello bajo la dirección del Secretario o Secretaria judicial, quien ostentará la jefatura de los citados servicios y unidades, y tendrá como objetivo primordial desligar al Juez de labores burocráticas para que pueda dedicarse a la función de resolver conflictos y dictar resoluciones[235]. Asimismo, se caracteriza porque en principio solamente podrá estar integrada por personal correspondiente a los cuerpos de funcionarios al servicio de la

---

[234] Véase un panorama de la misma en JUAN SÁNCHEZ, R., y CÁMARA RUIZ, J., "Introducción. Los tribunales ordinarios y la oficina judicial", en *Introducción al Derecho Procesal,* cit., págs. 170-3.

[235] Cfr. PAVÓN GARCÍA, J. E., "La secretaría de los Juzgados de Paz", Ponencia presentada en el IV Congreso Nacional de Justicia de Paz, Valdemoro, 21 de octubre de 2006.

Administración de Justicia (art. 435.4 LOPJ) y con los principios y criterios previstos en el art. 435.2 y 3 LOPJ.

Cada órgano jurisdiccional estará integrado por una unidad procesal de apoyo directo, que asiste directamente al juzgador realizando cuantas actuaciones sean necesarias para el exacto y eficaz cumplimiento de las resoluciones que se dicten (art. 437 LOPJ). En cambio, las unidades de servicio común procesal no se integran en un órgano jurisdiccional concreto sino que asumen labores centralizadas de gestión y apoyo en las actuaciones que deriven de aplicar las leyes procesales, como es el caso del registro y reparto, actos de comunicación, auxilio judicial, o ejecución... Al frente del mismo se sitúa un Secretario Judicial, del que dependerán funcionalmente el resto de funcionarios (art. 438 LOPJ)[236].

Las referencias expresas y directas a la oficina judicial de los Juzgados de Paz son ciertamente escasas. El art. 99.2 LOPJ se limita a disponer que *"podrá existir una sola Oficina Judicial para varios juzgados"*, previsión que reitera el art. 2.2 RJP, si bien añadiendo que tal posibilidad se dará "excepcionalmente". Sin embargo, el encaje del anterior diseño resulta problemático en lo que a los Juzgados de Paz se refiere. De entrada, la relativamente pequeña dimensión de estos órganos, acorde con las competencias que en principio tiene asumidas[237], los hace especialmente adecuados para que estén servidos por estructuras que abarquen varios Juzgados. Sin embargo, como radican en municipios donde no hay otro órgano jurisdiccional, la distancia física entre los citados órganos de algún modo dificulta la implantación de una oficina judicial que, como se ha visto, se diseña para que sus medios se racionalicen flexiblemente pudiendo servir a varios órganos jurisdiccionales.

Pero es más, el carácter profesional y conocimientos jurídicos del personal de la oficina judicial, y paradigmáticamente de quien ostenta la jefatura de la misma, ni siquiera quedará garantizado en todos los supuestos. Esto obedece a que subiste una diferencia crucial en cuanto a la integración del personal de

---

[236] Como colofón, las llamadas "Unidades Administrativas" pueden asumir la jefatura, ordenación y gestión de los recursos humanos y de los medios materiales, principalmente informáticos y nuevas tecnologías, de la correspondiente Oficina judicial (art. 439 LOPJ).

[237] Al margen de lo que DEL OLMO DEL OLMO, J. A., "La problemática derivada de la situación actual de la justicia de paz", cit., pág. 103, denomina *"abuso del auxilio y la delegación judiciales"*.

la oficina judicial en función de que el municipio supere o no los siete mil habitantes. Conforme a los arts. 50.1 y 2 así como 51.1 y 2 LDyPJ las secretarías de los Juzgados de Paz de poblaciones de más de siete mil habitantes, y la de aquellos otros Juzgados de Paz o agrupaciones de Secretarías de los mismos en los que la carga de trabajo lo justifique, será desempeñada por un Oficial al servicio de la Administración de Justicia. En los demás juzgados de Paz, el Ayuntamiento nombrará una persona idónea para el desempeño de la Secretaría[238], y lo comunicará al Ministerio de Justicia para su aprobación. Respecto al resto de personal, se prestará por personal dependiente del Ayuntamiento, sin perjuicio de la normativa aplicable al ejercicio de su función. No obstante, en el resto de Juzgados de Paz, prestarán servicio funcionarios de los cuerpos al servicio de la Administración de Justicia.

Como se observa, no se ha logrado unificar en un solo cuerpo a todos los Secretarios Judiciales, en algunos casos, servidos por personal sin la necesaria formación[239]. Solamente en los municipios de más habitantes a los señalados estarán servidos por el denominado cuerpo de Secretarios judiciales de más de siete mil habitantes[240], así como también por funcionarios del antiguo cuerpo de Oficiales de la Administración de Justicia (actualmente, cuerpo de Gestores Procesales), que igualmente podrán integrar los Juzgados de Paz de menos de siete mil habitantes o agrupación de secretarías de los mismos cuando "la carga de trabajo lo justifique".

Aunque en estos últimos casos, por lo expuesto, la problemática se reduce, la diversidad en el personal que ejerce las funciones de Secretaría, sin que deba ser siempre y en todo caso personal de la Administración de Justicia, supone una de las principales disfunciones en estos juzgados, especialmente en los municipios de menos de siete mil habitantes[241]. Sin embargo, dicha circuns-

---

238 Lo que no implica que exista contrato de trabajo ni relación laboral entre el Secretario judicial así nombrado y el Ayuntamiento (STSJ Madrid, (Sala de lo Social), 12 de julio de 2004 (AS 2004\2781).

239 En palabras de PAVÓN GARCÍA, J. E., "La secretaría de los Juzgados de Paz", cit., por *"personas idóneas, no funcionarios, sin ninguna preparación, ni formación, sin estabilidad en el cargo, sin seguridad social ni derechos pasivos, ni cobertura por desempleo"*.

240 Cuerpo a extinguir conforme a la Disposición Transitoria vigésimo cuarta LOPJ.

241 CGPJ, *Libro Blanco de la Justicia*, cit., págs. 299-300. LÓPEZ ORTEGA, F. J., "Jueces de Paz. Competencia", cit. DEL OLMO DEL OLMO, J. A., "La problemática derivada de la situación actual de la justicia de paz", cit., pág. 100.

tancia no impide que sus atribuciones sean amplias y relevantes, como puede comprobarse con las disposiciones contenidas en los arts. 279 a 291 LOPJ, incluidas las actividades derivadas de la prevención, auxilio y delegaciones, y con sometimiento al severo y exigente régimen que contiene el RD 1608/2005, de 30 de diciembre, por el que se aprueba el Reglamento Orgánico del Cuerpo de Secretarios Judiciales, particularmente su Título VII (arts. 149 a 189) relativo al régimen disciplinario. Para paliar estos problemas han sido propuestas diversas soluciones. Desde que la secretaría judicial esté servida en todos los casos por un solo cuerpo de secretarios judiciales de la tercera categoría[242], hasta la generalización de las llamadas Agrupaciones de Secretarías de juzgados de Paz y, por esa vía, todos los Juzgados de Paz estén dotados por personal al servicio de la Administración de Justicia[243]. Agrupaciones que, sin embargo, no están exentas de molestias e inconvenientes debido a las distancias y a la necesidad de realizar traslados por el personal.

[242] PAVÓN GARCÍA, J. E., "La secretaría de los Juzgados de Paz", cit. También DEL OLMO DEL OLMO, J. A., "La problemática derivada de la situación actual de la justicia de paz", cit., págs. 103-7.

[243] CGPJ, *Libro Blanco de la Justicia*, cit., págs. 303 y 305.

CAPÍTULO VII.
ALTERNATIVAS A LA JURISDICCIÓN POR EL JUEZ DE PAZ

Los problemas de la Justicia de Paz, como hemos podido comprobar, son de muy diversa índole. Los principales se centran en aspectos tan diversos como los organizativos, con estructuras administrativas deficientes y sin garantía de su preparación técnica en todos los casos; de financiación, escasa y a cargo de las corporaciones locales; y llegan a su cénit en lo referente a un estatuto profundamente mejorable en lo referente al acceso, formación y remuneración del Juez de Paz, hasta el punto que queda comprometida y en entredicho la independencia e imparcialidad judicial.

Adelantaba antes, con ocasión de la responsabilidad de los Jueces de Paz derivada de la eventual negativa a celebrar juicios, que la nula formación exigida y la escasa remuneración con que se compensa al Juez de Paz por su dedicación favorecen la tendencia a orillar las actividades relativas al ejercicio de la potestad jurisdiccional sobre todo en materia penal. Es así tanto por las connotaciones sociales negativas derivadas del hecho de imponer penas a un convecino, como también debido a la escasa relevancia cuantitativa y cualitativa de los asuntos civiles dentro de su ámbito competencial, al margen de los que deriven del auxilio, colaboración y delegación. Lo bien cierto es que quien carece de preparación y formación jurídica, y además se considera con razón escasamente retribuido, puede considerar errónea o equivocadamente que excede de su mandato la realización de determinadas actividades como las relativas al ejercicio de la potestad jurisdiccional. Máxime es así cuando juzgar y hacer ejecutar lo juzgado está sometido a una legalidad que exige *iura novit curia* aplicar conocimientos jurídicos del derecho español, vigente y publicado en Boletines Oficiales y que pueden ser desagradables y socialmente negativas para los sometidos a su jurisdicción, principalmente aquellos que puedan ser condenados penalmente.

Asimismo, resulta significativo el hecho de que la justicia popular y lega se base en valores como la honradez personal, el prestigio o consideración social y, en definitiva, en la *auctoritas* de la persona que accede al cargo. Quizá con la única excepción del Jurado Popular[244], cuyo acceso se articula fundamentalmente con importantes dosis de azar fruto del sorteo que prevén los arts. 13.1, 18 y 23 LOTJ[245], dichos valores personales concurren sin ninguna duda en el caso de los síndicos del Tribunal de las Aguas de la Vega de Valencia[246], así como también debería ocurrir y generalmente ocurre en el nombramiento de los Jueces de Paz, al menos históricamente y en los municipios con menor número de habitantes.

Al margen de motivaciones políticas que pueden haber influido en su elección, estos valores personales que se presumen o se suponen en el Juez de Paz favorecen la posibilidad de que las partes en incipiente conflicto puedan resolverlo voluntariamente ante dicha persona, sin necesidad de que se vean sometidos forzosamente a su decisión. Sin duda la heterotutela implicará, sobre todo en el orden penal, la imposición de una condena, generalmente de multa pecuniaria, que será sentida más bien como un castigo, dejando sin resolver o al menos sin minimizar el verdadero conflicto que suele estar en la base de los hechos enjuiciados.

---

[244] Téngase en cuenta que es de escasa tradición en nuestro derecho, al margen de experiencias más o menos breves en las Constitución de Cádiz de 1812, y en las de 1837, 1869 y 1931, LO 5/1995, de 22 de mayo, del Tribunal del Jurado, conforme a la Disposición final quinta de la misma, entra en vigor a los seis meses de su publicación en BOE de 23 de mayo de 1995, con la excepción de lo prevenido en su capítulo II y en su disposición transitoria tercera, que entraron en vigor a los dos meses de dicha publicación.

[245] Sin que el sistema de recusación previsto en el art. 21 LOPJ por falta de requisitos o por falta de capacidad permitan afirmar que se exigen especialidades cualidades en el jurado más allá de la derivada de ser mayor de edad, encontrarse en el pleno ejercicio de los derechos civiles y políticos, saber leer y escribir, no estar impedido física, psíquica o sensorialmente para el desempeño de la función de Jurado (art. 8 LOTJ), o no encontrarse inmerso en un proceso penal como sujeto pasivo en las situaciones a que se refiere el art. 9 LOTJ.

[246] Como indica FAIRÉN GUILLÉN, V., *El Tribunal de las Aguas de Valencia y su proceso (oralidad, concentración, rapidez y economía)*, 2ª ed., Valencia, 1988, págs. 229-30, *"no basta con ser "labrador", "terrateniente" en la Acequia correspondiente… se le exige al Síndico moralidad y cultura –que bien la habrá menester para sus quehaceres, y especialmente los judiciales– y "representación, acomodo", esto es, prestigio, base de la auctoritas propia y del Tribunal".*

A lo anterior se une la circunstancia de que el Juez de Paz sea el órgano jurisdiccional más próximo al ciudadano, tanto física como socialmente. Como se ha visto, representan el primer escalón de la organización judicial. Esta situación favorece que los Juzgados de Paz sean más accesibles para las personas, sobre todo para formular consultas y buscar consejo sobre muchos de sus problemas y conflictos. Y no obstante carecer de un reconocimiento legal expreso o claro, destaca su "faceta de atención al ciudadano", a partir de un conocimiento de la realidad social en que se desenvuelve y que permite al Juez de Paz, en actualizar su expresa denominación, interviniendo por la vía pacificadora y conciliadora para la solución de muchos conflictos, ocasionalmente complejos, *"otorgándoles la pertinente solución pro la vía de la experiencia y de la prudencia, todo ello asentado en la autoridad moral de que se les dota al acceder al cargo"*[247]. Esta actividad, ejercida con honestidad y rectitud, merece generalmente una valoración positiva, al evitar la solución del conflicto por la vía de la imposición forzosa, lo que redunda en mejorar la Administración de Justicia así como en otorgar soluciones objetivamente más profundas (pues resuelve el conflicto de base) y subjetivamente definitivas (desterrando razones para el rencor personal que pudiera subsistir). Por ello se ha llegado a decir que *"la esencia de los jueces de paz es que –como su nombre indica– son jueces que en vez de aplicar mecánicamente la ley deben contribuir a la paz social buscando ante todo resolver el conflicto. Por eso son jueces esencialmente conciliadores"*[248]. Sin embargo, esta concepción que puede ser válida en algunos ordenamientos, no es trasladable al contexto español más que como aproximación panorámica y errónea. En nuestro ordenamiento jurídico procesal, el Juez de Paz tiene efectivamente funciones conciliadoras, pero solamente cuando se le insta para que ejerza las mismas; como también tiene atribuida potestad jurisdiccionales, de modo que no resuelve "en equidad" sino, como cualquier otro juez, aplicando el derecho en el caso concreto con eficacia de cosa juzgada generalmente y mediante heterotutela.

De otro lado, cabría añadir una cierta posición de desconfianza frente a la "justicia" podríamos llamar "tradicional", estatal o formal, en cuanto puede

[247] DE LA RÚA MORENO, J. L, "Relaciones del Partido Judicial con los Jueces de Paz de su circunscripción", cit., pág. 19.

[248] Dice UPRIMNY, R., "Jueces de Paz y justicia informal: Una aproximación conceptual a sus potencialidades y limitaciones", cit., pág. 19.

sentirse como un instrumento que no llega a ser *"eficaz, transparente y adecuado para zanjar las controversias cotidianas"*; y además, determinados conflictos *"no son, ni pueden ser, adecuadamente resueltos por la justicia estatal"*[249]. Parece que se haya producido lo que FAIRÉN[250] alude como "Ley de la degeneración de las instituciones".

Si estas circunstancias fueran introducidas en una especie de batidora, aderezadas con las relativamente mínimas competencias en el ejercicio de la potestad jurisdiccional y la propia denominación que se mantiene para este órgano, no llamado actualmente "municipal" aunque lo sea, sino con la sugerente alusión a "la Paz", que es un valor sin duda positivo y merecidamente bien considerado, puede comprenderse que se haya extendido la idea de que la función más relevante del Juez de Paz sea la de ofrecer una solución alternativa a la jurisdicción.

Lo bien cierto es que la doctrina ha venido resaltando que el Juez de Paz representa un elemento clave en la acusada tendencia a que los conflictos se resuelvan de modo alternativo a la jurisdicción. Tendencia que sirve de estímulo para la potenciación de sus funciones, como forma de aprovechar sus valores inherentes de proximidad a los llamados justiciables y el respeto que merecen como personas conocidas, relevantes y apreciadas en el municipio[251].

---

[249] Son palabras, efectuadas desde la realidad iberoamericana, y en particular del ordenamiento colombiano, de UPRIMNY, R., "Jueces de Paz y justicia informal: Una aproximación conceptual a sus potencialidades y limitaciones", cit., págs. 1-2.

[250] FAIRÉN GUILLÉN, V., "La preparación del juicio (alegaciones, audiencia preliminar, conciliación). El juicio oral", en *Revista de Derecho Procesal*, núm. 3, 1991, pág. 531. Admitiendo que el proceso como institución ha degenerado hasta el punto que no es posible seguir confiando en el mismo como medio pacífico para solucionar conflictos de intereses, se sustituye por otro tipo de soluciones aceptado por las comunidades de usuarios. A continuación, toda una enorme masa de litigios vertida en ese nuevo molde hará precisas nuevas estructuras y su ordenación a su vez provocará abusos mediante sistemas de recursos, y, como indica textualmente el autor citado, *"así tornaremos... a otra crisis o a otras, hasta que se declare al nuevo vehículo como agotado"*.

[251] Como afirma DEL OLMO DEL OLMO, J. A., "La Justicia de Paz: fortaleza y oportunidades de futuro", cit., pág. 2, *"debe, pues, aprovecharse la proximidad de los Jueces de Paz a sus convecinos para aumentar las funciones de mediación y conciliación", especialmente en disputas que no exigen de un modo indispensable la intervención de un Juez, que imponga una solución a las partes, sino la presencia de un tercero ajeno a los intereses de éstas, que, sin imponerles nada, les preste ayuda en la negociación y resolución del conflicto"*. Y en línea similar otros autores, como CALVO GONZÁLEZ, J., "Jueces de Paz escolares", cit., que, tras argumentar a favor de la limitación de sus atribuciones jurisdiccionales defiende el diseño de programas de

La introducción y potenciación de la vías alternativas a la jurisdicción, por más que poco que haya sido contrastada su eficacia real y hasta incluso contándose con experiencias poco o nada alentadoras como la de la conciliación en la audiencia previa, se presenta habitualmente como una especie de necesidad que logrará reducir el volumen de trabajo en los órganos jurisdiccionales. Al margen de que podamos ser más o menos creyentes, fieles o infieles a esta "creencia", es un hecho que constantemente se plantea como solución a la justicia o, al menos, como cultura esencialmente positiva, que merece ser apoyada.

Resulta significativo que el CGPJ parece postularse actualmente como profeta de esta "doctrina". De hecho, en el Informe aprobado por la unanimidad del Pleno del CGPJ del 28 de junio de 2012, frente a la litigiosidad, especialmente acusada en el orden penal, propone dos medidas significativas a los efectos del presente trabajo:

1.ª Ampliar las capacidades y competencias de los Jueces de Paz para que puedan juzgar estas faltas que actualmente resuelven los jueces de instrucción. Incluso con la posibilidad de configurar en un futuro un nuevo cuerpo judicial diferente a los de carrera y especializados en este campo, llamados "jueces de Justicia básica".

2.ª Al mismo tiempo, el CGPJ apoya decididamente fomentar y redoblar los esfuerzos por implantar en España una cultura de resolución de conflictos fundada sobre tres pilares básicos: la mediación, el arbitraje y la conciliación.

Sobre la mediación, aunque aconseja imponerla como "requisito obligatorio" parece que debe ser una especie de "requisito no obligatorio" pues considera que es un medio alternativo idóneo de solución de conflictos *"especialmente aconsejable en contextos en que las partes, pese a la controversia surgida entre ellas, están llamadas a seguir manteniendo relaciones personales o comerciales en el futuro"*, añadiendo además que *"debe ser fomentado desde las instancias públicas, creando condiciones legislativas adecuadas"*.

---

formación y asesoramiento de Jueces de Paz para, en sus palabras, *"el adecuado aprendizaje y correcto empleo de medios alternativos de resolución de conflictos (conciliación, negociación, arbitraje y mediación)"*, todo porque, sigue diciendo, *"creo, por tanto, en la Justicia de Paz, y en su potenciación como magistratura conciliadora al estilo de, en la hermosa denominación anglosajona del s. XIII, gardians of the peace"*.

Sobre el arbitraje, el mismo informe del CGPJ resulta ilustrativo de la importancia y valor que merece, cuando observa que su papel como factor reductor de la litigiosidad es relativo desde un punto de vista cuantitativo, aunque su efecto *"también debe medirse en el plano cualitativo, al descargar a los Juzgados y Tribunales del conocimiento de esta clase de asuntos de larga y difícil solución"*. Igualmente reconoce que en el ámbito de consumo no redunda –o sólo escasamente– *"en una auténtica evitación de la litigiosidad"*.

Por último, en lo que se refiere a la conciliación, el propio CGPJ da cuenta del fracaso de la comparecencia previa, pero sigue apostando por ello, pues, como explica el mismo informe, *"la experiencia de otros países demuestra igualmente que es muy importante que en materia de conciliación se asegure la presencia del juez en el primer momento"*. Es más, en referencia a la concreta litigiosidad civil y mercantil, el CGPJ aconseja *"implantar la conciliación obligatoria, previa a la interposición del litigio propiamente dicho"*. Y añade: *"el juez debería convocar a las partes al acto de conciliación, con obligatoria presencia de las partes y de su representación y defensa letradas, así como del propio juez"*[252].

Las anteriores consideraciones merecen sin duda ser comentadas, sobre todo en el punto en mi opinión más hiriente como es el de la imposición obligatoria de la conciliación. En primer lugar se ha de señalar que olvida que la obligatoriedad fue desterrada de nuestro proceso civil precisamente porque la opinión generalizada reconocía la escasa eficacia práctica de esta figura[253]. No

252 En este caso se propone que la parte demandada formule una oferta de transacción, antes del juicio, incluyendo las costas causadas hasta ese momento. Si la otra parte lo rechaza y el fallo, finalmente, no es más favorable para el demandante que la oferta, debería pagar las costas pese a ganar el pleito causadas con posterioridad al momento de formulación de la oferta de transacción. Asimismo sobre las costas, el informe manifiesta que pueden cumplir un papel reductor de la litigiosidad, incluso señala que *"están cumpliendo una importante función disuasoria hacia la utilización poco rigurosa de la Administración de Justicia"*.

253 Afirma, por ejemplo, GIMENO SENDRA, V., y MORENILLA ALLARD, P., *Derecho Procesal Civil,* Colex, 2ª ed., 2007, págs. 287-8, que el acto previo se revelaba como "superfluo y dilatorio", aunque pueda tener algunas ventajas como ser más económico que un requerimiento notarial. También, MONTES REYES, A., "Justificación e inconvenientes del acto de conciliación en el proceso civil", en *Revista de la Facultad de Derecho de la Universidad de Granada,* núm. 10, 1986, pág. 263. En el mismo sentido, AVILÉS NAVARRO, M., "La conciliación civil preprocesal", original, pág. 29, significa que *"se ha convertido en un mero trámite al que se ha prestado poca o nula atención"*. Y como testimonio interesante, FREXES CASTRILLO, F., "El acto de

en vano se indica en el penúltimo párrafo de la Exposición de Motivos de la Ley 34/1984, de 6 de agosto, de reforma urgente de la Ley de Enjuiciamiento Civil, que el acto de conciliación *"como demuestra la experiencia, ha dado resultados poco satisfactorios"*[254]. En segundo lugar, orilla el hecho de su eventual ineficacia cuando no completamente inutilidad[255], de modo que, en tal caso no supondría más que un obstáculo al ejercicio de un derecho fundamental como es el de la tutela judicial efectiva (art. 24 CE)[256]. Así y todo, ha de constatarse la tendencia en algunos ordenamientos hacia su imposición

---

conciliación", en *El digital de derecho,* afirma algo tan elocuente como que *"de los innumerables Actos de Conciliación que he tenido en los juzgados, tan solo en un par de casos se ha llegado a un acuerdo en los mismos. Ello indica que en los llamados Actos de Conciliación* en más de un 90% de los casos dicha conciliación no existe" Como excepción MONTERO AROCA, J., "La conciliación preventiva en el proceso civil. (Notas para la reforma de la Ley de Enjuiciamiento)", en *Revista Jurídica de Catalunya,* núm. 4, 1971, págs. 875-95, defiende con algunas estadísticas, de los años 1953 a 1967 su eficacia. A quien sigue otros autores como ALVARADO VELLOSO, A., "La conciliación", en *Revista Vasca de Derecho Procesal y Arbitraje,* enero 1989, pág. 10-11. Lo bien cierto es que conforme el CGPJ, *Informe de Gestión de la mediación penal y civil. Año 2009,* el nivel de conciliación civil (exclusivamente en materia de familia) que finaliza con acuerdo está en el 19%.

[254] Similar ha ocurrido en otros ordenamientos jurídicos. FAIRÉN GUILLÉN, V., "La preparación del juicio (alegaciones, audiencia preliminar, conciliación). El juicio oral", cit., pág. 528, con cita de Stein-Jonas, en relación con la *Vereinfachungnovelle* alemana de 3 de diciembre de 1976 y la discusión y propuestas sobre la introducción de una conciliación extrajudicial y pre-procesal, recuerda que *"el intento de conciliación general y obligatoria, pre-procesal, fue abolido tras experiencias negativas por la Novela de 1924"*.

[255] Como gráficamente dice LÓPEZ ORTEGA, F. J., "Jueces de Paz. Competencia", en Ponencia Jornada Jueces de Paz, (en web CGPJ), *"de todos es conocida la escasa eficacia de estos actos de conciliación en orden a evitar un futuro litigio"*. En la misma línea, BONET NAVARRO, A., "La ejecución de lo conciliado fuera del proceso civil", en *Revista General de Derecho Procesal, núm. 24, 2011, pág. 5, afirma que "se estableció como facultativo, ante el elevado índice de fracasos o pérdidas de oportunidad de resolver en ese momento previo los conflictos"*.

[256] Aunque sea en el ámbito de la protección de un derecho fundamental como es el de libertad sindical, la STC 81/1992, de 28 de mayo, ya lo puso de manifiesto. Véase un comentario a la misma en RODRÍGUEZ SAÑUDO, F., "Tutela judicial efectiva, sobre innecesariedad del acto de conciliación como presupuesto procesal para el restablecimiento de derechos fundamentales", en *Civitas. Revista Española de Derecho del Trabajo*, núm. 59, 1993, págs. 405-10, quien reconoce (pág. 407), entre otras cosas, que *"el agotamiento necesario de un trámite previo de conciliación, al obligar a prolongar el procedimiento con una formalidad anterior al proceso propiamente dicho, conduce a dilatar la situación de probable lesión del derecho fundamental cuya tutela corresponde al proceso mismo"*.

preceptiva[257]. Lo más significativo en este informe del CGPJ, en cualquier caso, es la curiosa defensa a ultranza de las vías alternativas a la jurisdicción, presentadas como un deber ser a pesar de que al mismo tiempo viene a reconocer como la experiencia, los hechos o, en definitiva, el ser, no han ofrecido hasta la fecha resultados positivos, sino más bien al contrario.

En mi opinión, mientras no se constaten beneficios concretos en la Administración de Justicia y, más específicamente, en la reducción de los volúmenes de litigiosidad, las bondades genéricas que justificaría el apoyo y potenciación de las vías alternativas a la jurisdicción, sin ponerlas en duda, permanecen en la órbita de la mera creencia, de la moral o en el plano de la teoría en su sentido de no haberse contrastado en la realidad[258]. Por tal motivo, aunque conviene que el tema sea ubicado en el lugar que le corresponde, no entro a valorar ahora sobre la idoneidad de apoyar o potenciar estas vías alternativas a la jurisdicción.

Pero es necesario conocer el protagonismo que conforme a derecho corresponde al Juez de Paz en la consecución de solución de conflictos a través de estas vías. Según el mismo Informe del CGPJ, debería ampliar sus funciones jurisdiccionales y, al mismo tiempo, entiende que debería "fomentarse" la cultura de la alternativa a la jurisdicción. Como no se pronuncia expresamente, no hay en general modo de conocer si considera que el Juez de Paz debería asumir un protagonismo directo en todas o algunas de las citadas vías alternativas. Lo bien cierto es que, no obstante las grandilocuentes y hasta voluntariosas alusiones a una genérica solución alternativa de conflictos, es necesario perfilar y concretar qué corresponde al ámbito de las competencias de la justicia de

[257] Así, por ejemplo, la Ley núm. 1564, de 12 de julio de 2012, por medio de la cual se "expide" el Código General del Proceso de la República de Colombia, en su art. 372.6, prevé que *"desde el inicio de la audiencia y en cualquier etapa de ella el juez exhortará diligentemente a las partes a conciliar sus diferencias, para lo cual deberá proponer fórmulas de arreglo, sin que ello signifique prejuzgamiento"*. A lo que se añade, en su art. 90 que *"mediante auto no susceptible de recursos el juez declarará inadmisible la demanda sólo en lo siguientes casos (...) 7. Cuando no se acredite que se agotó la conciliación prejudicial como requisito de procedibilidad"*. Así y todo plantea algunas excepciones, como la del art. 384, para la restitución de inmueble arrendado, donde *"el demandante no estará obligado a solicitar y tramitar la audiencia de conciliación extrajudicial como requisito de procedibilidad de la demanda"*.

[258] Lo que no excluye que incluso en algunas constituciones, como es el caso del art. 258.II de la Constitución de la República Bolivariana de Venezuela encontremos disposiciones en las que se impone que *"la ley promoverá el arbitraje, la conciliación, la mediación y cualesquiera otros medios alternativos para la solución de conflictos"*.

paz en el contexto del ordenamiento jurídico español[259]. Hemos de precisar, entre el haz de vías alternativas, aquellas adecuadas, pues au naturaleza y características son variadas, y no todas resultan adecuadas ni compatibles con la potestad jurisdiccional que, actualmente y aunque sea limitadamente, mantiene el Juez de Paz en el derecho español.

Salvo las vías prohibidas, que de otro lado podrían llegar a ser en algunos casos tan expeditivas como las coacciones o amenazas, las posibilidades de solución alternativas a la jurisdicción son de dos tipos: autocompositivas o heterocompositivas. La diferencia entre ellas radica en que en las segundas el tercero impone su solución (es el caso del arbitraje). En las fórmulas autocompositivas, la solución se logra por la parte, sin imposición de la voluntad de un tercero aunque este puede intervenir más o menos activamente. Si no interviene, las vías de solución vendrán por el acuerdo privado o mediante la denominada "reclamación administrativa previa". Si interviene, las vías de solución se denominarán como conciliación, cuando el tercero se limita a aproximar posiciones; o como mediación, cuando el tercero acerca y además puede formular propuesta de solución, si bien no la impone.

Al margen de futuras regulaciones que con mayor o menor éxito puedan introducirse en el futuro, el vigente contexto normativo, y en especial la atribución de potestad jurisdiccional que corresponde al Juez de Paz, excluye su protagonismo en la operatividad de la mayor parte de estas vías alternativas. Veamos en concreto.

I. VÍAS ALTERNATIVAS A LA JURISDICCIÓN INCOMPATIBLES CON LA POTESTAD DEL JUEZ DE PAZ

1. Exclusión de las vías autocompositivas sin intervención de terceros

La sola condición del Juez de Paz como órgano jurisdiccional y, por tanto, como tercero en relación con unas partes que puedan hallarse en conflicto, per-

[259] En cada ordenamiento jurídico las atribuciones del Juez de Paz se presentan diversificadas. Así por ejemplo, como afirma MARLON MUÑOZ, director del Centro de Soluciones Legales en Negociación, Mediación, Conciliación y Arbitraje del Ecuador, el juez de Paz sería –en sus palabras– una *"especie híbrida entre un árbitro y un mediador"*.

mite excluir de su ámbito competencial todas aquellas vías autocompositivas en las que no interviene un tercero. Por esto, la mera participación más o menos activa del Juez de Paz supondría remitirnos a otras vías alternativas como la mediación o la conciliación en la que intervienen terceros. Otra cosa es que el Juez de Paz no sea considerado un tercero, como ocurriría en la reclamación administrativa previa, en la que la misma parte es quien puede dar una solución al conflicto resolviendo estimar la reclamación de la contraparte.

La atribución de potestad jurisdiccional al Juez de Paz, sin perjuicio de que por el momento pueda realizar determinadas actividades como son las de Registro Civil, presupone necesariamente la condición de tercero que corresponde al Juez de Paz y, al mismo tiempo, excluye su eventual condición de parte. En definitiva, la mera intervención del Juez de Paz resulta incompatible con toda vía autocompositiva en la que no interviene un tercero. Veamos más en concreto.

A) Acuerdo privado

Por supuesto que, en el contexto de un proceso civil sustanciado ante el Juez de Paz, las partes podrán alcanzar en todo momento acuerdos privados perfectamente eficaces para evitar el proceso, o para su finalización o exclusión, en su caso, articulada como transacción homologada o como solución extraprocesal o pérdida sobrevenida de objeto[260]. En algunos supuestos determinados, también los acuerdos privados podrán tener eficacia en el proceso penal aunque sea indirectamente en la medida que no siendo necesaria la presencia del Ministerio Fiscal y sí lo sea la constancia de una acusación, articulada al menos mediante ratificación de la denuncia en el acto del juicio.

Ahora bien, el acuerdo privado, puesto que este se materializará privadamente, presupone que el Juez de Paz no participa en la solución. En caso de intervenir, cosa de otro lado perfectamente posible, no nos encontraríamos en realidad ante un acuerdo privado sino ante una vía alternativa diferente para la solución autocompositiva con intervención de tercero: la mediación o, más probablemente, la conciliación, en los términos que se verán en las páginas siguientes.

---

[260] Véase ORTELLS RAMOS, M., *Derecho Procesal Civil,* (con otros), cit., págs. 457-78.

B) Reclamación administrativa previa

La reclamación administrativa previa, según la perspectiva negativa o positiva que se adopte, puede ser considerada como un simple privilegio de la Administración Pública o, diversamente, como un método útil en la solución autocompositiva del conflicto alternativa al proceso. Esta solución es equivalente a la conciliación[261], pero sin intervención de terceros, puesto que la Administración que recibe la reclamación y, en su caso, da solución resolviendo estimar la reclamación, no es tercero sino la parte a la que podrá demandarse si el conflicto subsiste.

Regulada en arts. 120 a 124 LRJyPAC, establece en general la preceptividad de la reclamación frente a la administración, previa a demandarla en el

[261] Indica el AAP Cádiz, Secc. 6ª, 13 de noviembre de 2006, Ponente: D. Fernando Tesón Martín, IdCendoj: 51001370062006200185, que "*la reclamación previa en vía administrativa, recogida en el artículo 120 de la Ley de Régimen Jurídico de las Administraciones Públicas y Procedimiento Administrativo Común. La finalidad de esta norma radica en impedir que se inicie un procedimiento contra aquélla sin que tuviera conocimiento de los motivos que lo impulsan, impidiendo su eventual iniciación a través de una previa actuación de los organismos públicos, ya sea material o jurídica. Si bien tiene un componente no despreciable de privilegio, como otros tantos esparcidos en nuestro ordenamiento jurídico, la magnitud de su configuración actual, la enorme cantidad de actos en los que está implicada en la sociedad moderna y, no en menos medida, la conciencia de que son entidades al servicio del bien común, por lo que un menoscabo de las mismas o su patrimonio afecta a toda la comunidad, justifican su establecimiento*". Por su parte, dice el AAP Valencia, Secc. 6ª, núm. 257, de 29 de junio de 2000 (Ponente D. Vicente Ortega Llorca), "*la Real Orden de 9 junio 1847 se refirió a que "la instrucción de expedientes gubernativos puede suplir en los negocios en que es parte el Estado las ventajas que en los privados producen los juicios de conciliación", lo que se reitera en la Ley de Bases de 11 de abril 1868, sobre la unificación de fueros, y en el Decreto de 9 julio 1869, jugando entonces la similitud con el acto de conciliación para argumentar la conveniencia de exigir la reclamación previa, no obstante su carácter de privilegio de la Administración y, en alguna medida, contrario al libre ejercicio de la Jurisdicción. b) La jurisprudencia ha venido declarando que, aún reconociendo las diferencias entre la reclamación previa y el acto de conciliación, pueden asimilarse desde el momento que aquélla viene a sustituir a éste identificándose su finalidad y, consecuentemente, sus efectos (Sentencias de 20 junio 1889, 20 mayo 1941, 23 marzo 1961, 17 febrero 1972, 20 marzo 1975, 27 febrero 1987 y 26 mayo 1988, entre otras), de donde se infiere que la falta de reclamación previa es un defecto subsanable*". En todo caso, para una referencia sobre sus orígenes, véase SANTAMARÍA PASTOR, J. A., "Sobre el origen y evolución de la reclamación administrativa previa", en *Revista de la Administración Pública*, núm. 77, 1975, págs. 81-180.

orden civil y laboral[262]. Conforme a los arts. 122 a 124 LRJyPAC, se dirigirá al órgano competente de la correspondiente Administración que, en principio, será el Ministro del Departamento competente por razón de la materia, aunque puede presentarse ante un órgano distinto. Este la remitirá en un plazo de cinco días al órgano competente quien, antes de resolver, podrá ordenar que se complete el expediente con los antecedentes, informes y datos necesarios. Y la resolución podrá ser expresa y con notificación, o tácita si no notifica su decisión en el plazo de tres meses.

En el caso de que sea estimada, el proceso posterior carece de sentido, pues se ha satisfecho extraprocesalmente. En cambio, si es expresa o tácitamente desestimada, queda expedita la vía judicial. Con independencia del resultado, conforme al art. 121.2 LRJyPAC, será efecto la interrupción de los plazos para el ejercicio de acciones judiciales. En cambio, la no presentación puede implicar la inadmisión por constituir, aunque sea un tema debatido, un presupuesto controlable de oficio (art. 266.5 LEC en relación con los arts. 120 y 121 LRJyPAC)[263].

De todos modos, lo bien cierto es que la jurisprudencia de nuestros más altos Tribunales ha sido poco formalista, hasta el punto de permitir su subsanación incluso con posterioridad a la presentación de la demanda. Además, se prevé innecesaria en cuestiones tan relevantes como la oposición ante los tribunales civiles a las resoluciones administrativas en materia de protección de menores (art. 780.1 LEC). Asimismo, la Disposición final cuarta de la Ley

---

[262] No obstante no hacerse mención expresa en el texto de la LEC, sigue siendo preceptiva pues se exige excepción expresa y la LEC no la ofrece. Además, la propia LEC establece una norma genérica como es la de los 403 y 439 LEC como posible causa de inadmisión.

[263] En ese sentido, BELLIDO PENADÉS, R., "Capítulo 2", en *Derecho Procesal Civil,* (con otros), Thomson-Reuters Aranzadi, 11ª ed., Cizur Menor, 2012, págs. 117-9, quien sobre la cuestión más debatida centrada en si los efectos de la no presentación: es presupuesto o solo impedimento, interpretando la LEC y el LRJyPAC, concluye que constituye un presupuesto controlable de oficio, que tiene como efecto la inadmisión. En cuanto a la jurisprudencia, entre otras, la SAP Madrid, Secc. 25, núm. 420, de 21 de julio de 2003 (Ponente: Dña. PALOMA GARCÍA DE CECA BENITO), manifiesta que *"el requerimiento previo de pago es presupuesto de admisibilidad de la demanda de juicio verbal presentada contra el Consorcio de Compensación de Seguros, acorde al principio de tutela judicial efectiva, y cuya omisión puede subsanarse incluso tras la interposición de la demanda. Sin embargo, en el supuesto enjuiciado la parte actora, tras incumplir ese trámite previo, no instó su subsanación a lo largo del procedimiento, y no puede entenderse subsanado con al acto de interposición de la demanda".*

20/2011, de 20 de julio, del Registro Civil, introducirá en cuanto entre en vigor en el año 2014, un art. 781 *bis* en la LEC por el que *"la oposición a las resoluciones de la Dirección General de los Registros y del Notariado en materia de Registro Civil, a excepción de las dictadas en materia de nacionalidad por residencia, podrá formularse en el plazo de dos meses desde su notificación, sin que sea necesaria la formulación de reclamación administrativa previa"*.

En cualquier caso, aunque pueda tener encomendadas ciertas funciones administrativas, el Juez de Paz no resolverá cuestión alguna mediante la reclamación administrativa previa, al quedar fuera de su ámbito competencial esta particular vía de solución de conflictos.

2. Exclusión del arbitraje como vía heterocompositiva

Al margen de futuras regulaciones que lo puedan permitir expresamente[264], la titularidad de potestad jurisdiccional que corresponde al Juez de Paz excluye igualmente la atribución de competencias al mismo para resolver mediante arbitraje.

Como es sabido, el arbitraje es una institución heterocompositiva, pues un tercero impone la solución de la controversia a las partes en conflicto de modo similar a lo que ocurre con la jurisdicción[265]. Pero la potestad del árbitro no es de carácter jurídico pública, sino que proviene de un acuerdo de las partes por el que éstas, tras haber encargando a un tercero la solución, se obligan voluntariamente a su decisión[266].

---

[264] Como, por ejemplo, la Ley General de Arbitraje 26572 del Perú, que dispone en su art. 26 que están impedidos de actuar como árbitros, entre otros, los magistrados, con excepción de los Jueces de Paz.

[265] La bibliografía sobre el arbitraje es extensísima, entre otras muchas obras, puede verse CUCARELLA GALIANA, L. A., "Capítulo 2", en *Derecho Procesal Civil*, (con otros), Thomson-Reuters Aranzadi, 11ª ed., Ciruz Menor, 2012, págs. 120-9. Ídem, *El procedimiento arbitral (Ley 60/2003, 23 diciembre, de Arbitraje)*, Real Colegio Español de Bolonia, Madrid, 2004. VVAA, *Comentarios a la Ley de Arbitraje: Ley 60/2003, de Arbitraje, de 23 de diciembre, tras la reforma de la Ley 11/2011, de 20 de mayo, de 2011* (coor.: BARONA VILAR). 2ª ed., Civitas, Madrid 2011.

[266] En palabras de CUCARELLA GALIANA, L. A., "Capítulo 2", en *Derecho Procesal Civil*, (con otros), cit., pág. 121, se trata de una *"institución para la solución de conflictos intersubjetivos en el ámbito del derecho privado, en la que interviene un tercero cuyo poder de decidir proviene de que los sujetos del conflicto han expresado su voluntad, mediante convenio, de que el conflicto se resuelva por este medio"*.

Precisamente la expresión de la voluntad conforme de las partes en el conflicto, el convenio arbitral, redactado por escrito como cláusula o como acuerdo independiente, es imprescindible para el sometimiento a arbitraje (art. 9 LA), y para que despliegue sus efectos excluyentes de la vía judicial (art. 11 LA).

El arbitraje ya se encuentra limitado con carácter general tanto en el ámbito material como en el procedimental. En cuanto al material, porque solamente es viable en ciertos conflictos de derecho privado, sobre el que las partes tengan poder de disposición. Queda excluido de plano en el derecho penal, así como en las materias previstas en el art. 2 de la Ley Arbitraje, esto es, en cuestiones sobre las que haya recaído sentencia firme, materias unidas inseparablemente y sobre las que no tenga poder de disposición, y todas las que debe intervenir el Ministerio Fiscal. Y por lo que se refiere al ámbito procedimental, se limita a la actividad declarativa y, si las partes lo deciden, la cautelar. La ejecución del laudo arbitral, si es necesario, corresponde solamente a la jurisdicción, y lo mismo cabe afirmar respecto a medidas cautelares adoptadas antes del inicio del procedimiento arbitral y cuando las partes hayan excluido la potestad de los árbitros en la adopción de medidas cautelares conforme al art. 23 LA.

En todo caso, actualmente el ejercicio de la potestad jurisdiccional y la función arbitral suponen actividades perfectamente delimitadas y ubicadas en estadios bien diferenciados. Sin ánimo de exhaustividad, la debida separación e incompatibilidad de la jurisdicción y el arbitraje resulta coherente con lo siguiente:

1.º Aunque el arbitraje pueda ser también de equidad[267], como regla general será de derecho y, en tal caso, el árbitro ha de ostentar la condición de "jurista" (art. 15.1 LA). A pesar de la Ley 11/2011, de 20 de mayo, que modifica la redacción sustituyendo la exigencia de que el árbitro sea "abogado en ejercicio" por otra más genérica de "jurista"[268], aunque ya no con rotundas incompatibi-

[267] En el punto VII de la Exposición de Motivos de la LA se señala que *"el arbitraje de equidad queda limitado a los casos en que las partes lo hayan pactado expresamente, ya sea a través de una remisión literal a la equidad, o a términos similares como decisión en conciencia, ex aequo et bono, o que el árbitro actuará como amigable componedor. No obstante, si las partes autorizan la decisión en equidad y al tiempo señalan normas jurídicas aplicables, los árbitros no pueden ignorar esta última indicación"*.

[268] Como indica GUTIÉRREZ GARCÍA DE CORTÁZAR, E., "La reforma de la Ley de Arbitraje: Luces y sombras, en *El notario del siglo XXI*, núm. 38, 2011, pág. 27, en el que denomina

lidades, todavía subsisten la posibilidad de que el llamado a ser árbitro realice actividad de asesoramiento jurídico y, por tanto, resulte incompatible con la función jurisdicción del Juez de Paz conforme al art. 14.2 b RJP.

2.° La actual regulación determine que la jurisdicción pueda auxiliar al arbitraje, por ejemplo, en su formalización o en la prestación de auxilio jurisdiccional para la práctica de pruebas (art. 33 LA). Similarmente, se prevé la intervención judicial para supuestos concretos: solamente para la impugnación del laudo mediante anulación conforme a las causas prevista en el art. 41 LA, sin perjuicio de la revisión del laudo conforme al art. 43 LA en relación con los arts. 509 a 516 LEC[269]; en la actividad ejecutiva (arts. 517 y 523.1, 545.2. LEC, 8.4, 44 y 45 LA) incluida la eventual impugnación en la misma (arts. 559 y 560 LEC); y en la tutela cautelar, pues la LEC encomienda a la jurisdicción la función de acordar y ejecutar medidas cautelares en función del arbitraje cuando deban adoptarse previamente al inicio del procedimiento arbitral y si hay acuerdo de las partes (arts. 23 LA y 722 y 724 LEC). Estas previsiones se corresponden con el hecho de que el art. 7 LA disponga con toda rotundidad que *"en los asuntos que se rijan por esta Ley no intervendrá ningún tribunal, salvo en los casos en que ésta así lo disponga"*.

3.° Sobre todo, el convenio arbitral tiene como efecto la obligación de acudir al arbitraje para iniciar el proceso de declaración y, al mismo tiempo, excluye que sea procedente la vía jurisdiccional. Como dice el art. 11.1 LA, *"impide a las tribunales conocer de las controversias sometidas a arbitraje..."* Ante ello, el tratamiento procesal resulta incompatible en su atribución a cualquier Juez, incluido el de Paz. Una vez alegado el sometimiento a arbitraje por la parte mediante declinatoria, sin perjuicio de la posibilidad de renuncia al mismo de común acuerdo y expresa o tácita, impone al titular de la potestad jurisdiccional el deber de abstenerse de conocer y de sobreseer el proceso mediante auto.

"concepto jurídico indeterminado" se incluyen *"notarios, registradores, profesores de universidad o magistrados retirados"*.

[269] Con la salvedad de que, al no ser posible el delito de falso testimonio prestado en procedimiento arbitral, no será viable la revisión del laudo firme por la vía del art. 510.3 LEC. Véase sobre el particular ANDINO LÓPEZ, J. A., "Sobre el delito de falso testimonio en el marco de un procedimiento arbitral", en *Anuario de justicia alternativa,* núm. 7, 2006, págs. 107-28.

En definitiva, y siempre sin perjuicio de futuribles en los que se altere profundamente la concepción y regulación del arbitraje y del ejercicio de la jurisdicción, mientras el Juez de Paz tenga atribuida potestad jurisdicción y la ejerza juzgando y haciendo ejecutar lo juzgado en su ámbito competencial, puede afirmarse que la actividad de arbitraje, como vía heterocompositiva de solución de conflictos por un tercero, queda vedada y excluida al Juez de Paz.

3. Exclusión de la mediación como vía autocompositiva con intervención de tercero

Mayor dificultad entraña excluir la mediación del ámbito del Juez de Paz, en la medida que pueda confundirse con la actividad de "conciliación" que, como luego se verá, sin duda forma parte de su ámbito competencial en el proceso civil.

No resulta extraño aludir indistintamente a la conciliación y a la mediación como si fueran términos sinónimos[270], o entender la mediación como el camino o el mecanismo para alcanzar el resultado positivo que representaría la conciliación[271], posiblemente por partir de un concepto de conciliación tan

[270] MANZANARES SAMANIEGO, J. L., *Mediación, reparación y conciliación en el Derecho Penal,* Comares, Granada, 2007, pág. 27, se refiere a la "confusa terminología" con que suele abordarse la mediación, *"se habla de mediación, pero también de reparación, de conciliación, de reconciliación, de composición y de compromiso, sin que el repertorio se agote en tales vocablos, y sucede, además, que el mismo contenido de cada palabra varía según quien la utilice o el texto en que aparezca".* Es más, el mismo autor y obra, en la pág. 75 afirma, coherente con el concepto de mediación del que parte que *"el acto de conciliación como requisito previo de la querella es en realidad la mediación de un juez".* Por su parte, el reciente Código General del Proceso de la República de Colombia denomina "conciliación" a una institución que más bien se corresponde con la de mediación. Así, entre otras normas, dispone el art. 553 del citado Código que conocerán de los procedimientos de negociación de deudas y otros *"los centros de conciliación del lugar del domicilio del deudor expresamente autorizados por el Ministerio de Justicia..."* En los arts. 535 y 536 del mismo se señalan los centros que no serán gratuitos, esto es, los privados. Entre las atribuciones del conciliador, según el art. 537.8 están facultados para "formular propuestas de arreglo". Conforme al art. 541 el conciliador *"manifestará su aceptación dentro de los dos días siguientes a la notificación del encargo, so pena de ser excluido de la lista".*

[271] GONZÁLEZ CANO, Mª. I., "La mediación penal en España", en *La mediación penal para adultos. Una realidad en los ordenamientos jurídicos,* (dir.: BARONA), Tirant lo Blanch, Valencia, 2009, pág. 30 se refiere a *"un sistema de mediación restaurativa, a través de la conciliación o la reparación"*; e ídem pág. 47, habla de *"conciliación entre la víctima y el infractor a través de un*

amplio que alcance todo supuesto que tenga como resultado la eliminación del conflicto, siempre que dicho resultado se alcance mereced a un tercero que posibilita la solución, incluido cuando las partes se comprometen a acatar su "decisión"[272].

A) Orden jurisdiccional civil

Desde luego no contribuye a distinguir ambas vías de solución el tenor del art. 1 LM, cuando aporta un concepto de mediación tan general que incluye cualquier medio de solución autocompositiva con intervención de un tercero, con la sola condición que este pueda ser considerado un "mediador". Concretamente manifiesta el mismo precepto que *"se entiende por mediación aquel medio de solución de controversias, cualquiera que sea su denominación, en que dos o más partes intentan voluntariamente alcanzar por sí mismas un acuerdo con la intervención de un mediador"*. De ese modo, la distinción entre mediación y conciliación estribaría solamente en la condición de mediador que pueda corresponder al tercero, con independencia del papel más o menos activo que desarrolle: que aporte una solución concreta al conflicto o sencillamente se limite a acercar posiciones entre las partes.

---

procedimiento de mediación desarrollado en cualquiera de las fases del proceso". Y todavía más clara es esta concepción cuando SILVA FERNÁNDEZ, M. de la O., "Introducción", en *Mediación penal y penitenciaria. 10 años de experiencia,* Fundación Agape, Madrid, 2010, pág. 13, afirma que *"la mediación es el proceso que puede abrirse para alcanzar unos fines que pueden ser la reparación o conciliación"*. De todos modos, el concepto de mediación en el ámbito penal no se corresponde con el del orden civil. En el primer caso, suele entenderse, señala MARTÍNEZ ESCAMILLA, M., "La mediación penal en España: estado de la cuestión", *en Justicia restaurativa, mediación penal y penitenciaria: un renovado impulso,* (coor.: MARTÍNEZ ESCAMILLA y SÁNCHEZ ÁLVAREZ), Reus, Madrid, 2011, pág. 16, como *"encuentro entre víctima y autor del delito, que tiene lugar con el fin de que ambas partes, a través del diálogo, lleguen a un acuerdo sobre cómo reparar el daño inferido y resolver el conflicto"*. Encuentro que "es conducido" por el mediador, que es persona imparcial. La misma autora y obra, pág. 17, sobre este significado de mediación reconoce que *"los términos reparación y conciliación a veces se utilizan como sinónimos y a veces con un muy diferente significado"*.

[272] En ese sentido, ALVARADO VELLOSO, A., "La conciliación", cit., págs. 2-3. Este mismo autor y obra (pág. 3) se refiere s la autocomposición, que se diversifica, entre otros supuestos, en la que se realiza indirectamente, y por la que el tercero eventualmente puede actuar acercando a las partes sin resolver, siendo un medio porque el resultado sólo se puede llegar por propia voluntad de las partes mediante desistimiento, allanamiento o transacción.

No obstante esta relativa indefinición, puede afirmarse que en el papel del mediador está el poder formular a las partes propuestas para resolver las diferencias[273], si bien estas podrán rechazarlas pues de otro modo nos encontraríamos ante una vía heterocompositiva. En cambio, al conciliador le estaría vedada esta posibilidad de propuesta[274].

Precisamente es la naturaleza y alcance del papel del tercero que intervine en la vía autocompositiva la que provoca y justifica la incompatibilidad entre la actividad de mediar y la de ejercer potestad jurisdiccional por la misma persona. De hecho, cuanto más activo sea el papel del tercero menor será su compatibilidad con la función de juzgar ejerciendo jurisdicción. En mi opinión, cuando la intervención del tercero llegue a la formulación de un propuesta concreta, nos encontraremos con mediación y, por tanto, quedará excluida la intervención del juez[275]. Así, consecuencia de la relación inversamente proporcional entre mediar y juzgar, tradicionalmente ha sido posible atribuir la

[273] ALCALÁ ZAMORA Y CASTILLO, N., "Proceso, autocomposición y autodefensa", en *Estudios diversos de Derecho Procesal.* Bosch 1987, págs. 55-57. CUCARELLA GALIANA, L. A., "Capítulo 2", en *Derecho Procesal Civil,* (con otros), Thomson-Reuters Aranzadi, 11ª ed., Ciruz Menor, 2012, págs. 119-20. Ídem, "La mediación en derecho privado en el contexto de las otras fórmulas de resolución de controversias distintas al proceso", en *Revista General de Derecho Procesal Iustel,* núm. 26, 2012, pág. 8. SÁNCHEZ-PEDREÑO, A., "La mediación civil y mercantil: un método novedoso para la resolución de conflictos", en *El notario del siglo XXI,* núm. 38, 2011, pág. 30 se refiere a que el mediador es quien *"dirige (sin tomar decisiones que obliguen a las partes) el proceso de negociación para facilitar un acuerdo".* Recientemente, la STC 155/2011, 17 de octubre, delimita el papel del Juez de Paz o del Secretario judicial cuando afirma que *"la autoridad competente ha de velar porque las partes se manifiesten en ella con total libertad y consciencia acerca de lo que hacen y sus consecuencias (esto es, tanto si concilian, como si no)".*

[274] Señala BONET NAVARRO, A., "La ejecución de lo conciliado fuera del proceso civil", cit., pág. 6, se refiere a *"aquellos casos en que el tercero sólo exhorta a conseguir una avenencia, sin imponer su decisión, como ocurre en la conciliación".*

[275] Esta diferencia de contenido sustancial no se opone, sino que complementa otras diferencias sistemáticas o formales entre conciliación y mediación. Entre otras, omo pone de manifiesto GÓMEZ ALTABLE, I., "Análisis de la institución de la mediación a la luz del Real Decreto-Ley 5/2012, de 5 de marzo, de mediación en asuntos civiles y mercantiles", en *Revista Internauta de Pràctica Jurídica,* núm. 29, 2012, pág. 4, las diferencias entre conciliación y mediación van desde la norma que las regula; pasando por su competencia (Secretario del Juzgado de Primera Instancia o al Juez de Paz), o el momento en que puede instarse, más amplio en el caso de mediación; y hasta en una *"participación más activa"* del mediador, –en opinión de esta autora, con cita de Pérez Vallejo– *"debido a su formación dirigida a conseguir que se llegue a un acuerdo"*, y porque si en la conciliación no se llega a un acuerdo se dará el acto terminado sin avenencia sin más.

conciliación al titular de la jurisdicción y, en cambio, la mediación a persona distinta[276].

La LMC, desde su preámbulo hasta su regulación concreta, resulta suficientemente ilustrativa de que la mediación y la potestad jurisdiccional son actividades situadas en planos distintos e incompatibles. En el párrafo primero del punto II del preámbulo de la citada Ley señala que *"el primero de los ejes de la mediación, que es la desjudicialización de determinados asuntos"*. Y lo mismo deriva cuando afirma que el papel de la jurisdicción ha de ser último remedio, subsidiario o posterior al más preferible de la solución autocompositiva vía mediación. Literalmente, el párrafo segundo del Punto II del mismo preámbulo se califica a la mediación *"como institución ordenada a la paz jurídica, contribuye a concebir a los tribunales de justicia en este sector del ordenamiento jurídico como un último remedio"*. Situándose, en todo caso, en planos distintos, cuando en el párrafo primero del punto III se considera conveniente *"favorecer esta alternativa frente a la solución judicial del conflicto"*.

La regulación de la mediación en la LMC confirma los anuncios de su preámbulo pues evidencia con toda claridad la incompatibilidad entre el procedimiento de mediación y el proceso[277]. En efecto, el art. 6.1 y 3 LMC parte de que *"la mediación es voluntaria (...) Nadie está obligado a mantenerse en el procedimiento de mediación ni a concluir un acuerdo"*[278]. No obstante,

---

[276] Opinión contraria, ALVARADO VELLOSO, A., "La conciliación", en *Revista Vasca de Derecho Procesal y Arbitraje,* enero 1989, pág. 20, para quien no debe considerarse causa de prejuzgamiento la fórmula o propuesta conciliatoria efectuada por el juez en el acto.

[277] Para una visión general de la mediación, aunque sea todavía con el RDL 5/2012, prácticamente idéntica a la contenida en la LMC, véase GÓMEZ ALTABLE, I., "Análisis de la institución de la mediación a la luz del Real Decreto-Ley 5/2012, de 5 de marzo, de mediación en asuntos civiles y mercantiles", cit., págs. 1-17.

[278] Aunque el párrafo tercero del punto V siempre del preámbulo de la Ley de mediación anuncia *"la posibilidad de que sea el juez el que invite a la partes a llegar a un acuerdo y, a tal fin, se informen de la posibilidad de recurrir a la mediación"*, recuerda que *"se trata de una novedad que, dentro del respeto a la voluntad de las partes, trata de promover la mediación y las soluciones amistosas de los litigios"*. En efecto, por muy útil que pueda considerarse este medio de solución para evitar la sustanciación de soluciones heterocompositivas en las que el tercero imponga su solución, la mediación siempre es voluntaria, tanto para su inicio como para su eventual terminación. Como dice CUCARELLA GALIANA, L. A., "Capítulo 2", en *Derecho Procesal Civil,* (con otros), cit., pág. 119, *"debemos subrayar que aquélla es voluntaria. La ley no prevé ningún supuesto de mediación previa obligatoria. De igual modo que es voluntario su inicio, también lo es su terminación"*. Así y todo, que sea voluntaria no quiere decir que no tenga

se evidencia la incompatibilidad estructural y esencial entre la mediación y el proceso cuando el art. 10.2.II y III LMC deja bien claro que, sin perjuicio de medidas cautelares o medidas urgentes de otro tipo imprescindibles para evitar la pérdida irreversible de bienes y derechos, *"durante el tiempo en que se desarrolle la mediación las partes no podrán ejercitar contra las otras partes ninguna acción judicial o extrajudicial en relación con su objeto"*. Y si esto no fuera ya suficientemente claro, concluye que *"el compromiso de sometimiento a mediación y la iniciación de ésta impide a los tribunales conocer de las controversias sometidas a mediación durante el tiempo en que se desarrolle ésta, siempre que la parte a quien interese lo invoque mediante declinatoria"*[279].

A tal efecto, conforme a la disposición final tercera LMC dos a cinco, modifica y da nueva redacción a los arts. 39, 63.1.I, 65.2 y 66 LEC, a los efectos de que el demandado pueda denunciar nada menos que la *"falta de jurisdicción"* por haberse sometido a mediación (arts. 39 y 63.1.I LEC)[280]. Consecuentemente, en caso de estimarse, el órgano jurisdiccional o, en el caso que nos ocupa, el Juez de Paz, deberá dictar auto absteniéndose de conocer, por haberse sometido el asunto a mediación. Y frente al mismo cabrá recurso de apelación ante el Juzgado de Primera Instancia (en aplicación del art. 66.1 LEC), con independencia de que la sentencia que pudiera dictarse en el juicio verbal correspondiente no sea recurrible conforme deriva del art. 455.1 LEC.

De otro lado, se insiste en que el juez remita a la solución autocompositiva del conflicto, entre otras vías, a través de la mediación, extrayendo de ese modo

---

alguna consecuencia, entre otras, por lo dispuesto en el art. 395 LEC, conforme a la redacción dada por la Disposición final tercera, nueve, según el cual, a efectos de costas, *"se entenderá que, en todo caso, existe mala fe, si antes de presentada la demanda se hubiese formulado al demandado requerimiento fehaciente y justificado de pago, o si se hubiera iniciado procedimiento de mediación o dirigido contra él demanda de conciliación"*.

[279] El párrafo tercero del punto V del preámbulo de la Ley adelanta que *"se prevé la declinatoria como remedio frente al incumplimiento de los pactos de sometimiento a mediación o frente a la presentación de una demanda estando en curso la misma"*.

[280] Literalmente disponen ambos preceptos que *"mediante declinatoria la falta de competencia internacional o la falta de jurisdicción por pertenecer el asunto a otro orden jurisdiccional o por haberse sometido a arbitraje o mediación la controversia"*; así como *"Mediante la declinatoria, el demandado y los que puedan ser parte legítima en el juicio promovido podrán denunciar la falta de jurisdicción del tribunal ante el que se ha interpuesto la demanda, por corresponder el conocimiento de ésta a tribunales extranjeros, a órganos de otro orden jurisdiccional, a árbitros o a mediadores"*.

el asunto de la jurisdicción, lo que implica, conforme al art. 16.3 LMC que *"cuando de manera voluntaria se inicie una mediación estando en curso un proceso judicial, las partes de común acuerdo podrán solicitar su suspensión de conformidad con lo dispuesto en la legislación procesal"*. Y, en efecto, por lo que se refiere al juicio verbal[281], *"en la citación se informará a las partes de la posibilidad de recurrir a una negociación para intentar solucionar el conflicto, incluido el recurso a una mediación, en cuyo caso éstas indicarán en la audiencia su decisión al respecto y las razones de la misma*" (art. 440.1.II LEC); e igualmente, en atención al objeto del proceso, el órgano jurisdiccional *"podrá invitar a las partes a que intenten un acuerdo que ponga fin al proceso, en su caso, a través de un procedimiento de mediación, instándolas a que asistan a una sesión informativa. Las partes de común acuerdo podrán también solicitar la suspensión del proceso de conformidad con lo previsto en el artículo 19.4, para someterse a mediación o arbitraje"* (art. 443.3.II LEC).

Cabe añadir a lo anterior que las condiciones impuestas al mediador, exigidas y previstas en la LMC, resultan incompatibles con la atribución de potestad jurisdiccional al Juez de Paz, hasta el punto que puede afirmarse, en términos equivalentes a los del art. 11.1 LM, que el mismo tiene impedido ser mediador conforme a la legislación a la que está sometido en el ejercicio de su actividad. Es así por dos razones:

[281] También para el juicio ordinario se introducen equivalentes previsiones. Así, el art. 414.1.II LEC prevé que en la convocatoria *"se informará a las partes de la posibilidad de recurrir a una negociación para intentar solucionar el conflicto, incluido el recurso a una mediación, en cuyo caso éstas indicarán en la audiencia su decisión al respecto y las razones de la misma (...) En atención al objeto del proceso, el tribunal podrá invitar a las partes a que intenten un acuerdo que ponga fin al proceso, en su caso a través de un procedimiento de mediación, instándolas a que asistan a una sesión informativa"*. También en el art. 415.1.II LEC dispone que comparecidas las partes *"si manifestasen haber llegado a un acuerdo o se mostrasen dispuestas a concluirlo de inmediato, podrán desistir del proceso o solicitar del tribunal que homologue lo acordado. Las partes de común acuerdo podrán también solicitar la suspensión del proceso de conformidad con lo previsto en el artículo 19.4, para someterse a mediación o arbitraje. En este caso, el tribunal examinará previamente la concurrencia de los requisitos de capacidad jurídica y poder de disposición de las partes o de sus representantes debidamente acreditados, que asistan al acto"*. Por supuesto, conforme al art. 415.3.II LEC, *"cuando se hubiera suspendido el proceso para acudir a mediación, terminada la misma, cualquiera de las partes podrá solicitar que se alce la suspensión y se señale fecha para la continuación de la audiencia"*.

La primera, porque la propia LMC prevé la posibilidad de que personas jurídicas se dediquen a la mediación *"sean sociedades profesionales o cualquier otra prevista por el ordenamiento jurídico"*, exigiéndose incluso el deber de suscribir un seguro o garantía equivalente que cubra la responsabilidad civil derivada de su actuación en los conflictos en que intervenga, no exigida al titular de la potestad jurisdiccional[282], máxime cuando lo más práctico será, en su caso, no demandar a un juez o magistrado de responsabilidad civil sino al Estado, por responsabilidad patrimonial del mismo (art. 121 CE y arts. 292 a 297 LOPJ)[283].

Y la segunda, todavía más clara, porque el nivel de conocimiento exigido al Juez de Paz no se corresponde con la superior formación que el art. 11 LMC impone al mediador. En efecto, entre las condiciones para ejercer de mediador está la de poseer *"título oficial universitario o de formación profesional superior y contar con formación específica para ejercer la mediación, que se adquirirá mediante la realización de uno o varios cursos específicos impartidos por instituciones debidamente acreditadas, que tendrán validez para el ejercicio de la actividad mediadora en cualquier parte del territorio nacional"* (art. 11.2 LM)[284]. Condición que no ha de cumplir necesariamente quien accede al cargo de Juez de Paz conforme a la legislación vigente y que, como se ha visto, se limita a ser español o española, mayor de edad, no tener impedimento físico o psíquico para la función judicial, estar en pleno ejercicio de los derechos civiles, y no haber sufrido condena, procesamiento o haber sido inculpado o inculpada por delito doloso.

[282] La contratación de seguro de responsabilidad civil por los jueces no ha pasado de meras propuestas, por ejemplo, GARCÍA MANZANO, P., "Responsabilidad civil de Jueces y Magistrados", en *Revista de la Administración Pública,* núm. 117, 1988, págs. 141-2. Asimismo, conviene tener en cuenta que, como señala MONTERO AROCA, J., *Independencia y responsabilidad del juez,* cit., pág. 220, *"no ha existido un solo caso en que un órgano jurisdiccional haya estimado una demanda de responsabilidad civil contra un juez o magistrado. Antes al contrario, la jurisprudencia del Tribunal Supremo ha ido haciéndose más restrictiva, si cabe"*.

[283] MONTERO AROCA, J., *Independencia y responsabilidad del juez,* cit., pág. 208, señala que de ese modo *"están cubiertos casi todos los frentes de la responsabilidad judicial civil y de una manera más sencilla, dado que no habrá de probarse la existencia de culpa alguna, bastando la acción u omisión, el resultado dañoso y la relación de causalidad"*.

[284] Similar se venía propugnando en el orden penal, considerando conveniente exigir al mediador una previa diplomatura o licenciatura generalista, como derecho o psicología, más un título que acredite su formación teórico-práctica en el campo de la mediación. Así, MARTÍNEZ ESCAMILLA, M., "La mediación penal en España: estado de la cuestión", cit., pág. 42.

Igualmente, la confidencialidad impuesta al mediador resulta determinante para afirmar la incompatibilidad entre la función de juzgar y la de mediar. En efecto, aunque sea con algunas excepciones basadas bien en la voluntad expresa y por escrito de las partes o bien en las exigencias de la legalidad penal, esto es, cuando se solicite por jueces (y tribunales, cabría añadir) del orden jurisdiccional penal mediante resolución judicial motivada, conforme al art. 9.2 LMC *"la confidencialidad de la mediación y de su contenido impide que los mediadores o las personas que participen en el procedimiento de mediación estén obligados a declarar o aportar documentación en un procedimiento judicial o en un arbitraje sobre la información y documentación derivada de un procedimiento de mediación o relacionada con el mismo"*. Deber de confidencialidad que sería de imposible cumplimiento si al juez competente para conocer de un asunto al mismo tiempo pudiera corresponder la solución del conflicto mediante mediación.

Incluso la posibilidad prevista en el art. 13.3 LM, por la que *"el mediador podrá renunciar a desarrollar la mediación, con obligación de entregar un acta a las partes en la que conste su renuncia"*[285], no encuentra parangón en el ámbito de jurisdicción. Desde luego, el juez no tiene derecho a renunciar al desarrollo de un proceso concreto, habida cuenta del deber de resolución que corresponde al titular de la potestad jurisdiccional, fruto del derecho (fundamental) a la tutela judicial efectiva consagrada en el art. 24 CE y del deber de *non liquet*.

Asimismo, todavía podemos encontrar en la misma LMC otros aspectos coherentes con la incompatibilidad entre la mediación y el ejercicio de la potestad jurisdiccional a través del proceso. Así, entre otros, el hecho de que los acuerdos de mediación deban elevarse a escritura pública (arts. 517.2.2 y 550.1.1° LEC) para tener eficacia ejecutiva es indicativo de que mediación y jurisdicción opera en planos distintos y son incompatibles. No tiene sentido que deba elevarse a escritura pública si el acuerdo se alcanzara ante un Juez mediador en un órgano jurisdiccional y habida cuenta de la función de fe pública del Secretario Judicial. De otro lado, el procedimiento de mediación no se corresponde con los actos que integran el proceso, pues, sin perjuicio de

[285] Así y todo, como contempla el art. 22.2 LM, esta renuncia *"a continuar el procedimiento o el rechazo de las partes a su mediador sólo producirá la terminación del procedimiento cuando no se llegue a nombrar un nuevo mediador"*.

los principios establecidos en los arts. 6 a 10 LMC[286], este *"se organizará del modo que las partes tengan por conveniente"* (art. 10.1 LMC)[287]. En cambio, el proceso se manifiesta externamente por actos procesales de las partes y del órgano jurisdiccional, integrados a su vez en una combinación denominada procedimiento, en la que cada acto es presupuesto de admisibilidad del siguiente y condición de la eficacia del precedente[288]. Tanto los actos como su interrelación son configurados legalmente. Y aunque rija el principio dispositivo y las partes tengan el poder de inicio y terminación del proceso, queda fuera de su poder la configuración y diseño del procedimiento[289].

Es más, en el hipotético supuesto de que se alcanzase un acuerdo de mediación en el seno de un juicio verbal competencia de un Juez de Paz, posibilidad improbable habida cuenta de la cuantía que limita esta competencia (recorde-

---

[286] El Preámbulo de la LMC se refiere a los mismos en los siguientes términos *"principio de voluntariedad y libre disposición, el de imparcialidad, el de neutralidad y el de confidencialidad. A estos principios se añaden las reglas o directrices que han de guiar la actuación de las partes en la mediación, como son la buena fe y el respeto mutuo, así como su deber de colaboración y apoyo al mediador"*.

[287] Igualmente se contempla que *"la mediación será llevada a cabo por uno o varios mediadores"* (art. 18.1 LMC). Esta segunda opción, aunque no ajena al ejercicio de la potestad jurisdiccional, no es compatible en el contexto de un órgano jurisdiccional unipersonal como es el Juzgado de Paz.

[288] GUASP DELGADO, J., *Concepto y método de Derecho Procesal,* Civitas, Madrid, 1997, pág. 25. GUASP, J., y ARAGONESES, P., *Derecho Procesal Civil, I. Introducción y parte general,* Thomson-Civitas, 7ª ed., Cizur Menor, 2005, pág. 37.

[289] Por tal motivo, por ejemplo, el art. 132 LEC dispone que *"las actuaciones del proceso se practicarán en los términos o dentro de los plazos señalados para cada una de ellas"*; el art. 136 LEC que *"transcurrido el plazo o pasado el término señalado para la realización de un acto procesal de parte se producirá la preclusión y se perderá la oportunidad de realizar el acto de que se trate"*; el art. 225.3 LEC sanciona con la nulidad de pleno derecho *"cuando se prescinda de normas esenciales del procedimiento, siempre que, por esa causa, haya podido producirse indefensión"*; o el art. 254.1, 2 y 3 LEC, aunque parte de que al juicio se le dará la tramitación que haya indicado el actor en su demanda, *"no obstante, si a la vista de las alegaciones de la demanda el Secretario judicial advirtiere que el juicio elegido por el actor no corresponde al valor señalado o a la materia a que se refiere la demanda, acordará por diligencia de ordenación que se dé al asunto la tramitación que corresponda... El Tribunal no estará vinculado por el tipo de juicio solicitado en la demanda. 2. Si, en contra de lo señalado por el actor, el Secretario judicial considera que la demanda es de cuantía inestimable o no determinable, ni aun en forma relativa, y que por tanto no procede seguir los cauces del juicio verbal, deberá, mediante diligencia, dar de oficio al asunto la tramitación del juicio ordinario, siempre que conste la designación de procurador y la firma de abogado... Una vez calculada adecuadamente la cuantía, se dará al proceso el curso que corresponda"*.

mos que de noventa euros), y el previsible costo de la mediación, lo que incluiría al menos la remuneración del mediador, y el coste de notificaciones y, en su caso, de elevación a escritura pública, ni siquiera se atribuiría el conocimiento de la ejecución al Juez de Paz. Esto es así por la sencilla razón de que el art. 545.2.II LEC lo excluye cuando determina que el Juzgado de primera Instancia del lugar en que se hubiera firmado el acuerdo de mediación será competente para denegar o autorizar la ejecución y el correspondiente despacho.

En fin, encontramos elementos suficientes para poder afirmar que la atribución de funciones mediadoras a un titular de potestad jurisdiccional se presenta inidónea e incompatible con la sola atribución de potestad jurisdiccional que hoy por hay todavía mantiene el Juez de Paz. Es cierto que, en virtud del art. 2.2 LMC, quedan excluidos de su ámbito de aplicación la mediación penal, la que se refiere a las Administraciones públicas[290], la referida a la materia laboral[291] y de consumo. Todas ellas, en cualquier caso, se hallan fuera del ámbito competencial del Juez de Paz, en unos casos por quedar al margen de su competencia genérica, al corresponder al orden laboral o administrativo; en otros, por atribuirse a órganos determinados como en el caso de materia de consumo[292]; y, por último, como luego veremos en relación con la mediación

[290] Sobre los medios alternativos en este ámbito puede verse PÉREZ MORENO, A., "Procedimientos de conciliación, mediación y arbitraje como alternativa a la vía administrativa de recurso", en *Revista Andaluza de Administración Pública,* núm. 37, 2000, págs. 11-38. Ídem, "La conciliación judicial y otras alternativas jurisdiccionales en el orden contencioso-administrativo", en *Justicia Administrativa. Revista de Derecho Administrativo,* núm. 1, 1999, págs. 111-22. También, MOYA MEYER, H., "La conciliación en el orden jurisdiccional contencioso-administrativo. Los juicios provisionales, en *Revista del Poder Judicial,* núm. 74, 2004, págs. 231-40.

[291] En lo referente a la conciliación laboral puede verse, entre otros, LUJÁN ALCARAZ, J., "La reforma procesal 2009-2010: la nueva conciliación procesal", en *Aranzadi social,* núm. 22, 2010. Asimismo, acerca de los medios alternativos a la jurisdicción en el ámbito de las relaciones laborales, puede verse VALDÉS DAL-RÉ, F., "Conciliación, mediación y arbitraje en los países de la Unión Europea", en *Relaciones laborales,* págs. 321-42. RODRÍGUEZ CRESPO, M. J., "La conciliación extrajudicial y la no obstaculización del derecho de tutela judicial efectiva en la doctrina del Tribunal Constitucional", en *Temas Laborales,* núm. 62, 2001, págs. 127-54.

[292] Según el art. 5.1 del Real Decreto 231/2008, de 15 de febrero, por el que se regula el Sistema Arbitral de Consumo, *"las Juntas Arbitrales de Consumo son los órganos administrativos de gestión del arbitraje institucional de consumo y prestan servicios de carácter técnico, administrativo y de secretaría, tanto a las partes como a los árbitros".* La Comisión de las Juntas Arbitrales de Consumo es un órgano colegiado, adscrito funcionalmente al Instituto Nacional del Consumo a través de la Junta Arbitral Nacional, con competencia para el establecimiento de criterios homogéneos en el Sistema Arbitral de Consumo y la resolución de los recursos (art. 9 RD 231/2008).

penal, por no encontrarse regulada actualmente en nuestro ordenamiento jurídico, sin perjuicio de aquello previsto en materia de menores que, en cualquier caso, quedaría igualmente excluido del ámbito competencial del Juez de Paz por corresponder en todo caso al Juzgado de Menores.

B) Orden jurisdiccional penal

Si en el orden civil la exclusión de la función es consecuencia de la regulación de la mediación en materia civil y mercantil, en el orden penal la conclusión será exactamente la misma pero por todo lo contrario: porque no existe en la actualidad regulación alguna de la mediación penal para adultos en el ordenamiento jurídico español.

En materia penal de menores, los arts. 19 y 51 de la LO 5/2000, de 12 de enero, Reguladora de la Responsabilidad Penal de los Menores[293]

Y según el art. 16 del mismo *"la Administración, entre personal a su servicio, las asociaciones de consumidores y usuarios inscritas en el Registro estatal de asociaciones de consumidores y usuarios o que reúnan los requisitos exigidos por la normativa autonómica que les resulte de aplicación, las organizaciones empresariales o profesionales legalmente constituidas y, en su caso, las Cámaras de Comercio, propondrán al presidente de la Junta Arbitral de Consumo las personas que actuarán como árbitros en los procedimientos arbitrales que se sustancien en ella"*.

[293] En el punto 9 de la Exposición de motivos se indica que *"se instaura un sistema de garantías adecuado a la pretensión procesal, asegurando que la imposición de la sanción se efectuará tras vencer la presunción de inocencia, pero sin obstaculizar los criterios educativos y de valoración del interés del menor que presiden este proceso, haciendo al mismo tiempo un uso flexible del principio de intervención mínima, en el sentido de dotar de relevancia a las posibilidades de no apertura del procedimiento o renuncia al mismo, al resarcimiento anticipado o conciliación entre el infractor y la víctima, y a los supuestos de suspensión condicional de la medida impuesta o de sustitución de la misma durante su ejecución"*. Igualmente, el punto 13 señala que *"un interés particular revisten en el contexto de la Ley los temas de la reparación del daño causado y la conciliación del delincuente con la víctima como situaciones que, en aras del principio de intervención mínima, y con el concurso mediador del equipo técnico, pueden dar lugar a la no incoación o sobreseimiento del expediente, o a la finalización del cumplimiento de la medida impuesta, en un claro predominio, una vez más, de los criterios educativos y resocializadores sobre los de una defensa social esencialmente basada en la prevención general y que pudiera resultar contraproducente para el futuro. La reparación del daño causado y la conciliación con la víctima presentan el común denominador de que el ofensor y el perjudicado por la infracción llegan a un acuerdo, cuyo cumplimiento por parte del menor termina con el conflicto jurídico iniciado por su causa. La conciliación tiene por objeto que la víctima reciba una satisfacción psicológica a cargo del menor infractor, quien ha de arrepentirse del daño causado y estar dispuesto a disculparse. La medida se aplicará cuando el menor efectivamente se arrepienta y se disculpe, y la persona*

(y art. 5 de su reglamento, aprobado por RD 1774/2004, de 30 de julio), permite el sobreseimiento del expediente por conciliación o reparación entre el menor y la víctima, así como la sustitución o finalización de las medidas impuestas. De ese modo introduce ciertos mecanismos alternativos de solución que evitan el proceso penal *stricto sensu*[294]. Sin embargo, todo lo relativo a menores queda en cualquier caso excluido *per se* del ámbito competencial del Juez de Paz, en cuanto su conocimiento se atribuye únicamente el Juez de Menores (arts. 97 LOPJ, 30 y 33 LO 5/2000 citada).

Aunque se haya calificado como "tema imprescindible", "realidad en nuestro sistema", "instrumento que está siendo puesto en práctica por numerosos órganos jurisdiccionales"[295], al margen de la citada regulación específica y de los mecanismos que indirectamente implican una cierta posibilidad de solución alternativa a la imposición de una pena[296], como la atenuante de reparación del art. 21.5 CP[297], el perdón del ofendido en determinadas infrac-

---

ofendida lo acepte y otorgue su perdón... " Sobre este tema puede verse ALCÁCER GUIRAO, R., "La mediación penal y la atenuante de reparación. Similitudes y criterios de aplicación", *en Justicia restaurativa, mediación penal y penitenciaria: un renovado impulso,* (coor.: MARTÍNEZ ESCAMILLA y SÁNCHEZ ÁLVAREZ), Reus, Madrid, 2011, págs. 109-26.

[294] Véase, por todos, VVAA, *Proceso Penal de Menores,* (coor.: GONZÁLEZ PILLADO), Tirant lo Blanch, Valencia, 2008. COBOS GÓMEZ DE LINARES, M. A., "La mediación en la Ley Orgánica reguladora de la responsabilidad penal de los menores, y su reglamento", *en Justicia restaurativa, mediación penal y penitenciaria: un renovado impulso,* (coor.: MARTÍNEZ ESCAMILLA y SÁNCHEZ ÁLVAREZ), Reus, Madrid, 2011, págs. 309-39. *CRUZ* MÁRQUEZ, B., "La mediación en la Ley orgánica 5/2000, reguladora de las responsabilidad penal de los menores: conciliación y reparación del daño", en *Revista electrónica de ciencia penal y criminología,* 2005, pág. 1-33. MARTÍNEZ SOTO, T., "Mediación penal y su implantación en España: Ámbito de la responsabilidad del menor. Estudio comparativo con Reino Unido", en *Riedpa.com Revista Internacional de Estudios de Derecho procesal y Arbitraje*, núm. 1, 2011, págs. 1-44.

[295] Son todo calificativos que aporta MARTÍNEZ ESCAMILLA, M., "La mediación penal en España: estado de la cuestión", *en Justicia restaurativa, mediación penal y penitenciaria: un renovado impulso,* (coor.: MARTÍNEZ ESCAMILLA y SÁNCHEZ ÁLVAREZ), Reus, Madrid, 2011, pág. 15.

[296] Una referencia a las posibilidades que más o menos remotamente atienden a una cierta "mediación" pueden verse en MANZANARES SAMANIEGO, J. L., *Mediación, reparación y conciliación en el Derecho Penal,* cit., págs. 59-120.

[297] Para MARTÍNEZ ARRIETA, A., "La mediación como tercera vía de respuesta a la infracción penal", en *Mediación penal y penitenciaria. 10 años de camino,* Fundación Agape, Madrid, 2010, págs. 84-5, se refiere al art. 21.5 CP como normativa reguladora de la mediación en España. Así y todo, junto a las referencias a la reparación en la atenuante del 21.5ª CP, podrían añadirse también ciertas atenuantes como la del art. 340 CP, excusas absolutorias y exenciones de responsabilidad

ciones[298], el indulto[299] o la conformidad[300], así como de algunas experiencias piloto que se han desarrollado en algunas comunidades autónomas[301], el ordenamiento jurídico español no contiene regulación alguna de la mediación penal para los adultos[302]. Por tal motivo, ante la carencia de regulación de una mediación como tal en el proceso penal, resulta bastante sencillo fundar la incompatibilidad entre una inexistente actividad mediadora y la función jurisdiccional penal ejercida por el Juez de Paz.

No obstante la referida inexistencia de la mediación penal para adultos en el ordenamiento jurídico español, ha de reconocerse que no faltan ocasiones en que diversas normas expresamente aluden a la mediación penal, para excluirla. Es el caso del art. 44.5 LO 1/2004, integral de medidas contra la violencia de género, según el cual, *"en todos estos casos está vedada la mediación"*[303];

---

de los arts. 305.4, 307.3, 354.2, 426, 462, 268 y 225 bis 4 CP; las posibilidades de suspensión de la pena conforme el art. 81.3, 88.1, y 90 CP.

298 En delitos denominados "privados" como el de calumnias e injurias (art. 215.1 CP) en los que el perdón exime de responsabilidad penal (art. 215.3 CP), y se exige acto de conciliación previo con el querellado para la admisión de querella (art. 804 LECrim). Entre los delitos semiprivados como los de manipulación genética del art. 161.2 CP, agresiones, acoso o abuso sexuales del art. 191.1 CP (si bien en estos el perdón del ofendido no extingue la acción penal ni la responsabilidad conforme al art. 191.2 CP), descubrimiento y revelación de secretos del art. 201 CP, abandono de familia, menores e incapaces conforme al art. 228 CP, así como, entre otros, los delitos de los arts. 287, 267, 296 CP. Igualmente, las faltas de amenazas, coacciones, injurias y vejaciones leves del art. 620 CP, así como algunas de imprudencia grave con lesiones del art. 621 CP. El perdón se regula en el art. 130.5 CP.

299 Ley del Indulto de 18 de junio de 1870, todavía vigente en la actualidad.

300 Arts. 655 y 694, 784.3 y 787.1 LECrim.

301 Como es el caso de la Oficina de Asistencia a la Víctima dependiente de la Dirección de Justicia de la Generalitat Valenciana. Véase VIDOSA, F. G., y DE JORGE MESAS, L. F., "Mediación. Primera experiencia de adultos en España", en *Poder Judicial*, núm. 39, 1995, págs. 459-75. En relación con la experiencia en Catalunya, véase una referencia en SERRATUSELL SALVADÓ, L., y MARTÍNEZ CAMPS, M. M., "Programa de mediación y reparación penal. Departamento de Justicia. Generalitat de Catalunya", en *Mediación penal y penitenciaria. 10 años de experiencia,* Fundación Agape, Madrid, 2010, págs. 115-33. En relación con el País Vasco, LAUCIRICA RUBIO, N. "Mediación penal. La puesta en marcha de los servicios de mediación penal en el País Vasco", cit., págs. 159-78. Y en la Comunidad de Madrid, GARRIDO RUIZ, R. M., "Experiencia piloto de mediación en faltas en los Juzgados de Instrucción de Madrid", cit., págs. 179-98.

302 A esto MARTÍNEZ ECAMILLA, M., "La mediación penal en España: estado de la cuestión", cit., pág. 16 lo denomina como "anomia legal".

303 Sobre la violencia de género y mediación penal, véase, SÁEZ RODRÍGUEZ, C., "La estrategia penal contra la violencia de género en su complicado encaje con la mediación penal", *en*

como también el art. 2.2.a LMC, que excluye de su ámbito, entre otras, la mediación penal. Estas curiosas alusiones, aunque excluyentes, posiblemente sean el preludio de una futura regulación, en cumplimiento, de otro lado, de los arts. 10 y 17 de Decisión Marco del Consejo de la Unión Europea, de 15 de marzo de 2001, relativa al estatuto de la víctima en el proceso penal, por los que *"los Estados miembros procurarán la mediación en las causas penales... velarán para que pueda tomarse en consideración todo acuerdo entre víctima e inculpado que se haya alcanzado con ocasión de la mediación... Los Estados miembros pondrán en vigor las disposiciones legales necesarias para dar cumplimiento a lo estipulado, a más tardar el 22 de marzo de 2006*".

Sin embargo, aunque la mediación penal pueda en el futuro ser regulada en nuestro ordenamiento jurídico, seguiría siendo en cualquier caso una vía alternativa incompatible para el titular de la potestad jurisdiccional, incluido el Juez de Paz. De entrada, son válidas las consideraciones generales sobre la actividad de mediar y la función jurisdiccional. La implicación del mediador en el asunto, quien toma postura hasta el punto de proponer una solución concreta al conflicto, resulta incompatible con el ejercicio de potestad jurisdiccional que, en definitiva, también ofrece una solución al conflicto, aunque sea imponiéndola como resultado de aplicar el derecho objetivo en el caso concreto. Partiendo de la relación inversamente proporcional entre mediar y juzgar, ambas actividades operan en planos separados e incompatibles. Esta circunstancia es la que justifica y explica que la actividad de mediar haya quedado siempre vedada al titular de la potestad jurisdiccional en el orden civil. Y es de prever que ocurra exactamente lo mismo en el orden penal.

Y en efecto, las propuestas formuladas en el diseño de la futura mediación penal parten y presuponen la operatividad de la mediación y jurisdicción en planos distintos e incompatibles. De es modo, la única relación del Juez de Paz con una hipotética mediación penal se limitaría a lo sumo a que este informe a las partes de su existencia y de las posibilidades que permite para alcanzar una solución.

Justicia restaurativa, mediación penal y penitenciaria: un renovado impulso, (coor.: MARTÍNEZ ESCAMILLA y SÁNCHEZ ÁLVAREZ), Reus, Madrid, 2011, págs. 211-72.

Entre las líneas que seguirá una hipotética y futura mediación penal destacan, por ser incoherentes e incompatibles con la función de juzgar, las siguientes[304]:

1.ª En su naturaleza, la mediación implica desjudicializar puesto que la solución del conflicto no requiere la intervención judicial ni la aplicación del derecho objetivo en el caso concreto.

2.ª En su organización, mediador y juzgador se integran en órganos distintos. De oficio, previo acuerdo o a iniciativa de alguna de las partes, el juez derivará el conocimiento de la mediación a otro órgano, el correspondiente servicio específico que pueda articularse a tal efecto. De hecho, el encargado de dirigir los trámites de mediación es el mediador, no el juez, sin perjuicio de que su actividad pueda ser judicialmente fiscalizada.

3.ª En su función, la jurisdicción solamente se inmiscuye en la mediación para un control externo. Dada la autonomía funcional de la mediación, la intervención judicial a lo sumo se limitaría a preservar las garantías procesales así como a supervisar la legalidad del procedimiento mediador, excluyendo el control judicial respecto del contenido material de las actuaciones de mediación.

4.ª En su operatividad, la actividad de mediar implica tomar conocimiento de informaciones que impedirían la actividad jurisdiccional con garantías. En relación con el deber de confidencialidad del mediador, y a los efectos de preservar la imparcialidad del juzgador en caso de que deba intervenir, este no deberá tener conocimiento de los contenidos integrantes en el devenir de la mediación, salvo que sean ratificados por las partes en presencia judicial. Al efecto de preservar el derecho a no declararse culpable y a no inculparse, quedará vedado al mediador revelar los aspectos integrantes de la mediación tales como contenidos, propuestas, posiciones previas, reuniones, así como también formular valoraciones sobre dichos aspectos. Y a los efectos de respetar el derecho a la presunción de inocencia, el juzgador consecuentemente no dispondrá de dichas informaciones, salvo el contenido de lo acordado o las partes decidan expresar y luego ratificar en juicio.

---

[304] Para un panorama de las líneas de esa posible regulación futura, véase GONZÁLEZ CANO, Mª. I., "La mediación penal en España", cit., págs. 19-52.

En definitiva, aún en el caso de que contáramos con una regulación de la mediación penal para adultos en el ordenamiento jurídico español, atendidas las líneas que se apuntan para su desarrollo futuro, resultaría igualmente incompatible con la función jurisdiccional, por tanto, también con la atribución y ejercicio de la potestad jurisdiccional que hoy por hoy mantiene el Juez de Paz en España.

II. LA CONCILIACIÓN, ÚNICA ALTERNATIVA A LA JURISDICCIÓN EN EL ÁMBITO COMPETENCIAL DEL JUEZ DE PAZ

1. Generalidades

Excluido todo el elenco anterior de vías alternativas a la jurisdicción, el Juez de Paz solamente tendrá competencias en la llamada "conciliación penal" y, sobre todo, en la civil, como vía alternativa de solución de conflictos.

Ahora bien, que tenga atribuida competencias para conciliar, no significa que deba resolver todas y cada una de las pretensiones, desde luego penales pero también civiles, mediante la conciliación o buscando principalmente una solución del conflicto por las propias partes. Esto solamente se producirá cuando se le formule una solicitud expresa por una parte, cumplidos los requisitos y presupuestos legalmente establecidos. Ni tampoco implica que el Juez de Paz, como de otro lado sería lo lógico en su condición de lego en derecho, deba resolver simplemente en equidad y sin aplicar el derecho en el caso concreto. En el hipotético (e improbable) supuesto de que se formule ante un Juzgado de Paz una pretensión civil que, por ser inferior a noventa euros y adecuarse por la cuantía, se halle en su ámbito competencial, deberá resolver aplicando el derecho objetivo, tanto procesal como material. Todo ello sin perjuicio de que esto en ocasiones pueda derivar en un intento de conciliación intraprocesal, como ocurre expresamente en el contexto del juicio ordinario (art. 415.1.II LEC) y con mayores dudas en el verbal, que es el que sustanciaría el Juez de Paz. Y ahí quedaría toda su "función conciliadora".

Sin embargo, no conviene minimizar la importancia de la conciliación civil ni el extraordinario protagonismo que confiere al Juez de Paz el hecho de que el auto de aprobación de lo eventualmente convenido sea título de ejecución con independencia de que el asunto quede fuera o dentro de su competencia. De hecho, el Juez de Paz perfectamente puede aprobar un convenio alcanzado por las partes relativo a materias de muy diversa naturaleza, solamente con que no estén prohibidas (art. 460.II LEC 1881) y sobre cualquier cuantía por elevada que sea. Una vez alcanzado el acuerdo y dictado el auto de homologación por el Juez de Paz, dicha resolución permitirá abrir un proceso de ejecución sin necesidad de un proceso de declaración previo.

En relación con la llamada conciliación penal, ha de señalarse que tiene un ámbito absolutamente restringido y, en la práctica, muy poco utilizado[305]. El art. 804 LECrim se limita a disponer que *"no se admitirá querella por injuria o calumnia inferidas a particulares si no se presenta certificación de haber celebrado el querellante acto de conciliación con el querellado, o de haberlo intentado sin efecto"*. De este modo el precepto configura un requisito de procedibilidad cuyo cumplimiento ha de acreditarse con anterioridad al momento de presentar la querella para que pueda iniciarse el procedimiento ante el Juzgado o Tribunal que corresponda[306]. No se trata, por tanto, de las incidencias a que se refiere el art. 9 LECrim, sino que nos encontramos ante el procedimiento de conciliación regulado en los arts. 460 y ss LEC 1881[307]. Es más, cuando el Juez de Paz conoce de este acto de "conciliación penal", no obstante derivar de hechos tipificados como delito o falta, puede afirmarse que actúa como órgano civil[308]. De hecho, si, conforme al art. 463.1 LEC 1881, no

---

305 SERRATS PALAU, J., "La administración de justicia penal en los juzgados de paz", cit., pág. 305, afirma tajantemente sobre este acto de conciliación penal que *"en la práctica no se realiza ninguno ante el Juzgado de Paz"*.

306 Véase, ALCORTA PASCUAL, M., "El acto de conciliación como requisito de procedibilidad en los delitos de injurias y calumnias inferidas a particulares", en *La Ley Penal*, núm. 12, 2004, págs. 62-8.

307 ATSJ Andalucía (sede Granada), Secc. 1ª, 26 de julio de 2005, Ponente: Jerónimo Garvín Ojeda, IdCendoj: 18087310012005200056.

308 Por tal motivo, para conocer de una conciliación previa a querella de calumnias e injurias entre miembros de la guardia civil, según el AAP Pontevedra, Secc. 1ª, 14 de febrero de 2008, Ponente: D. Manuel Almenar Belenguer (IdCendoj: 36038370012008200012), son competentes los órganos jurisdiccionales civiles, siempre que no exceda del contenido de un acto de conciliación. Dice esta resolución que *"la competencia para conocer de los actos de conciliación corresponde a la jurisdicción ordinaria, y más concretamente, al orden jurisdiccional civil, no sólo porque así se prevé de forma expresa, sino porque, primero, la propia Ley Orgánica del Poder Judicial determina las materias que, en el orden civil, corresponden a la jurisdicción militar con carácter*

se atribuyera competencia al Juzgado de Paz, conocerá el Secretario judicial del Juzgado de Primera Instancia correspondiente, y no ningún otro órgano jurisdiccional penal, sea Juzgado de Instrucción o de lo Penal ni, todavía menos, Audiencia Provincial. Por todo ello, la LECrim no contiene norma especial ni regula trámite alguno para conocer de estas llamadas "conciliaciones penales", sino que sus trámites se contienen, como he indicado, en la LEC 1881[309], al menos hasta que se regule la Ley de la Jurisdicción Voluntaria.

De otro lado, con carácter general y como solución alterativa a la jurisdicción, la conciliación genéricamente ha sido entendida como actividad entre quienes mantienen un conflicto jurídico de intereses y en presencia de un tercero, con el objeto de resolver dicho conflicto mediante el acuerdo[310]. En palabras de la STC 155/2011, 17 de octubre, *"la conciliación preprocesal*

---

excepcional y limitado a diligencias de prevención, entre las que no se encuentran los actos de conciliación, y, segundo, la Ley Orgánica de Competencia y Organización de la Jurisdicción Militar restringe el ámbito competencial de esta jurisdicción a la materia penal, tutela judicial en vía disciplinaria y de los derechos reconocidos en las normas de desarrollo. En consecuencia, el orden jurisdiccional civil no puede abstenerse del conocimiento de un acto de conciliación por estimar que la competencia corresponde a la jurisdicción militar".

309 Sin perjuicio de que, como ha manifestado el AAP Madrid, Secc. 10ª, 2 de octubre 2007, Ponente: D. Ángel Vicente Illescas Rus, IdCendoj: 28079370102007200186, procede la aplicación íntegra de la parte general de LEC, incluida la relativa a los actos de comunicación, y concretamente el art. 156 LEC.

310 En palabras de BELLIDO PENADÉS, R., "Capítulo 2", en *Derecho Procesal Civil,* (con otros), Thomson-Reuters Aranzadi, 11ª ed., Cizur Menor, 2012, pág. 114, la conciliación *"es una actividad desarrollada por los sujetos entre los que existe un conflicto jurídico de intereses y en presencia de un tercero, en la que se pretende la resolución del conflicto mediante la obtención de un acuerdo entre los sujetos implicados en el mismo"*. Por su parte, el AAP Sevilla, Sec. 5ª, 1 de abril de 2004, Ponente: D. Fernando Sanz Talayero, IdCendoj: 41091370052004200074, afirma que *"el acto de conciliación es un procedimiento preventivo del proceso que tiene por finalidad evitar un proceso contencioso alcanzando un acuerdo entre las partes, mediante la avenencia del demandado a reconocer el incumplimiento. Es un acto tendente a lograr la pacificación que tiene por objeto una actividad conciliadora de avenencia entre el sujeto activo y el sujeto pasivo de la pretensión. El acto de conciliación puede intentarse antes de promover cualquier juicio, excepto en los cuatro casos que contempla el art. 460 de la LEC de 1881, para evitarlo mediante la consecución de que el obligado pague o cumpla su obligación ya de inmediato, ya en la forma, plazo y con las condiciones a las que las partes lleguen en ese momento. Si se logra el acuerdo se puede pedir su ejecución ante el Juez si fuese competente para ello. Y si no se logra, queda expedita la vía del juicio declarativo correspondiente. La conciliación opera directamente en torno al derecho y relación preexistente que hubiera podido ser objeto de discusión en el litigio, y concede a las partes amplio margen de libertad para desenvolver o constituir de nuevo dicha relación".*

civil no persigue el ejercicio de jurisdicción en sentido estricto, esto es, que un tribunal resuelva un determinado conflicto de intereses mediante la realización del derecho objetivo ("juzgar", en términos del art. 117.3 CE), sino sólo que se propicien las condiciones para una comunicación directa entre las partes, encaminada a facilitar un acuerdo entre ellas"[311]. Se obtendrá así una solución con iniciales ventajas pues, al menos desde la perspectiva de las partes implicadas y siempre que se haya adoptado de forma libre y voluntaria, se supone que será justa y pacífica.

La función de tercero conciliador corresponderá, según los casos, a un Secretario judicial o a un Juez de Paz, en función del domicilio del solicitado o, en ocasiones, también del solicitante de conciliación. Tratándose del Juez de Paz, actuará judicial pero no jurisdiccionalmente pues su función no será la de actuar el derecho objetivo en el caso concreto (en principio con eficacia de cosa juzgada y mediante heterotutela) sino meramente la de intentar acercar posturas[312]. Esto no excluye, de otro lado, que quien solicite la conciliación merezca el reconocimiento del derecho "de acceso a la jurisdicción"[313].

Precisamente se ha permitido o autorizado que el Juez, titular de potestad jurisdiccional, participe como conciliador, por ser mínima su intervención en la solución del conflicto, limitándose a acercar posiciones pero sin tomar partido por ninguna de ellas[314]. Esta particular situación de distancia sobre el asunto en conflicto le impide ofrecer una solución concreta a las partes sobre el mismo aunque esta no sea vinculante. A pesar de la diversidad y confusión conceptual

---

[311] En palabras de la SAP Toledo, Sec. 2ª, 27 de junio de 2002, Ponente: D. Juan Manuel de la Cruz Mora, EDJ 2002/46701, señala que *"el acto de conciliación no implica un verdadero procedimiento jurisdiccional sino un proceso de eliminación que desarrollado ante el Juez de Paz, en este caso, intenta que las discrepancias de las partes sobre un objeto litigioso, desaparezcan, llegando a una avenencia o convenio que evite el pleito"*.

[312] Entre otros, BELLIDO PENADÉS, R., "Capítulo 2", en *Derecho Procesal Civil,* (con otros), cit., pág. 114.

[313] Afirma la STC 155/2011, 17 de octubre, que *"tanto si se atiende al carácter tutelador de la actividad judicial que se presta en la conciliación preprocesal, como a su naturaleza propia de actividad de jurisdicción voluntaria para la que este Tribunal ha reconocido los derechos procesales del art. 24 CE, nada obsta a que se le dispense el mismo trato a dicha conciliación, lo que se traduce, específicamente y en lo que aquí importa, en el reconocimiento para el justiciable que hace uso de este cauce, del derecho de acceso a la jurisdicción"*.

[314] MONTERO AROCA, J., "Bosquejo histórico de la conciliación hasta la Ley de Enjuiciamiento Civil de 1855", en *Revista de Derecho Procesal,* 1971, págs. 863-869.

entre conciliación y mediación que en ocasiones se mantiene[315], y de que se haya llegado a afirmar la imposibilidad de realizar una distinción jurídica absoluta entre ambas vías[316], ha de resultar indubitado que la actividad de conciliar no cabe la formulación de una propuesta de solución en concreto[317]. En ella, el tercero (Secretario judicial o Juez de Paz) se limitará a poner en común a las partes y a favorecer e incitar de ese modo el acuerdo entre ellas, con una per-

[315] Los ejemplos son variados. En lo que se refiere a la doctrina, por ejemplo, BLAIN, N., GOODMAN, J., y LOEWENBERG, J., "La mediación, la conciliación y el arbitraje. Comparación entre Australia, Gran Bretaña y Estados Unidos de América", en *Revista Internacional del Trabajo,* vol.106, núm. 1, enero-marzo 1987, pág. 113, advierten que *"en sentido lato, empleamos indistintamente los términos "mediación" y "conciliación" para designar la acción de un intercesor o de una tercera parte que contribuyen a la solución de un conflicto laboral"*. En la legislación, puede mencionarse el tenor de los arts. 456.3 c LOPJ y 84 Ley de la Jurisdicción Social, referido en este o similares términos a que se *"intentará la conciliación, llevando a cabo la labor mediadora que le es propia"*.

[316] SOLETO MUÑOZ, H., "La mediación: método de resolución alternativa de conflictos en el proceso civil español", en *Revista Eletrônica de Direito Processual*, vol. III, 2009, pág. 69.

[317] Entre otros, MONTERO AROCA, J., "La conciliación preventiva en el proceso civil. (Notas para la reforma de la Ley de Enjuiciamiento)", cit., pág. 882. ROBLES GARZÓN, J. A., *Conceptos básicos de Derecho Procesal Civil,* (con otros), Tecnos, Madrid, 2008, pág. 33. ARAGONESES MARTÍNEZ, S. y HINOJOSA SEGOVIA, R., *Lecciones de Derecho Procesal Civil. Introducción, parte general, procesos declarativos ordinarios y sus especialidades,* Eura, Madrid, 2008, pág. 27. Algún autor, como es el caso de AVILÉS NAVARRO, M., "La conciliación civil preprocesal", cit., pág. 6, va más allá, pues entiende que no cabe que el tercero incite a las partes a alcanzar un acuerdo, ni adopte medidas persuasivas. Fuera de nuestras fronteras, es habitual la distinción entre conciliación y mediación en este mismo punto, pero, por el contrario, considerando que el conciliador será quien podrá proponer soluciones y no el mediador. Así, por ejemplo, ARMIENTA CALDERÓN, G. M., "La conciliación como medio de solución de los litigios agrarios y laborales en el Derecho procesal mexicano", en *Revista de Derecho Procesal,* núm. 1, 1996, pág. 164 indica que *"la conciliación se distingue de la mediación, porque si bien esta última tiene, como la primera, la naturaleza material de la transacción, en ella no se propone a las partes una solución, que en la conciliación judicial debe surgir del mismo Órgano jurisdiccional; el cual busca siempre la justicia en la solución del litigio"*. WAIMBERG CÁCERES, P., y PALACIOS FANTILLI, J. M., *Manual de Mediación. Nociones para la resolución pacífica de conflictos,* (coor.: ALTAMIRANO, J. V.), Corte Suprema de Justicia, Asunción, 2005, pág. 4. En la misma línea, OSCAR MÉNDEZ, H., "La conciliación. Su revitalización como medio alternativo de resolución de conflictos", en *Revista Vasca de Derecho Procesal y Arbitraje,* vol. 12, núm. 1, 2000, págs. 40-1. No obstante, la distinción se desdibuja cuando el mismo autor y obra (pág. 45) da cuenta de la que denomina "pseudomediación" en la que, señala, *"el mediador no solo opina abiertamente sobre los puntos débiles y las fortalezas de las respectivas posturas... sino que también aventura predicciones sobre el desarrollo y desenlace del eventual proceso judicial, que seguirá en caso de no prosperar el intento de acuerdo y finalmente recomienda, concreta y específicamente, fórmulas transaccionales"*.

suasión tal que se favorezca el acuerdo pero que no implique al tercero tomar partido por ninguna de las posiciones. La dificultad para definir con exactitud dónde se encuentra el límite exacto en el que la actuación involucra al tercero es exactamente la misma que dificulta deslindar con precisión la actividad realizada por el tercero conciliador y el mediador. No obstante las dificultades, cuando el Juez de Paz actúe como tercero conciliador no adoptará posturas por la que tome partido en el conflicto y por ello, quede involucrado hasta tal punto que pueda considerarse "contaminado" y, así, comprometida objetivamente su imparcialidad. Todo ello es lo que, en mi opinión, hace incompatible la función jurisdiccional y la mediación (como también el arbitraje) en una misma persona. La separación de funciones jurisdiccionales y las alternativas a la misma se ha erigido en *conditio sine qua non* que ha configurado el diseño organizativo y procedimental de nuestro sistema procesal. Sin embargo, no ha impedido que el titular de la potestad jurisdiccional actúe en ciertos casos como tercero conciliador[318]. Todo ello ofrece como resultado, en definitiva, que no solamente el Juez de Paz en su función conciliadora tendrá vedado imponer forzosamente ninguna solución como le es propio cuando ejerce potestad jurisdiccional, sino que tampoco deberá formular proposiciones concretas de solución para que sean aceptadas por las partes si lo estiman conveniente, moderando igualmente su actividad persuasiva e incentivadora del acuerdo lo suficiente como para no tomar partido ni involucrarse en el asunto.

Ciertamente, cuando el Juez de Paz actúa como tercero conciliador no está ejerciendo jurisdicción. Por eso se entiende que su actuación en ese ámbito es judicial pero no jurisdiccional, o, por lo mismo, que se trata a lo sumo de la llamada jurisdicción voluntaria[319]. Precisamente esa circunstancia ha permi-

---

[318] Opinión contraria, MONTES REYES, A., "Justificación e inconvenientes del acto de conciliación en el proceso civil", cit., págs. 269 y 272, en relación con la conciliación intraprocesal, entiende que no es tanto porque pierda su imparcialidad sino, afirma, *"porque el conocimiento que ha de adquirir en su actividad conciliatoria puede inducirle a un determinado resultado en la sentencia"*.

[319] MONTERO AROCA, J., "La conciliación preventiva en el proceso civil", cit., págs. 875-95. MORENO CATENA, V., *Derecho Procesal Civil. Parte general,* (con CORTÉS y GIMENO), Colex, Madrid, 2001, pág. 164, e Ídem, *Derecho Procesal Civil,* (con CORTÉS), Tirant lo Blanch, 4ª ed., 2010, Valencia, pág. 114, señala que la intervención del tercero (en este caso, el Juez de Paz o de Primera Instancia) se dirige a cooperar en la solución, y no a imponerla. Por ello, con cita de ALCALÁ ZAMORA, la naturaleza de estos actos de conciliación no puede calificarse como de jurisdiccional *estrictu sensu*, sino de jurisdicción voluntaria.

tido, de un lado, que la vigente LEC no contenga su regulación[320]; y de otro, que la conciliación en el ámbito del Juzgado de Primera Instancia sea atribuida al Secretario judicial[321].

Ahora bien, la naturaleza del acuerdo de conciliación, del mismo modo que ocurre con cualquier otro tipo de transacción, es jurídico-material, porque son las partes las que con su voluntad regulan, con el fin de resolverla, la situación litigiosa, y no el tribunal el que decide ejercitando la potestad jurisdiccional[322]. Esta naturaleza explica por lo demás el tratamiento de los vicios de la voluntad. En la transacción, las causas son los establecidas en los artículos 1817 a 1819 CC, correspondientes al negocio jurídico privado; y en la conciliación, el art. 477 LEC 1881 es elocuente cuando prevé que contra lo convenido *"podrá ejercitarse la acción de nulidad por las causas que invalidan los contratos"*. Ahora bien, tienen sin duda naturaleza procesal no el acuerdo en sí mismo, pero sí los actos de las partes y del Juez necesarios para dicho acuerdo se articule como una conciliación y tengan eficacia ejecutiva, particularmente el auto que apruebe el acuerdo.

Antes de entrar en la regulación concreta de la conciliación y en relación con el proceso que se haya iniciado o pueda instrumentarse en el futuro, conviene deslindar la conciliación preventiva o preprocesal respecto de la intraprocesal. La primera tendrá como finalidad evitar la sustanciación de una solución heterocompositiva, sin perjuicio de otros efectos que también pueden

---

[320] Como indica la Exposición de Motivos (punto V, párrafo, primero) LEC, *"se configura con exclusión de la materia relativa a la denominada jurisdicción voluntaria, que, como en otros países, parece preferible regular en ley distinta, donde han de llevarse las disposiciones sobre una conciliación que ha dejado de ser obligatoria"*.

[321] La compatibilidad de la jurisdicción y la conciliación ejercida por la misma persona solamente se mantiene en el caso del Juez de Paz. Como es sabido, desde la reforma operada por la Ley 13/2009, de 3 de noviembre, sobre el art. 460 LEC 1881, los actos de conciliación se sustanciarán en el resto de supuestos, ante el Secretario Judicial del Juzgado de Primera Instancia, y no ante el Juez.

[322] ORTELLS RAMOS, M., *Derecho Procesal Civil,*(con otros), cit., pág. 463. Por su parte, indica el AAP Teruel, 24 de noviembre de 2004, Ponente: D. José Antonio Ochoa Fernández (EDJ 2004/183429) que *"esta actividad de avenencia total o parcial, cualquier que sea la denominación que queramos darle, en esencia no es otra cosa, en la mayor parte de los casos, que una Transacción Judicial que tiene como último fin la terminación o conclusión del proceso y que conlleva –pues es la esencia de toda transacción, conciliación o acuerdo– la renuncia parcial o total de algunas pretensiones por parte del actor y del demandado"*.

ser pretendidos y que derivan de la mera solicitud de conciliación (interrupción de plazos de prescripción[323], o una futura imposición de costas por entenderse en todo caso que existe mala fe del demandado en caso de que este se allane antes de contestarla conforme al art. 395 LEC). La intraprocesal, en la medida que ya ha sido iniciada la vía jurisdiccional, permite visualizar todavía con mayor claridad la finalidad de evitar la continuación del proceso mediante el acuerdo. A diferencia de la primera, esta se regula por la misma norma procesal que disciplina el proceso en tramitación, principalmente en lo que se refiere a la atribución competencial y trámites principales. Sin embargo, no se prevé expresamente que conozca de la misma el Juez de Paz, en cuanto no se regula específicamente en el contexto del juicio verbal, único que podrá sustanciar el Juez de Paz cuando ejerza jurisdicción en el proceso civil.

2. Conciliación preventiva o preprocesal ante el Juez de Paz

A) Regulación, carácter voluntario y potenciación

Mientras no entre en vigor la Ley de la Jurisdicción Voluntaria, conforme a la Disposición Derogatoria única 1. 2ª LEC por el que se mantienen vigentes las normas del Título I del Libro II (así como el artículo 11) de la LEC 1881, esta conciliación se sigue regulando por los arts. 460 a 480 de la LEC 1881.

A diferencia de lo ocurrido hasta la Ley 34/1984, de 6 de agosto, por el que reformó el art. 460 LEC 1881, la conciliación actualmente tiene carácter voluntario. Otra cosa es que, en algunos casos esta pueda quedar prohibida. Por esto deberá inadmitirse la solicitud en determinados supuestos, concretamente cuando se inicien juicios en que esté interesada una Administración, Corporación o Institución Pública; así como también los menores e incapacitados para la libre administración de sus bienes; igualmente los juicios de responsabilidad civil contra Jueces y Magistrados; y en general, todos los que versen sobre materias no susceptibles de transacción o compromiso.

[323] Así y todo, no siempre la conciliación tiene efectos interruptivos, como ocurre en el retracto de colindantes, además de tratarse de un plazo de caducidad, la STS (Sala 1ª, Secc. 1ª), 29 de mayo de 2006, Ponente: D. Antonio Salas Carceller (RJ 2006\3345) ha considerado que es necesario el ejercicio del derecho en plazo con la correspondiente consignación.

No obstante su carácter esencialmente voluntario, una de las partes insta a la otra a acudir ante el Juez de Paz (o, en su caso, el Secretario Judicial de un Juzgado de Primera Instancia) a los efectos principales de intentar llegar a un acuerdo que evite tener que sustanciar un proceso en el que el juez aplique el derecho objetivo en el caso concreto. No es obligatorio llegar a un acuerdo, pero la mera circunstancia de instar el acto de conciliación, como adelantaba, tendrá efectos eventualmente beneficiosos para el solicitante como es la interrupción de los plazos de prescripción y la eventual condena en costas al demandado en determinadas circunstancias.

El carácter voluntario de la conciliación no resta un ápice de importancia a esta vía de solución alternativa ni al protagonismo que corresponde al Juez de Paz desde la reforma operada por la Ley 13/2009, de 3 de noviembre, de reforma de la legislación procesal para la implantación de la nueva Oficina judicial. De entrada, el Juez de Paz será competente para conocer de la conciliación sin las limitaciones competenciales impuestas para al ejercicio de su potestad jurisdiccional y que, como es sabido, se reduce a los juicios verbales adecuados por la cuantía cuando esta no supere los noventa euros. Pero es más, desde la citada reforma, se otorga eficacia ejecutiva al auto que apruebe lo convenido por el Juez de Paz (art. 476.I LEC 1881) aunque se trate de asuntos fuera de su competencia para conocer ejerciendo jurisdicción o, lo que es lo mismo, a pesar de que se trate de conflictos cuya cuantía supere los noventa euros, sin límite cuantitativo ni cualitativo alguno.

Hasta la repetida Ley 13/2009, en los casos en que el Juez de Paz conociera en conciliación asuntos que no fueran de su competencia, la eficacia de lo convenido no superaba al que correspondería a un acuerdo de las partes consignado en documento público y solemne. Esto implicaba que el interés en formular actos de conciliación no pasara del de derivara de los efectos propios de la mera solicitud de conciliación (interrupción de la prescripción y eventuales efectos en futuras costas) o, a lo sumo y en el mejor de los casos, se dirigiera a obtener una prueba cualificada que solamente sería útil en el proceso declarativo ulterior que se pudiera formular.

En la actualidad, el título de ejecución, además de ser el auto dictado por el Juez de Paz que apruebe la conciliación (o, tratándose de conciliación competencia del Juzgado de Primera Instancia, el correspondiente decreto del Secretario), tendrá eficacia ejecutiva con independencia de que este fuera o no competente para conocer con jurisdicción del asunto. Por ese camino se pretende potenciar la conciliación como vía de solución alternativa a la jurisdicción porque los beneficios para el solicitante de conciliación, en los asuntos de cuantías superiores a noventa euros, pasan de representar mera prueba cualificada en un eventual proceso ulterior, a ser título de ejecución y, como tal, a permitir al demandante obviar el previo proceso declarativo en cualquier caso. Todo ello, desde el punto de vista del Juez de Paz, provoca que su protagonismo, poder y posibilidades prácticas de actuación, se incrementen considerablemente.

B) Competencia

Dispone el art. 463 LEC 1881 que *"los Juzgados de Primera Instancia o de Paz del domicilio del demandado serán los únicos competentes para que ante ellos se tramiten los actos de conciliación. Si el demandado fuere persona jurídica serán asimismo competentes los del lugar del domicilio del demandante, siempre que en éste radique delegación, sucursal u oficina abierta al público y sin perjuicio de la adecuada competencia que resulte para caso de posterior litigio"*. Como se observa, este precepto no impone requisitos sobre la naturaleza del asunto ni sobre la cuantía a los efectos de atribuir competencia[324]. Para que sea competente el Juez de Paz sencillamente será necesario que el domicilio del solicitado persona física radique en un municipio en el que no haya Juzgado de Primera Instancia e Instrucción, por lo que tendrá un Juzgado de Paz; o, siendo persona jurídica, también el del demandante, siempre que la solicitada tenga en el mismo delegación, sucursal u oficina abierta al público. Y

---

[324] Esta amplia atribución competencial y especial eficacia de la conciliación, atribuida sobre todo desde la Ley 13/2009, no representa ninguna novedad sino que se enmarca en un cierto "movimiento" tendente a atribuir amplias competencia al Juez de Paz en este ámbito. Salvando las distancias, valga como ejemplo el art. 11 de la Ley de Conciliación y Arbitraje de Honduras, aprobada por Decreto núm. 16-2000, que básicamente regula lo mismo cuando dispone que *"se faculta a los jueces de paz para que, en el lugar de su jurisdicción y sin consideración a la cuantía lleven a cabo audiencias de conciliación en todos aquellos asuntos que, conforme a esta ley, son susceptibles de la misma. La conciliación celebrada ante un juez de paz tendrá los mismos efectos que la promovida por un juez de letras dentro del proceso. De la audiencia de conciliación se levantará acta debidamente suscrita por las partes y el juez; de no llegar a un acuerdo, el acta servirá a las partes en un nuevo proceso cuando se intentare una nueva audiencia conciliatoria para no celebrarla; salvo que ambas partes así lo soliciten"*.

por si hubiera alguna duda, se "molesta" el precepto en destacar expresamente que esta atribución competencial corresponde "sin perjuicio" de la competencia para el posterior litigio. De este modo, reconoce que el Juez de Paz (o en su caso el Secretario judicial correspondiente) serán *"los únicos"* competentes para la conciliación para todo tipo de materias (penales a que se refiere el art. 480 LECrim[325] y civiles, incluidas las mercantiles) así como igualmente para toda cuantía, incluso, aunque con alguna jurisprudencia discrepante[326], también en aquellos casos en los por las especiales características de la materia y/o de las personas implicadas en la sustanciación del proceso correspondiente procedan normas competenciales específicas como aforamientos[327], o se atribuya

[325] En el acto de conciliación previo a la querella de injurias y calumnias frente a magistrado juez de instrucción, no es competente el TSJ a pesar del art. 73.3 b) LOPJ, sino el que determina el art. 463 LEC 1881 (ATSJ Andalucía (sede Granada), Secc. 1ª, 26 de julio de 2005, Ponente: Jerónimo Garvín Ojeda, IdCendoj: 18087310012005200056).

[326] LÓPEZ ORTEGA, F. J., "Jueces de Paz. Competencia", en Ponencia Jornada Jueces de Paz, (en web CGPJ), con cita del AAP Barcelona, Secc. 17ª, 17 de septiembre de 2009; y Secc. 15ª, de 23 de noviembre de 2005, se refiere a quienes *"mantienen la competencia de los Juzgados de lo Mercantil al entender que el artículo 86 ter 2. a) de la Ley Orgánica del Poder Judicial le atribuye el conocimiento de "aquellas cuestiones que dentro de este orden jurisdiccional –civil– se promuevan al amparo de la normativa reguladora de las sociedades mercantiles" debiéndose integrar en este precepto el artículo 460 LEC 1881 y los preceptos concordantes de la Ley de Enjuiciamiento Civil y Orgánica del Poder Judicial existentes aunque no hayan sido expresamente modificados, en el sentido de atribuir al Juzgado de lo Mercantil la competencia para conocer de los actos de jurisdicción voluntaria sobre cuestiones respecto de las que tiene atribuida la competencia según el artículo 86 ter 2 LOPJ"*.

[327] Es muy claro en ese sentido el ATSJ Comunidad Valenciana, Secc. 1ª, 31 de enero de 2011, Ponente: D. José Flors Matíes (IdCendoj: 46250310012011200008) que, a los efectos de declararse incompetente para conocer de un acto de conciliación penal frente a un aforado, argumenta rotundamente que *"La competencia de esta Sala de lo Civil y Penal se fija legalmente en el artículo 73 de la Ley Orgánica del Poder Judicial y en ninguno de sus apartados, letras y números se menciona el acto de conciliación, el cual, además, no puede entenderse incluido implícitamente (...) Igualmente, nada al respecto se menciona en el artículo 23 del Estatuto de Autonomía de la Comunidad Valenciana (...) la reforma procesal aludida y producida en virtud de la Ley 13/2009, al no tratarse de una función genuinamente jurisdiccional, atribuye su conocimiento al Secretario Judicial del Juzgado de 1ª Instancia o al Juez de Paz del domicilio del demandado como únicos órganos judiciales competentes para que ante ellos se tramite el procedimiento de conciliación. La conciliación, por tanto, se ha venido atribuyendo a los jueces de paz y a los jueces de primera instancia, en un principio, y actualmente tras la reforma indicada a los secretarios judiciales y al citado juez de paz, como se evidencia con la mera lectura del citado artículo 463 de la Ley procesal civil anterior, única norma aplicable en este momento, en la cual, se recalca como dijimos, que los secretarios judiciales y jueces de paz son "los únicos competentes" para todos los actos de*

el asunto a los Juzgados de lo Mercantil[328]. La única restricción competencial la tendrá el Juez de Paz para ejecutar dicho título, en cuanto tendrá los mismos límites que para conocer con jurisdicción. Por tanto, le corresponderá conocer solamente cuando la cuantía del procedimiento no supere los noventa euros conforme al art. 476 LEC 1881 y, además, el asunto no deba ser ejecutado por el Juzgado de lo Mercantil.

---

conciliación, y por ello, tanto los que pueden preceder a un proceso civil, como los que necesitan anteceder a un proceso penal".

[328] SAP A Coruña (Secc. 4ª), 11 de junio de 2008, Ponente: D. Antonio Miguel Fernández Montells y Fernández (JUR 2008\338546), argumenta en contra de la atribución del Juzgado de lo Mercantil para conocer de los actos de conciliación, por ser criterio seguido por un sector jurisprudencial (Audiencia Provincial de Alicante, autos de 21 y 22 de diciembre de 2004, Audiencia Provincial de Murcia auto de 2 de junio de 2005, y Audiencia Provincial de Pontevedra, autos de 7 de diciembre de 2006, y de 2 de enero de 2007); por el tenor del art. 463 LEC 1881 que determina que los "únicos competente" son el Juzgado de Primera Instancia (Secretario judicial) y el Juez de Paz del domicilio o en su defecto residencia, o si es persona jurídica el domicilio del demandante; la conciliación es jurisdicción voluntaria y el art. 85 LOPJ atribuye el conocimiento al art. 85 LOPJ, sin que el art. 86 ter LOPJ no contiene referencia a la posible asignación de competencia a los Juzgados de lo Mercantil de los actos de jurisdicción voluntaria. El art. 86 ter 2 LOPJ nada dice de los actos de conciliación que, sin embargo, la LOPJ asigna a los Juzgados de Primera Instancia, y el empleo en el art. 86 ter 2 LOPJ de "demandas", "acciones", "pretensiones" o "recursos", que presuponen la existencia de un litigio, son incompatibles con la naturaleza de la jurisdicción voluntaria que corresponde a la jurisdicción voluntaria. Además, el auto de 19 de diciembre de 2003 de la Sala 1ª del Tribunal Supremo declara la falta de competencia objetiva para conocer de una solicitud de conciliación promovida frente a una Vocal del Consejo General del Poder Judicial, señala que *"no concurren razones jurídicas que avalen la postura de la competencia de los Juzgados Mercantiles, que por otra parte su especialización no se estima necesaria en esta clase de procedimientos, por lo que se trata precisamente de llegar a evitar el propiamente proceso civil contencioso, limitándose la intervención del Juez a que la partes lleguen a la avenencia, sin dictado de una resolución judicial dirimiendo el conflicto entre las partes, por lo que deviene innecesaria la referida especialización. Por otra parte, de aceptar lo contrario, se obligaría a los interesados a desplazarse a la capital de la provincia para la presentación y celebración del acto de conciliación, alejándolos en muchas ocasiones de la proximidad del Juzgado de su domicilio, que puede resultar competente, como para el caso de personas jurídicas con sucursal, delegación u oficina abierta en dicho domicilio, lo que implicaría mayores inconvenientes para las personas interesadas en intentar evitar el proceso civil, y por otra parte saturaríamos a los escasos Juzgados Mercantiles creados, en el caso de que tuvieran que asumir todos los actos de conciliación de las materias que conocen en exclusiva para toda la provincia".* En el mismo sentido, otras resoluciones como el AAP A Coruña, Secc. 5ª, 7 de julio de 2008, Ponente: Dña. Carmen Martelo Pérez IdCendoj: 15030370052008200093, que considera incompetente al Juzgado de lo Mercantil, aunque asunto verse sobre propiedad intelectual.

Aunque no cabe descartar una posible aplicación de atribución competencial por criterio distinto al domicilio del demandado en juicios verbales adecuados por la cuantía (art. 52 LEC), lo más habitual será que cuando el Juez de Paz resulte competente para conocer del asunto mediante jurisdicción frente a una persona física conforme a las reglas generales, por tanto, en atención al domicilio del "demandado" (art. 50 LEC), también pueda conocer del acto de conciliación (art. 463 LEC 1881). Lo que ya no se presenta tan claro es si los criterios subsidiarios previstos expresamente en el art. 50 LEC podrían servir para atribuir igualmente el conocimiento de la conciliación al Juzgado de Paz (o Secretario judicial) del lugar de residencia del solicitado (si no tuviere domicilio en territorio nacional)[329]; del lugar en que se encuentre dentro del territorio nacional o en el de su última residencia en este (en ambos casos si no tuviere domicilio ni residencia en España); o del domicilio del actor (si tampoco pudiere determinarse así su competencia). Al margen de que pueda llegarse a considerar equivalente domicilio o residencia a estos efectos, en mi opinión, la limitación en la redacción del art. 463 LEC 1881 al domicilio del solicitado como criterio de atribución competencial pretende simplificar esta atribución, en la misma línea de excluir la conciliación siempre que haya planteado *"cuestiones de competencia"* (art. 464 LEC 1881). La interpretación literal del precepto, por la que quedarían excluidos los criterios subsidiarios del art. 50 LEC, resulta coherente también con una interpretación teleológica. Y con más motivo, la atribución competencial en atención a la eventual condición personal de empresario o profesional del demandado y a la naturaleza del asunto relativo a su actividad empresarial y profesional, conforme al art. 50.3 LEC, queda claramente excluida para atribuir ninguna competencia para conocer de la conciliación.

En el caso de que se trate de personas jurídicas, la correspondencia entre el art. 463 LEC 1881 y el art. 51.1 LEC es meramente parcial. El primer precepto prevé que sean competentes *"asimismo"* los del lugar del domicilio del demandante, *"siempre que en éste radique delegación, sucursal u oficina abierta al público"*. En cambio el segundo dispone que *"también podrán ser*

[329] DE LA RÚA MORENO, J. A., "Relaciones del Partido Judicial con los Jueces de Paz de su circunscripción", cit., pág. 7, se muestra partidario de que sea también en el lugar de "residencia" en defecto de domicilio. No obstante, no explica por qué razón ha de aplicarse este criterio subsidiario, al parecer analógicamente o quizá por la equiparación entre domicilio y residencia, pero no en cambio el resto de los previstos en el mismo art. 50 LEC. Opinión contraria AVILÉS NAVARRO, M., "La conciliación civil preprocesal", cit., pág. 19.

demandadas en el lugar donde la situación o relación jurídica a que se refiera el litigio haya nacido o deba surtir efectos, siempre que en dicho lugar tengan establecimiento abierto al público o representante autorizado para actuar en nombre de la entidad". La aplicación de ambos preceptos puede conducir a atribuir el conocimiento a un mismo Juzgado de Paz, pero si es así solamente será fruto de una casualidad: que el lugar donde la situación o relación jurídica haya nacido o deba surtir efectos coincida con el domicilio del solicitante.

Otra importante duda que plantea la aplicación del art. 463 LEC 1881 es si podrá formularse acto de conciliación frente a "entes sin personalidad" y, en tal caso, si la competencia se atribuiría conforme al criterio previsto para las personas físicas en el art. 463 LEC 1881 o si, diversamente, habría de aplicarse el criterio específico previsto en el art. 51.2 LEC, esto es, *"en el domicilio de sus gestores o en cualquier lugar en que desarrollen su actividad".* Ninguna de las dos soluciones deriva claramente de la aplicación del repetido art. 463 LEC 1881, la primera por no darse estrictamente la condición de persona jurídica en el ente sin personalidad; la segunda por no hallarse especialmente prevista. En mi opinión, no cabe excluir la posibilidad de conciliación frente a estas personas. Asimismo, partiendo de una lectura nada estricta de la alusión a "persona jurídica" y de la naturaleza, caracteres y efectos de la conciliación, considero que debería ser procedente el criterio del domicilio del solicitante, que generalmente coincidirá aunque no necesariamente con el lugar en que desarrollen su actividad. Y por otra parte, considero que tampoco concurran impedimentos serios para que pueda atribuirse la competencia en atención al domicilio de los gestores de estas entidades, si bien en realidad esta atribución procederá solamente en la medida que puedan ser demandados en el futuro y solicitados en el presente los mismos gestores como personas físicas.

En caso de que sean varios los solicitados de conciliación, y tengan su domicilio en lugares distintos, a pesar de que el art. 463 LEC 1881 se refiera a "demandado" en singular, me inclino por entender que podrá atribuirse al Juzgado de Paz o al de Primera Instancia del domicilio de cualquiera de ellos[330].

Por último, una vez solicitada la conciliación, cualquier *"cuestión de competencia"* que se suscite o de recusación del Juez de Paz (y también del Secretario

[330] Opinión contraria, AVILÉS NAVARRO, M., "La conciliación civil preprocesal", cit., págs. 25-6, opina que si *"solo alguno de ellos tienes su domicilio en la jurisdicción de ese Juzgado, el acto de conciliación solo deberá admitirse respecto de ese demandado".*

judicial), *"se tendrá por intentada la comparecencia sin más trámite"* (art. 464 LEC 1881)[331]. Esta previsión resulta igualmente problemática. La alusión a *"cuestión de competencia"*, en su sentido estricto, no se refiere a cualquier controversia relativa a la atribución de competencia. En realidad, ni siquiera alude a los supuestos principales de discrepancia que deriven de dicha atribución. En efecto, la cuestión de competencia estrictamente supone controversia entre dos órganos jurisdiccionales acerca de la competencia, por pretenderla o por rechazarla ambos. No lo es, por tanto, la declinatoria, porque solo interviene en su tramitación y decisión el tribunal que está conociendo del asunto[332]. Ahora bien, si la declinatoria es estimada, o el tribunal de oficio ha apreciado su falta de competencia (cuando esto sea posible por ser apreciable de oficio al ser aplicable norma imperativa, cosa que no se produce en las normas de atribución de competencia a favor del Juzgado de Paz), el asunto será planteado ante el tribunal que se señala como competente en la resolución (art. 65.3 LEC) o los autos remitidos al competente cuando se trate de competencia territorial (arts. 58 y 65.5 LEC). En estos casos concretos, si el tribunal determinado o al que e remitan los autos se declara incompetente de oficio, esta eventual declaración de incompetencia dará lugar a una cuestión de competencia negativa. En tal caso, será resuelta por el órgano inmediato superior común (art. 52.2 LOPJ, 60.3 LEC).

Pero es más, junto a las "cuestiones de competencia" pueden darse también los conflictos, tanto de jurisdicción como de competencia. Estos conflictos se darían en general si el Juzgado de Paz inicia proceso y el asunto deba corresponder a un tribunal de otro orden jurisdiccional o a un tribunal especial, con invasión de su competencia genérica. Igualmente podría darse conflicto de jurisdicción respecto de la administración (art. 38 LOPJ y LO 2/1987, de 18 de mayo), dado que esta también puede actuar el Derecho objetivo, cuando entiendan los órganos de ambos poderes (judicial y ejecutivo) que, en el caso concreto, compete a uno de ellos la actuación del Derecho en detrimento del otro (conflicto positivo), o porque, contrariamente, ni la Jurisdicción ni la Administración estimen que les compete actuar el Derecho en un caso con-

331 Para LÓPEZ ORTEGA, F. J., "Jueces de Paz. Competencia", en Ponencia Jornada Jueces de Paz, (en web CGPJ), este precepto es una muestra de *"la escasa confianza del legislador en el éxito de la conciliación"*. Sin embargo, como señala AVILÉS NAVARRO, M., "La conciliación civil preprocesal", cit., pág. 20, se explica "porque el planteamiento de estas cuestiones no evidencia una intención o voluntad de acuerdo".

332 ORTELLS RAMOS, M., *Derecho Procesal Civil,* cit., pág. 265.

creto (conflicto negativo). También se daría conflicto de jurisdicción si uno de los tribunales en conflicto es un tribunal militar (art. 39 LOPJ y arts. 22 y 29 LOCJ). En cambio, generaría conflicto de competencia si se trata de tribunales de diferentes órdenes jurisdiccionales (arts. 42 a 50 LOPJ)[333].

Con las anteriores precisiones podemos plantearnos si el art. 464 LEC 1881 cuando alude a "cuestiones de competencia" ¿se está refiriendo a este concepto estricto, o más bien pretende establecer que, suscitada cualquier controversia relativa a la atribución de jurisdicción o competencia para conocer de la conciliación, esta se entenderá como intentada sin efecto? En mi opinión, el precepto equipara la voluntad de no alcanzar un acuerdo al planteamiento de cualquier controversia sobre normas relativas a la atribución del asunto al Juez de Paz, en un sentido tan amplio que expresamente se refiere a otras razones que permitirían detraer de su conocimiento el asunto. Por tanto, cuando se habla de "cuestión de competencia" habría de entender tanto la falta de jurisdicción o de incompetencia apreciada de oficio, como la declinatoria, cuestiones de competencia, conflictos de jurisdicción y de competencia y cualquier otra situación equivalente que ponga en duda la atribución competencial al Juez de Paz, incluida la recusación que permitiría excluir su conocimiento a pesar de ser en principio competente.

C) Procedimiento

La regulación pretende que los trámites a seguir en la consecución de la conciliación sean sencillos y extremadamente rápidos. De hecho, en ningún caso podrá dilatarse por más de ocho días desde que se haya presentado la solicitud de conciliación (art. 466.III LEC 1881).

1.º Demanda o papeleta de conciliación

Se iniciará mediante escrito en el que se identificará a las partes así como el domicilio en que podrán ser citados, y se fijará con claridad y precisión lo que se pida (art. 465 LEC 1881), sin que resulte preceptiva la postulación (arts. 4.I.1, 10.II.1 y 11 LEC 1881 en relación con la Disposición Derogatoria única 1.1 y 2

[333] Véase ORTELLS RAMOS, M., *Introducción al Derecho Procesal,* (con otros), cit., págs. 142-3, así como ídem, *Derecho Procesal Civil,* cit., págs. 241-2.

LEC)[334]. Esta solicitud podrá formularse cumplimentado unos impresos normalizados que se hallarán a su disposición en el Juzgado de Paz correspondiente. Además, como es regla general, al original –que es para el Juez, o, en su caso, Secretario judicial–, habrán de acompañarse tantas copias como fueran los demandados, al margen de la copia para el propio solicitante (art. 465 LEC 1881).

Si comparamos esta regulación con la prevista para el juicio verbal observaremos como se trata, más que de una coincidencia, de la más absoluta identidad. Según el art. 437.1 LEC *"el juicio verbal principiará mediante demanda sucinta, en la que se consignarán los datos y circunstancias de identificación del actor y del demandado y el domicilio o los domicilios en que pueden ser citados, y se fijará con claridad y precisión lo que se pida"*. Incluso en el siguiente punto del mismo precepto se prevé que en los juicios verbales en que se reclame una cantidad que no exceda de dos mil euros, el demandante podrá formular su demanda cumplimentando unos impresos normalizados que, a tal efecto, se hallarán a su disposición en el tribunal correspondiente, esto es, exactamente igual a lo previsto en el art. 465 LEC 1881 *in fine*. Por lo que se refiere a la postulación, llegamos a la misma coincidencia en comparación con los arts. 23 y 31 LEC, que establecen el carácter facultativo de la postulación en los juicios verbales que no excedan de la misma cantidad de dos mil euros. Con todo, si se comparece mediante representación de procurador, habrá de acompañarse escritura de poder original[335], siempre que no se haya otorgado representación apud acta o a través de la designación en el procedimiento de justicia gratuita (24.1 y 33 LEC).

Aunque no es admisible la conciliación frente a la Administración pública, puesto que para ello se cuenta con la reclamación administrativa previa como procedimiento específico, a la inversa sí será admisible que la Administración pueda eventualmente formular conciliación frente a un particular[336].

---

[334] Aunque no sea preceptiva la postulación, podrá incluir en la tasación las minutas y cuentas de abogado y procurador cuando tenga su residencia en lugar distinto al que se tramita la conciliación conforme al Art. 11.2 de la LEC 1881 y 32.5 LEC (SAP Murcia, Secc. 1ª, 17 de junio de 2010, Ponente: Dña. Mª Pilar Alonso Saura, IdCendoj: 30030370012010100349.

[335] Presentada fotocopia, aunque sea requerido original por el órgano jurisdiccional, debe contener los apercibimientos, de lo contrario, puede subsanar en la comparecencia (AAP Madrid, Sec. 11ª, 14 de julio de 2005, Ponente: D. Jesús Gavilán López, IdCendoj: 28079370112005200124).

[336] Entiende el AAP Cádiz, Secc. 6ª, 13 de noviembre de 2006, Ponente: D. Fernando Tesón Martín, IdCendoj: 51001370062006200185, que es admisible la conciliación que insta administración pública frente a un particular, para que se este se avenga a abandonar una vivienda, con

2.º Admisión y citación

En el mismo día de presentación de la solicitud de conciliación, o en el siguiente hábil si es admitida, el Juez de Paz citará a las partes a una comparecencia, señalando día y hora. Procurará que se verifique a la mayor brevedad posible, sin que entre la citación y la comparecencia puedan mediar menos de veinticuatro horas (reducible si concurre justa causa), ni más de ocho días (art. 466 LEC 1881).

Aunque el tenor del art. 466 LEC 1881 no parece coherente con el "espíritu" de la Ley 13/2009, en todos los Juzgados de Paz, estén o no integrados por Secretarios Judiciales que formen parte de la Administración de Justicia, en lugar del Secretario judicial será el Juez de Paz quien cite a las partes.

El régimen de notificaciones será el general de la LEC[337], si bien con las previsiones específicas de los arts. 467 y 468 LEC 1881, esto es, que en lugar de copia de la diligencia se entregará una de las solicitudes que haya presentado el demandante, en la que el Secretario pondrá una nota expresiva del Juzgado de Primera Instancia o de Paz en el que se vaya a celebrar el acto de conciliación, y del día, hora y lugar de la comparecencia. En la solicitud original, que se archivará después, firmará el citado recibo de la copia, o un testigo a

independencia de que la Administración pueda o no tener autorización para alcanzar un acuerdo transaccional. Argumenta para ello que *"el acto de conciliación no cabe frente a la misma porque, dada sus especialidades, se adapta mejor a su finalidad la reclamación previa aludida. Sus organización, facultades, régimen de asistencia jurídica y asesoramiento, muy diferentes a las del resto de personas físicas y jurídicas, justifican una comunicación directa entre el interesado y el ente público en lugar de utilizar la intermediación de un órgano judicial con tal objeto. A la inversa, sin embargo, recupera su sentido plenamente la primera, sin que ninguna razón motive su limitación. Antes al contrario, una interpretación sistemática de los artículos 88 y 107.2 de la Ley de Régimen Jurídico de las Administraciones Públicas y Procedimiento Administrativo Común y 75 y 77 de la reguladora de la jurisdicción contencioso-administrativa, como impone el artículo 3 del Código Civil y fue defendido por la apelante, refuerza esta conclusión, a pesar del tenor literal del artículo 460 de la ley de enjuiciamiento civil de 1881. Una interpretación sistemática y teleológica del precepto, evidencia la ilógica de arbitrar una pluralidad de mecanismos para resolver de forma consensuada, pacífica o, al menos, sin necesidad de recurrir a los Tribunales los conflictos entre los interesados y la Administración en los marcos que rigen las dos leyes administrativas reseñadas y, por el contrario, vedarlo en el ámbito civil. Cuestión diferente es que se tenga autorización para alcanzar un acuerdo dentro del tipo de procedimiento que nos ocupa, lo que habrá de ser valorado si se tratara de llegar a un acuerdo transaccional"*.

337 AAP Madrid, Secc. 10ª, 2 de octubre 2007, Ponente: D. Ángel Vicente Illescas Rus, IdCendoj: 28079370102007200186..

su ruego si no supiere o no pudiere firmar (art. 467 LEC 1881). Asimismo, se prevé que los ausentes del "pueblo" en que se solicite la conciliación, serán llamados por medio de oficio, acompañado de la solicitud o solicitudes del demandante, dirigido al Juzgado de Primera Instancia o de Paz del lugar en que residan. Y el Secretario del Juzgado de Primera Instancia o de Paz del pueblo de la residencia de los demandados cuidará, bajo su responsabilidad, de que la citación se haga en esta forma, el primer día hábil después de aquél en que se haya recibido el oficio, y devolverá esta diligencia en el mismo día de la citación, o lo más tarde en el siguiente. Este oficio se archivará con la solicitud, en los términos que previene el artículo anterior (art. 468 LEC 1881).

Las partes tendrán la carga de comparecer el día y hora señalados. De no concurrir sin manifestar justa causa, se dará el acto por intentado sin efecto, con condena en las costas a quien no comparezca (art. 469 LEC 1881).

3.º Comparecencia

El demandante expondrá su reclamación y pondrá de manifiesto los fundamentos fácticos y jurídicos en que se funde. A continuación, el demandado alegará lo que en su derecho convenga y podrá exhibir los documentos en que funde sus alegaciones defensivas. Eventualmente, el demandante formulará réplica y el demandado contrarréplica. En el caso de que no haya acuerdo entre las partes, el Juez de Paz procurará avenirlos, acercando las posturas, exhortando a las partes para que lleguen a un acuerdo. A tal efecto, no debe caer en el extremo de mantener una actitud excesivamente pasiva, por lo que su intervención no será más que un mero formalismo, ni, por exceso de celo, llevar a las partes a una solución que suponga imponer el propio criterio[338]. Si no lo consigue, finalizará el acto sin avenencia. Si se alcanza acuerdo, el Juez de Paz dictará auto en el que lo aprobará y acordará el archivo de las actuaciones (art. 471 LEC 1881).

Se extenderá sucintamente el acta de conciliación en un libro que llevará el Secretario Judicial del Juzgado de Paz. En la misma se hará constar el resultado de la conciliación. El acta deberá ser firmada por todos los comparecientes,

---

338 MONTES REYES, A., "Justificación e inconvenientes del acto de conciliación en el proceso civil", cit., pág. 267.

aunque quienes no supieran o no pudieran firmar, lo harán mediante la firma de un testigo a su ruego.

Si no hubieran concurrido los demandados al acto, se hará constar mediante diligencia suscrita por los intervinientes la circunstancia de haberse intentado la conciliación.

En el caso de que hayan sido varios y solamente hubieran concurrido al acto uno o varios pero no todos, se celebrará el acto con los comparecientes, teniendo el acto intentado sin efecto. Del acta o diligencia se dará certificación a los interesados que lo pidieran (arts. 472 a 474 LEC 1881).

Los gastos del acto de conciliación serán de cuenta del que lo hubiere promovido, los de las certificaciones, del que las pidiere (art. 476 LEC 1881).

4.º Terminación

El acto puede finalizar sin o con acuerdo. Los efectos variarán considerablemente. Si termina sin acuerdo, se limitará a los efectos propios de la mera solicitud de conciliación con independencia del acuerdo. Si finaliza con acuerdo además podrá tener efectos ejecutivos.

D) Efectos

a) Finalización sin acuerdo

Si ninguna o solamente alguna de las partes acuden a la comparecencia[339] o, en cualquier caso, no hubiera avenencia a pesar de haber comparecido, se dará el acto por intentado o terminado "sin efecto" (arts. 469 y 471 LEC 1881).

[339] Aunque sea en el ámbito de la conciliación laboral, la STC 350/1993, de 22 de noviembre, puso de manifiesto que acudir el solicitante con el DNI caducado no justifica tenerle como por no comparecido. Véase un comentario a dicha Sentencia en VILA SOLER, Mª D., y GARCÍA DEL SAZ, Mª P., "Derecho a la tutela judicial efectiva: Acto de conciliación preprocesal", en *Civitas. Revista Española de Derecho del Trabajo,* núm. 72, 1995, págs. 609-14.

En realidad, la solicitud de conciliación tendrá algún efecto a pesar de no haberse alcanzado acuerdo[340]. Es así porque, en caso de que finalice por incomparecencia de alguna de las partes, esta será condenada en costas (art. 469 LEC 1881[341]). Sin embargo, por no ser preceptiva la asistencia de abogado y la representación por procurador, no procederá la tasación de costes por dichos conceptos. Ni siquiera por aplicación del art. 32.5 LEC, referido a "juicio"", cuando la conciliación no lo es. Asimismo, la mera solicitud de conciliación, siempre que esta sea admitida, interrumpe la prescripción, tanto la adquisitiva como la extintiva, (art. 479 LEC 1881). Igualmente, la mera solicitud de conciliación, con independencia del resultado, podrá servir para apreciar mala fe del demandado y, por tanto, se tendrá en cuenta para imponer las costas al demandado cuando se allane a la demanda antes de contestarla conforme al art. 395 LEC[342]; y también puede servir como requerimiento formal al demandado,

[340] Otra cosa es que sea necesaria avenencia o acuerdo de conciliación para que este tenga efectos en cuanto al fondo, como título ejecutivo o, en la regulación anterior, como prueba (así lo recuerdan, entre otras, SAP Pontevedra de 4 octubre 2011 (EDJ 2011/229101); SAP Lugo de 6 septiembre 2011 (EDJ 2011/218690) SAP Segovia de 21 junio 2011 (EDJ 2011/193308).

[341] Si manifestare justa causa para no concurrir más que ante una excepción a esta regla, nos hallaríamos (aunque sea dependiendo de los hechos que integrasen dicha "justa causa") ante un supuesto de suspensión o interrupción del acto de conciliación conforme a los arts. 188 y 193.4 LEC.

[342] Por supuesto, para que pueda apreciarse la mala fe el objeto del acto de conciliación ha de coincidir con el del proceso en el que se allane la demandada (SAP Córdoba, Secc. 2ª, 9 de marzo de 2009, Ponente: D. José Antonio Carnerero Parra, IdCendoj: 14021370022009100167). Asimismo, el hecho de que haya una conciliación previa sin avenencia y un posterior allanamiento, aunque presupone la mala fe, no implica necesariamente que proceda la condena en costas. Argumenta la SAP Granada, Sec. 3ª, 20 de febrero de 2009, Ponente: D. José Requena Paredes, IdCendoj: 18087370032009100074, que *"el requerimiento extrajudicial o la papeleta de conciliación previa al juicio constituyen efectivamente una presunción de mala fe procesal. Esta mala fe a la que se refiere el art. 395, hemos dicho muchas veces no es la transposición al ámbito procesal de la definida en el artículo 7 del Código Civil, sino, como ha sostenido numerosas y Audiencias Provinciales, es la apreciación del comportamiento extraprocesal del demandado, interpretado a la luz del principio de causalidad, cuando se revela que su comportamiento es el único causante del pleito, al no haber dejado al actor otro camino que el impetrar el auxilio judicial. Esto es, la mala fe precisa algo más que la mera falta de cumplimiento de lo debido durante un tiempo más o menos dilatado; exige un comportamiento malicioso de injustificada negativa a una pretensión que se sabe justa haciendo caso omiso a las reclamaciones que de la misma se le formulen, obligando así al titular del derecho a ejercitar finalmente su acción en proceso judicial para exigir lo que sabiendo el deudor que es debido no ha querido maliciosamente cumplir (...) el allanado no actúa de mala fe cuando no ha tenido ocasión de conocer la pretensión litigiosa o no ha tenido ocasión de evitar la necesidad del pleito y a sensu contrario, no quedará eximido del pago de las costas el demandado cuya actitud previa fue la determinante de la interposición de la demanda y conocida ésta, se allanare entonces*

con los correspondientes efectos para que inicie el cómputo de intereses[343]. Con todo, el contenido y la propia conciliación sin avenencia no tendrán eficacia como prueba en el ulterior proceso sobre el mismo objeto[344].

b) Finalización con acuerdo y ejecución del auto de aprobación

Por el contrario, si ambas partes comparecen y llegan a un acuerdo, sin perjuicio de los efectos de la presentación de la solicitud de conciliación señalados, el Juez de Paz dictará auto en el que lo aprobará y acordará además el archivo de las actuaciones (art. 471 *in fine* LEC 1881).

La aprobación de la avenencia entre las partes supone únicamente la constatación de que el convenio se ha llevado a cabo dentro de los límites del art. 19.2 LEC, por tanto, que no haya prohibición o limitaciones por razones del interés general o en beneficio de terceros; igualmente, que concurren las condiciones exigidas en el art 415.1.III LEC, esto es, la capacidad jurídica de las partes y el poder de disposición o de sus representantes debidamente acreditadas[345].

---

reconociendo el derecho que le negó extrajudicialmente o de cuyo cumplimiento se desentendió voluntaria e injustificadamente dejando de atender las peticiones o requerimientos que se le hicieron hasta forzar al acreedor a acudir a los Tribunales cuando nada había que discutir, y por ello, solo se pliega a ella, apresuradamente para evitar soportar el coste del proceso, debemos convenir que en el caso de autos, no existió un incumplimiento injustificado ni temerario a la pretensión del actor, identificable con la mala fe. Es más, como hemos reiterado hasta la saciedad al analizar motivos similares, si el mero incumplimiento se identificara con la mala fe, la condena al pago de las costas sería la regla general, ya que la misma hipótesis de que haya reclamación y allanamiento, presupone la no realización previa de lo exigido".

343 SAP Barcelona, Sec. 11ª, 27 de junio de 2002, Ponente: Dña. Helena Sellart Ollearis, EDJ 2002/60448.

344 Como afirma la SAP Córdoba, Sec. 2ª, 4 de octubre de 2002, Ponente: D. Juan Ramón Berdugo y Gómez de la Torre, EDJ 2002/61382, *"las declaraciones realizadas en actos de conciliación celebrados sin avenencia son meramente provisionales y carecen del carácter de confesión, siendo lo mismo predicable de las reclamaciones, al menos como la presente y por su propia naturaleza, en los mismos formalidades y que pueden obedecer a distintos fines como, por ejemplo, el de intentar llegar a un acuerdo (ss. TS. 26-4-95, 16-10-90, 15-6-89, 10-10-88, 16-10-87)"*. Y en el mismo sentido, otras resoluciones, como la SAP Alicante, Sec. 5ª, 16 de enero de 2008, Ponente: Dña. Teresa Serra Abarca, EDJ 2008/20663.

345 BONET NAVARRO, A., "La ejecución de lo conciliado fuera del proceso civil", cit., pág. 4.

Los Jueces de Paz semestralmente remitirán a los de Primera Instancia de sus respectivos partidos relación semestral de los actos de conciliación convenidos a los efectos de archivo en ellos (art. 480 LEC 1881).

Lo más relevante es que el auto del Juez de Paz, aprobatorio de lo convenido por las partes, tendrá importantes efectos sobre la relación tanto material[346] como procesal, como es la eficacia de cosa juzgada[347], y sobre todo que tendrá aparejada ejecución. El fundamento legal de esta trascendental eficacia, a diferencia de lo que ocurre con el decreto del Secretario judicial[348], resulta indubitado: el art. 476.I LEC 1881 en relación con el art. 517.2.3 LEC.

El órgano funcionalmente competente para la ejecución será el propio Juzgado de Paz *"cuando se trate de asuntos de la competencia del propio Juzgado"* (art. 476.II LEC 1881), o, en otros términos, si objeto del convenio han sido asuntos que deben ser adecuados por la cuantía, y además esta no supere los noventa euros. En los demás casos, será competente el órgano a quien hubiere correspondido conocer de la demanda (art. 476.III LEC 1881): el Juzgado de Primera Instancia –o el Juzgado de lo Mercantil– que corresponda conforme a las normas de competencia territorial, (presuponiendo que concurre jurisdicción y competencia genérica a los órganos del orden civil, pues esto ya ha sido

[346] Así, por ejemplo, puede implicar resolución de contrato de arrendamiento consecuencia de haber acordado una fecha de finalización del contrato en el acto (SAP Santa Cruz de Tenerife, (Secc. 4ª), 2 de julio de 2008, Ponente: Dña. Pilar Aragón Ramírez, IdCendoj: 38038370042008100293). Incluso puede detener eficacia para modificar un asiento en el Registro de la Propiedad con base en el art. 328 LH por constituir el acta de conciliación documento auténtico conforme al art. 82.1 LH (JPI, núm. 14, Zaragoza, 6 de octubre de 2006, Ponente: D. Jesús Ignacio Pérez Burred). Véase CUTILLAS TORNS, J. Mª., "La certificación del Acta de Conciliación como título formal, válido y eficaz, para inscribir en el Registro de la Propiedad la partición de la herencia realizada por todos los herederos", en *Revista General de Derecho,* núm. 667, 2000, págs. 3799-825.

[347] La SAP Pontevedra, Secc. 3ª, 19 de diciembre de 2008, Ponente: D Antonio Gutiérrez Rodríguez-Moldes (IdCendoj: 36038370032008100563), estima cosa juzgada para decidir no haber lugar a la reclamación de la demandante porque entre las partes se celebró previamente acto de conciliación resuelto con avenencia, de modo que la actora pudo haber ejecutado lo convenido en dicha avenencia y no lo hizo, no siendo lícito sustituir dicha ejecución por una demanda con el mismo objeto.

[348] El art. 517.2.3 LEC no resulta adecuado porque no se trata de una "resolución judicial", ni tampoco ha sido "logrado en el proceso". El art. 517.2.9 LEC tampoco representa fundamento adecuado puesto no se trata de una "resolución procesal" ni "documento". En este caso, el fundamento se halla en el art. 476.I LEC 1881. Véase BONET NAVARRO, A., "La ejecución de lo conciliado fuera del proceso civil", cit., págs. 23-4.

presupuesto para formular la solicitud de conciliación), sin que necesariamente deba ser el del partido judicial en que se halle el Juzgado de Paz que dicta el auto que apruebe la conciliación y crea el título de ejecución[349]. En los supuestos de eventuales aforamientos, en cambio, no será competente el Tribunal Superior de Justicia de la correspondiente Comunidad Autónoma ni, en su caso, el Tribunal Supremo, puesto que los órganos colegiados, al contrario de lo que podría derivar de una lectura apresurada y equívoca del art. 545.1 LEC, resultan incompetentes para la ejecución en general, y mucho más para la del auto de aprobación de lo convenido por el Juez de Paz (o, en su caso, por el Secretario Judicial), conforme al art. 476.II y III LEC 1881, referido exclusivamente a "Juzgado".

Nótese que se establece una notable diferencia entre la ejecución derivada de un laudo arbitral o de un acuerdo de mediación. En ambos casos, conforme al art. 545.2 LEC, será competente, según su tenor literal, *"el Juzgado de Primera Instancia del lugar en que se haya dictado el laudo o se hubiera firmado el acuerdo de mediación"*. En cambio, en el caso de lo convenido en conciliación, en ciertos casos al menos, puede ser competente el Juzgado de Paz. Diversidad de tratamiento que es coherente con la atribución de potestad jurisdiccional que corresponde al Juez de Paz, a diferencia de lo que ocurre con la figura del árbitro o del mediador, y del protagonismo que, no obstante, se atribuye al primero en esta vía alternativa de solución de conflictos.

Cuando la ejecución del auto de aprobación del convenio de conciliación corresponda al Juzgado de Paz que dictó la resolución, esta se tramitará conforme a las reglas generales, en función de que la condena contenga un deber de prestación consistente en hacer, no hacer, dar dinero o cosa mueble o inmueble, con las siguientes particularidades principales[350]:

[349] BONET NAVARRO, A., "La ejecución de lo conciliado fuera del proceso civil", cit., pág. 23.

[350] Cuando el órgano competente para la ejecución no sea el mismo Juzgado de Paz, por lo demás, el supuesto más fácilmente reproducible en la realidad, las especialidades se incrementan. Entre otros aspectos (*véase BONET NAVARRO, A., "La ejecución de lo conciliado fuera del proceso civil", cit., págs.* 25-9, que es el autor de los entrecomillados): 1.º No bastará con la mera solicitud (art. 549.2 LEC), sino que será conveniente ajustarse al tipo de demanda establecido en el art. 549.I LEC pues *"solamente de esta manera podrá darse contenido a la demanda para que pueda advertirse con claridad la correspondencia de los actos de ejecución solicitados con la naturaleza del título (art. 551.1 LEC)"*. Además, será necesario aportar el título de ejecución así como los testimonios necesarios para conocer los términos de las actuaciones de la conciliación, que permitan conocer el sentido de lo aprobado por al resolución que se ejecuta. Concretamente de ser necesario porque el auto no permita determinar el deber de prestación pretendida, podrá

1.° Como el título de ejecución es el auto del Juez de Paz, aprobatorio del convenio de conciliación, el plazo de espera del art. 548 LEC no operará desde la fecha del convenio ni desde la de entrega de la certificación del acta conforme al art. 474 LEC 1881, sino desde la notificación de esta resolución a las partes. Y por lo que se refiere al plazo de caducidad del art. 518 LEC, se iniciará a partir de la firmeza de la resolución del Juzgado de Paz o del Secretario.

2.° Por ser el auto aprobatorio del convenio una resolución procesal, no será preciso el requerimiento previsto en el art. 580 LEC. Este precepto, al relacionarse con el art. 581 LEC, permite afirmar que solamente se exige el citado requerimiento en la ejecución dineraria para resoluciones que no sean procesales o arbitrales[351].

3.° En cuanto a la oposición, lo primero que ha de afirmarse es que el hecho de que se prevea en el art. 477 LEC 1881 la llamada "acción de nulidad" frente a lo convenido en conciliación, no significa que la ejecución quede exenta de la posibilidad de oposición[352].

El transcurso del plazo de caducidad del art. 518 LEC habrá de admitirse como motivo de oposición[353]. Sin embargo, el art. 556.1 LEC devendría inaplicable en cuanto que al hablar de *"resolución procesal o arbitral de condena o un acuerdo de mediación"*, no se refiere, expresamente al menos,

---

comprender el escrito de demanda de conciliación y el acta de lo convenido. 2.° Postulación. De la lectura de los arts. 539.1 LEC en relación con arts. 4 y 10 LEC 1881, no será preceptivo abogado y procurador para la ejecución aunque la cuantía supere los dos mil euros. A pesar de que pueda considerarse desproporcionada, esta interpretación no resulta contradicha por una lectura del art. 550.1.2° LEC que no modifica el art. 539.1 LEC sino que es meramente instrumental para señalar la necesidad de acreditar el apoderamiento al procurador cuando se pida la ejecución de títulos extrajudiciales o de un laudo arbitral, o se presente la demanda ejecutiva por procurador distinto al que intervino. Ahora bien, sin perjuicio de la no postulación, si se actúa mediante procurador, por supuesto deberá acompañarse el poder salvo que se atribuya representación *apud acta* o mediante designación en virtud de justicia gratuita (art. 24 y 550.1.2° LEC).

[351] BONET NAVARRO, A., "La ejecución de lo conciliado fuera del proceso civil", cit., pág. 31.

[352] Según afirma BONET NAVARRO, A., "La ejecución de lo conciliado fuera del proceso civil", cit., págs. 35-6, *"la acción de nulidad que pueda interponerse frente a lo convenido en la conciliación afectará en su caso a este pero no constituye un específico modo o peculiar de causa de oposición en el posterior proceso de ejecución en curso"*.

[353] Según BONET NAVARRO, A., "La ejecución de lo conciliado fuera del proceso civil", cit., pág. 32, si el art. 518 LEC no atribuye la facultad de estimarla de oficio, *"no habrá otra forma de hacerla valer que oponiéndola en el momento en que se dé traslado al ejecutado del auto que despache la ejecución"* (art. 556 LEC).

a las resoluciones que aprueben una transacción o acuerdo[354]. Similarmente, tampoco sería aplicable el art. 557 LEC en cuanto que este precepto no alude al auto del Juez de Paz ni al decreto del Secretario judicial aprobatorios del convenio de conciliación[355]. Aunque no contamos con norma que determine las causas de oposición, parece que esta ha de ser posible. El que se prevea en el art. 477 LEC 1881 específicamente la acción de nulidad no significa que proceda la oposición en la ejecución, pues el ámbito de la acción de nulidad se dirige frente a lo convenido y no constituye una específica causa de oposición en el posterior proceso de ejecución[356]. Como la apertura de la ejecución de lo conciliado se funda en el art. 517.2.9° LEC, pero no en cuanto documento que traiga aparejada ejecución sino como resolución que aprueba lo convenido por las partes (art. 476.1 LEC 1881), no se somete a las exigencias de los art. 520 y 559.1.3° LEC, tampoco es preciso requerir de pago (art. 581.1 LEC *sensu contrario*) y, a pesar del tenor literal del art. 556.1 LEC, debe interpretarse que tanto el auto del Juez de Paz, como el decreto del Secretario judicial aprobatorios de un acuerdo de conciliación, han de incluirse entre los títulos a que se refiere el art. 556.1 LEC[357]. Y en la misma línea se admitirá la posibilidad de impugnar la provisión del Tribunal en contradicción con el título ejecutivo que sea decreto, aunque el art. 563.1 LEC solamente se refiera a sentencia o resolución judicial.

---

[354] Es cierto que el convenio de las partes aprobado por el Juez de Paz puede incluir un deber de prestación aceptado por las partes cuando ceden, retienen o aceptan alguna cosa para evitar la provocación de un pelito (art. 1809 CC), pero este no expresa un "querer del órgano" que dicta la resolución, de modo que no puede afirmarse, en puridad, que sea de condena.

[355] Como indica BONET NAVARRO, A., "La ejecución de lo conciliado fuera del proceso civil", cit., pág. 37, *"no es posible aplicar aquéllas que están señaladas en el art. 557, porque tales resoluciones judicial y secretarial –de naturaleza procesal (art. 206)– no se corresponden con la naturaleza de alguno de los títulos de los números 4 a 7 del artículo 517.2 ni tampoco con los que se albergan bajo la figura de los "otros documentos con fuerza ejecutiva" a que se refiere el número 9 del referido apartado"*.

[356] BONET NAVARRO, A., "La ejecución de lo conciliado fuera del proceso civil", cit., págs. 35-6.

[357] Comparto con BONET NAVARRO, A., "La ejecución de lo conciliado fuera del proceso civil", cit., pág. 38, que, a pesar de que han sido expulsados del texto del art. 556.1 LEC, solamente procede una lectura correctora del mismo, *"la cual permite introducir entre los títulos ejecutivos mencionados en él, el auto del Juzgado de Paz y el decreto del Secretario judicial"*.

E) *Impugnación de lo acordado en conciliación*

La naturaleza de lo convenido en acto de conciliación, desde la perspectiva material, tiene naturaleza contractual, en cuanto supone un acuerdo de voluntades asimilado a la transacción, de modo que se relacionan los arts. 476 LEC y 1.809 CC. Por tal motivo, la validez de acordado queda condicionada a lo exigido a todo contrato o convenio en los arts. 1.261 y 1.300 CC[358], pudiéndose impugnar dicha validez mediante el ejercicio de la acción de nulidad de los arts. 477.1 LEC 1881 y 1.301 CC[359].

En efecto, conforme al art. 477 LEC 1881, contra el acuerdo obtenido en el acto de conciliación puede ejercitarse la "acción de nulidad" por las causas que invalidan los contratos, dentro de los quince días siguientes a su celebración, mediante el proceso declarativo ordinario que corresponda.

No obstante la literalidad de este precepto, ha de comprender no solamente la nulidad sino también los supuestos de anulabilidad o de rescisión. Asimismo, conviene distinguir entre la impugnación con base en motivos formales, esto es, por incumplimiento de las normas procesales reguladora de la conciliación, o en cuestiones materiales[360]. Lo dispuesto en el citado art. 477 LEC 1881 es

---

358 Como dice la SAP Toledo, Sec. 2ª, 27 de junio de 2002, Ponente: D. Juan Manuel de la Cruz Mora, EDJ 2002/46701, que *"los convenios de conciliación son nulos por las mismas causas que son nulos los contratos, esto es, aquellos que afecten al consentimiento, objeto o causa (1.261 C.C.)"*.

359 SAP Ciudad Real, Secc. 2ª, 14 de enero de 2008, EDJ 2008/11250. Esta resolución añade, además, que *"en cuanto el acto de conciliación implica la existencia de declaraciones de voluntad, vienen a constituir por si actos propios reveladores de una situación o deseo que causa estado y por tanto supone para quien lo formula su necesaria vinculación como libre determinación de su voluntad, siendo reiterada y constante la doctrina que proclama la observancia del principio que veda o impide ir contra dichos actos propios. Finalmente, cuando en determinada relación jurídica uno de los sujetos actúa de manera que produce en el otro una fundada confianza de que, por la significación de su conducta, en el futuro se comportare coherentemente, y convierte en inadmisible la pretensión que resulte contradictoria con dicha precedente forma de proceder"*.

360 Un supuesto importante se da cuando la conciliación recae sobre materias no susceptibles de conciliación. Por ejemplo cuando se refiere a la disposición del dominio colectivamente ganado sobre los montes vecinales, por estar fuera del comercio (SAP A Coruña, Secc. 6ª, 28 de junio de 2002, Ponente: Dña. Carmen Martelo Pérez, EDJ 2002/53056). También cuando no sea posible determinar lo que se convino. Señala la SAP Toledo, Sec. 2ª, 27 de junio de 2002, Ponente: D. Juan Manuel de la Cruz Mora, EDJ 2002/46701, que *"suscitada la discrepancia entre lo que se convino, lo que se plasmó en el acto y lo que se pide, la cuestión tiene que dilucidarse por las*

perfectamente aplicable para el primer supuesto. En cambio, para el segundo, han de ser aplicables no los breves plazos previstos en este precepto, sino los contemplados en el Código Civil (que serán de cuatro años según los arts. 1299 y 1301 CC).

Por último, solamente resta indicar que, como se ha señalado, la acción de nulidad prevista en el art. 477 LEC 1881 no representa una específica causa de oposición, sino que su ámbito objetivo se dirige frente al acuerdo de conciliación, y temporalmente opera en un momento anterior al del inicio de la ejecución[361].

3. ¿Conciliación intraprocesal en el juicio verbal?

El acuerdo que intenta lograrse mediante la conciliación preprocesal puede obtenerse también una vez iniciado el proceso al que pretende poner fin. A tal efecto, cl art. 415 LEC regula expresamente la posibilidad de que en la audiencia previa del juicio ordinario las partes manifiesten ante el tribunal que han llegado a un acuerdo o que se muestran conformes en concluirlo de inmediato; y equipara el régimen jurídico del acuerdo obtenido como consecuencia de una conciliación y de una transacción.

La celebración de la audiencia previa permitirá de forma inmediata la obtención de una solución autocompositiva del litigio. En el caso de que a la misma comparezcan ambas partes, el tribunal declarará abierto el acto y comprobará si subsiste litigio entre ellas. Si manifestasen haber llegado a un acuerdo o se mostrasen dispuestas a concluirlo de inmediato, podrán desistir del proceso o solicitar del tribunal que homologue lo acordado mediante conciliación intraprocesal o transacción.

El art. 415 LEC equipara conciliación y transacción. Sin embargo, aunque materialmente tenga elementos coincidentes, no debe conducirnos a confundir.

---

reglas de la hermenéutica, bien entendido, que si ni a través de las palabras, ni de los actos puede llegar a saberse lo que convinieron las partes, el convenio será nulo (1.289)".

[361] BONET 1NAVARRO, A., "La ejecución de lo conciliado fuera del proceso civil", cit., págs. 35-6. En el mismo sentido, LÓPEZ ORTEGA, F. J., "Jueces de Paz. Competencia", en Ponencia Jornada Jueces de Paz, (en web CGPJ), afirma que *"las causas del art. 1817 CC pretenden dejar sin efecto el convenio en sí, al margen de que se haya iniciado o no ejecución, de modo que impugnación opera en ámbito distinto a la oposición a la ejecución".*

Al menos desde un punto de vista funcional, la conciliación solamente puede ser judicial mientras que la transacción cabe también efectuarse extrajudicialmente[362]. Según el artículo 1809 CC, la transacción es un *"contrato por el cual las partes, dando, prometiendo o reteniendo, cada una alguna cosa, evitan la provocación de un pleito o ponen término al que había comenzado"*. Como indica Ortells[363] se trata de un *"negocio jurídico bilateral, mediante el que las partes sacrifican recíprocamente intereses implicados en una situación litigiosa, con la causa de extinguir ese estado de litigiosidad"*. Pues bien, el citado negocio jurídico puede manifestarse como acuerdo de mediación, cuando las partes son auxiliadas por "expertos" que les facilitan el camino (unida a ciertos obstáculos al planteamiento inmediato de la demanda y ciertas ventajas jurídico materiales y procesales si el acuerdo llega a alcanzarse); o también como conciliación, si el acuerdo se alcanza ante un Juez que, en lugar de imponer su decisión, se limita a acercar las posiciones de las partes. Sin embargo, a diferencia de lo que ocurre con la transacción, que puede ser también extrajudicial, la conciliación intraprocesal siempre es judicial, puesto que, para serlo, el acuerdo ha de lograrse ante el Juez que conoce del proceso que se pretende evitar con el acuerdo. Otra cosa es la preprocesal que se celebrará, en su caso, ante el Secretario judicial del Juzgado de Primera Instancia que corresponda. Y por su parte, la transacción judicial se realiza pendiente el proceso y además se concluye dentro de las actividades del mismo (art. 415, en cuanto se refiere al acuerdo que las partes someten a la homologación judicial), o se presenta en el proceso por ambas partes (art. 19.2 LEC) y está sometida a la aprobación del tribunal. Esta transacción tiene el efecto de terminar el proceso, aunque sin sentencia en cuanto que el litigio ha sido resuelto por las partes a través la transacción, y además tendrá valor como título de ejecución. Por supuesto, si el acuerdo alcanzado por las partes implica en sí mismo la satisfacción, la finalización del proceso se produciría no en virtud de la transacción sino por la satisfacción extraprocesal o pérdida sobrevenida del objeto, y no se generaría título ejecutivo alguno, entre otras cosas, porque no subsistiría deber de prestación alguno.

La búsqueda de finalización del litigio también se perseguirá en el último estadio de la audiencia previa, una vez fijado el objeto del litigio (art. 428.2

[362] Véase ORTELLS RAMOS, M., *Derecho Procesal Civil,*(con otros), cit., págs. 465-7.
[363] Véase ORTELLS RAMOS, M., *Derecho Procesal Civil,*(con otros), cit., pág. 465.

LEC), momento quizá más idóneo para que pueda alcanzarse el convenio[364], y que incita a una actitud más activa por el juzgador.

Pues bien, una cuestión que se presenta dudosa es si esta regulación específicamente prevista para la audiencia previa del juicio ordinario sería trasladable al ámbito del juicio verbal, de modo que el Juez deba comprobar si subsiste el litigio entre las partes, pudiendo estas manifestar haber llegado a un acuerdo o mostrarse dispuestas a concluirlo de inmediato (en los términos del art. 415.1 LEC)[365].

Desde luego, nada obsta a que en la vista del juicio verbal el Juez pueda comprobar la subsistencia del litigio y, por supuesto, que las partes tengan la posibilidad de manifestar haber alcanzado un acuerdo o mostrarse dispuestos a concluirlo de inmediato. Cuestión distinta es que deba ser una necesidad o, en otros términos, si su inaplicación podría suponer algún tipo de infracción o hasta constituir causa de nulidad.

Asimismo, el art. 443.3.II LEC, aunque está pensando más bien otras alternativas como la mediación y el arbitraje, alude genéricamente a la posibilidad de que, en atención al objeto del proceso, el tribunal pueda invitar a las partes *"a que intenten un acuerdo que ponga fin al proceso"*. Lo que, en su caso, puede concretarse aunque no necesariamente, a través de un procedimiento de mediación, instándolas a que asistan a una sesión informativa. Igualmente, las partes de común acuerdo podrán también solicitar la suspensión del proceso de conformidad con lo previsto en el artículo 19.4 LEC, para someterse a mediación o arbitraje. El mismo precepto ofrece además cobertura suficiente para que dicha suspensión sea solicitada a los efectos de obtener un acuerdo sin necesidad de la intervención de este tercero.

---

[364] Señala DE LA OLIVA SANTOS, A., *"Derecho Procesal Civil. El proceso de declaración"*, 2ª ed., ECERA, Madrid, 2001, pág. 574, que *"es razonable que, al inicio de la audiencia, el tribunal, que puede no conocer apenas el asunto, se limite a comprobar si las partes permanecen en su voluntad de litigar y que, en cambio, cuando el objeto de la controversia esté más claro –para el tribunal y para las partes–, se intente de nuevo el acuerdo, con exhortación del tribunal, que no debe incurrir en ninguna clase de coacción"*.

[365] Así parece que lo apuntan CORTÉS DOMÍNGUEZ, V., y MORENO CATENA, V., *Derecho Procesal Civil. Parte general,* Tirant lo Blanch, Valencia, 2010, pág. 167, cuando señalan que la fase intermedia *"queda bastante difuminada en el juicio verbal, puesto que se inserta en una serie de actos intermedios de la vista: todos aquellos que van desde la contestación a la demanda hasta la práctica de la prueba"*.

El citado art. 443 LEC no hace alusión directa a la conciliación intraprocesal en el juicio verbal, del modo que se contiene en el art. 415 LEC para el juicio verbal. No impone un acto formal y explícito en el mismo, aunque tampoco lo impide. Cosa bien distinta ocurre, sin embargo, con el art. 185.4 LEC, que es de aplicación general para "las vistas y comparecencias". Este precepto prevé expresamente que *"concluida la práctica de prueba o, si ésta no se hubiera producido, finalizado el primer turno de intervenciones, el Juez o Presidente concederá de nuevo la palabra a las partes para rectificar hechos o conceptos y, en su caso, formular concisamente las alegaciones que a su derecho convengan sobre el resultado de las pruebas practicadas"*.

Ante ello, el tema más práctico se centra en si podría generarse algún tipo de nulidad por el hecho de que el juez no procediera conforme previene el art. 415 LEC (ó 185.4 LEC) para el juicio ordinario. En mi opinión, la omisión de la comprobación, expresa y formal, de la subsistencia de litigio por parte del juez, y el no conceder expresamente la palabra para formular "alegaciones" (alusión que hace referencia a un sentido impropio y genérico a "afirmaciones" o "conclusiones") resultaría en principio inocua, puesto que el mero silencio por las partes permite entender que se produce la subsistencia del litigio de forma tácita. Ahora bien, si se produjese una tan hipotética como improbable situación en la que se negara a las partes manifestar haber alcanzado un acuerdo o mostrarse dispuesto a concluirlo de inmediato, impidiéndoles desistir del proceso o solicitar la homologación de lo acordado, desde luego constituiría una grave infracción productora de indefensión que generaría nulidad, siempre que se formule la oportuna protesta y se recurra en apelación[366].

III. LA MEDIACIÓN VECINAL EJERCIDA DE HECHO POR EL JUEZ DE PAZ

Como conoce bien cualquier jurista, el diseño legal no siempre se corresponde con lo que ocurre en el día a día de nuestros órganos jurisdiccionales. Son muchos los factores que pueden influir en que se produzca esta dicotomía: desde leyes obsoletas, poco útiles o inadecuadas, pasando por

366 MONTERO AROCA, J., y FLORS MATÍES, J., *Tratado de juicio verbal,* Thomson-Aranzadi, Cizur Menor, 2003, págs. 842-4.

interpretaciones diversas a una misma norma, y hasta soluciones "prácticas" consistentes muchas veces en la reducción de trabajo de quien las ofrece. Todo esto podría presentarse como fundamento de la tan pretendidamente irreconciliable teoría y práctica. Pero, al margen de la mayor o menor realidad de lo anterior, en el concreto contexto de los juzgados de paz españoles pueden observarse dos tendencias hacia una escasa actualización del mandato legal en la realidad: de un lado, como se ha indicado en páginas anteriores, una cierta tendencia negativa a celebrar juicios penales, así como otra que impulsa a intervenir activamente en la pacificación de conflictos vecinales relativamente leves.

Al margen de la patente falta de garantías en el acceso, y las motivaciones políticas que pueden haber influido en la elección del Juez de Paz, el valor de la honradez personal, el prestigio o consideración social y, en definitiva, en la *auctoritas* de la persona que accede al cargo se presumen o se suponen en el Juez de Paz, y los mismos favorecen la posibilidad de que las partes en incipiente conflicto puedan resolverlo voluntariamente ante dicha persona, sin necesidad de que se vean sometidos forzosamente a su decisión. Sin duda la heterotutela implicará, sobre todo en el orden penal, la imposición de una condena, generalmente de multa pecuniaria, que será sentida más bien como un castigo, dejando sin resolver o al menos sin minimizar el verdadero conflicto que suele estar en la base de los hechos enjuiciados.

A lo anterior se une la circunstancia de que el Juez de Paz sea el órgano jurisdiccional más próximo al ciudadano, tanto física como socialmente. Como igualmente se ha indicado en páginas anteriores, se sitúa en la base de la pirámide y representa el primer escalón de la organización judicial. Esta situación favorece que los Juzgados de Paz sean más accesibles para las personas, sobre todo para formular consultas y buscar consejo sobre muchos de sus problemas y conflictos. Y no obstante carecer de un reconocimiento legal expreso o claro, destaca su "faceta de atención al ciudadano", a partir de un conocimiento de la realidad social en que se desenvuelve y que permite al Juez de Paz actualizar su expresa denominación, interviniendo por la vía pacificadora y conciliadora para la solución de muchos conflictos, ocasionalmente complejos, *"otorgándoles la pertinente solución pro la vía de la experiencia y de la prudencia, todo ello asentado en la autoridad moral de que se les dota al acceder al cargo"*[367]. Esta actividad, ejercida con honestidad y rectitud, merece generalmente una valoración positiva, al evitar la solución del conflicto por la vía de la imposición forzosa, lo que redunda en mejorar la Administración de Justicia así como en otorgar soluciones objetivamente más profundas (pues resuelve el conflicto de base) y subjetivamente definitivas (desterrando razones para el rencor personal que pudiera subsistir). Por ello se ha llegado a decir que *"la esencia de los jueces de paz es que –como su nombre indica– son jueces que en vez de aplicar mecánicamente la ley deben contribuir a la paz social buscando ante todo resolver el conflicto. Por eso son jueces esencialmente conciliadores"*[368].

Ya hemos visto como esta concepción, válida en algunos ordenamientos, no es trasladable al contexto español más que como aproximación. En nuestro ordenamiento jurídico procesal, el Juez de Paz tiene efectivamente funciones conciliadoras, pero solamente cuando se le insta para que ejerza las mismas y sin que se considere adecuado que presente propuestas concretas de arreglo; como también tiene atribuida potestad jurisdiccionales, de modo que no resuelve "en equidad" sino, como cualquier otro juez y aunque sea en asuntos sencillos y leves, aplicando el derecho en el caso concreto con eficacia de cosa juzgada generalmente y mediante heterotutela.

No debe pasar por lado que con más o menos fundamento, puede observarse una cierta posición de desconfianza frente a la "justicia" podríamos llamar "tradicional", estatal o formal, en cuanto puede sentirse como un instrumento que no llega a ser *"eficaz, transparente y adecuado para zanjar las controversias cotidianas"*; y además, determinados conflictos *"no son, ni pueden ser, adecuadamente resueltos por la justicia estatal"*[369]. Parece que se haya producido lo que FAIRÉN[370] alude como la "Ley de la degeneración de las instituciones".

---

[367] DE LA RÚA MORENO, J. L, "Relaciones del Partido Judicial con los Jueces de Paz de su circunscripción", cit., pág. 19.

[368] Dice UPRIMNY, R., "Jueces de Paz y justicia informal: Una aproximación conceptual a sus potencialidades y limitaciones", cit., pág. 19.

[369] Son palabras, efectuadas desde la realidad iberoamericana, y en particular del ordenamiento colombiano, de UPRIMNY, R., "Jueces de Paz y justicia informal: Una aproximación conceptual a sus potencialidades y limitaciones", cit., págs. 1-2.

[370] FAIRÉN GUILLÉN, V., "La preparación del juicio (alegaciones, audiencia preliminar, conciliación). El juicio oral", cit., pág. 531. Admitiendo que el proceso como institución ha

Si todas estas circunstancias fueran introducidas en una especie de batidora, aderezadas con las relativamente mínimas competencias en el ejercicio de la potestad jurisdiccional y la propia denominación que se mantiene para este órgano, no llamado actualmente "municipal" aunque lo sea, sino con la sugerente alusión a "la Paz", que es un valor sin duda positivo y merecidamente bien considerado, puede comprenderse que se haya extendido la idea de que la función más relevante del Juez de Paz sea la de ofrecer una solución alternativa a la jurisdicción.

Lo bien cierto es que de hecho, obviando cualquier consideración *lege lata* sobre su ámbito competencial, a base del respeto ganado con el tiempo, por tratarse de un tercero imparcial y con *auctoritas*, involucrado con la sociedad, probablemente convencido de que la imposición de una pena no resuelve el problema sino que fácilmente lo agrava, de que la víctima o el perjudicado en este tipo de asuntos generalmente le importa poco que se aplique el Código Penal sino de que el daño sea reparado y, sobre todo, que no se reproduzcan los hechos, y aprovechando el "ofrecimiento de acciones", el Juez de Paz se ocupa y preocupa de la pacificación vecinal.

Recibida una denuncia por faltas, lo primero que suele hacer es ponerse en contacto con el posible autor, comenta el caso, le hace ver, con la autoridad de su cargo, las consecuencias de sus actos hacia otras personas, y las consecuencias generalmente poco interesantes para nadie que derivan de seguir con un proceso penal, aplicando con frialdad las leyes. En definitiva, le abre las miras a darse cuenta de que la conducta no es adecuada, resulta molesta o dañina y, sobre todo, tendrá consecuencias negativas para otros y para quien las comete. En condiciones de normalidad, tratándose de asuntos leves, se traduce en la mayoría de las ocasiones en una especie de arrepentimiento y propósito de enmienda, esto es, desde un punto de vista práctico, en no repetir las actuaciones y, en su caso, ni siquiera siendo lo fundamental, en la reparación del daño. Una vez realizada esta labor, se pone en contacto con el denunciante que,

---

degenerado hasta el punto que no es posible seguir confiando en el mismo como medio pacífico para solucionar conflictos de intereses, se sustituye por otro tipo de soluciones aceptado por las comunidades de usuarios. A continuación, toda una enorme masa de litigios vertida en ese nuevo molde hará precisas nuevas estructuras y su ordenación a su vez provocará abusos mediante sistemas de recursos, y, como indica textualmente el autor citado, *"así tornaremos... a otra crisis o a otras, hasta que se declare al nuevo vehículo como agotado"*.

salvo supuestos muy concretos y desde luego extraordinarios, no tiene ningún problema en retirar la denuncia en la confianza, que no se suele defraudar, de que no se repetirán los hechos. De ese modo se beneficia el juzgado y por ende la sociedad, al no tener que tramitar todo un procedimiento; se beneficia el denunciado, que no va a tener que verse condenado por un pena, con los inconvenientes económicos y connotaciones sociales negativas que implica; se beneficia el denunciante que no tendrá que soportar la reiteración de los hechos y, en su caso, se ha visto compensado de los eventuales daños; y, sobre todo, se beneficia el municipio, la sociedad, al haberse logrado la pacificación vecinal, y haberse prevenido las consecuencias del mantenimiento de la problemática incluidos sus probables agravamientos.

Por poner solo un ejemplo concreto. En una comunidad de vecinos, de cuyo nombre no quiero acordarme, se había generado una situación de conflicto, disputa y falta de comunicación vecinal. La nota era la falta de entendimiento, actitudes molestas y carentes de empatía así como episodios de discusión y hasta denuncias mutuas. Que si un vecino abre las persianas muy temprano de forma ruidosa; que si los niños hacen ruido cuando saltan la pelota; que si alguien deja el perro suelto por la escalera; que si ha habido algún episodio de gritos y hasta de agresión verbal cuando no física, aunque sea sutil o leve. Este clima, desde un punto de vista de penalidad, puede parecer más o menos grave o irrelevante, pero desde un punto de vista de convivencia, resulta absolutamente insufrible. Fue suficiente la intervención del o de la titular de Juzgado de Paz, tercero, con *auctoritas*, respeto y prestigio social, para hacer ver a los vecinos los errores cometidos y la inconveniencia de la situación no solo para los demás sino para la propia vida personal de cada uno. Todo esto, en lugar de terminar en una hipotética condena o absolución, en cualquiera de los casos más que inútiles contraproducentes, finalizó saliendo del juzgado dándose cuenta del error, con la denuncia retirada, el propósito de enmienda por todos, con una sonrisa de satisfacción y, desde entonces, hasta saludándose cuando se cruzan en la escalera. En suma, concluyó con la pacificación vecinal. Objetivo logrado con la intervención judicial y las personas hasta más felices.

Puede objetarse que se trata de una actividad más propia de los servicios sociales. Pero su actuación como tercero imparcial, y con el respeto que solamente una institución como la judicial ofrece, le permite realizar esta actividad con eficacia. De otro lado, ciertamente no se trata de una actividad que está prevista actualmente en la ley, incluso en rigor, más que *praeter* en ocasiones merecería considerarse *contra legem*. Sin embargo, la realidad y la utilidad son muy tozudas. Cuando en un Juzgado cualquiera, eficazmente gestionado, la práctica totalidad de los asuntos, mucho más del noventa por ciento, se resuelven de este o similar modo; cuando tanto denunciante como denunciado salen del Juzgado con una sonrisa de satisfacción, y no vuelven más; y cuando de este modo se cimienta y fortalece el respeto, consideración y *auctoritas* del Juez de Paz y se benefician todos; cuando todo eso ocurre, quizá debería ser el momento de plantearse si merece hacerse una reflexión a profundidad sobre la futura reforma de la justicia de paz, en la que con un conocimiento de sus muchos defectos pero también nada desdeñables virtudes[371], la actividad que realiza su titular *praeter legem* sea valorada, reconocida y debidamente compensada.

Por este camino, el mediador, con formación específica no necesariamente jurídica sino con aplicación de las técnicas adecuadas para la resolución de conflictos, podría jugar un papel relevante en una faceta social tan relevante como es la pacificación vecinal.

[371] Como afirma DEL OLMO DEL OLMO, J. A., "La Justicia de Paz: fortaleza y oportunidades de futuro", en *Revista del Poder Judicial*, núm. 52, 1998, pág. 2, *"debe, pues, aprovecharse la proximidad de los Jueces de Paz a sus convecinos para aumentar las funciones de mediación y conciliación", especialmente en disputas que no exigen de un modo indispensable la intervención de un Juez, que imponga una solución a las partes, sino la presencia de un tercero ajeno a los intereses de éstas, que, sin imponerles nada, les preste ayuda en la negociación y resolución del conflicto"*. Y en línea similar otros autores, como CALVO GONZÁLEZ, J., "Jueces de Paz escolares", cit., que, tras argumentar a favor de la limitación de sus atribuciones jurisdiccionales defiende el diseño de programas de formación y asesoramiento de Jueces de Paz para, en sus palabras, *"el adecuado aprendizaje y correcto empleo de medios alternativos de resolución de conflictos (conciliación, negociación, arbitraje y mediación)"*, todo porque, sigue diciendo, *"creo, por tanto, en la Justicia de Paz, y en su potenciación como magistratura conciliadora al estilo de, en la hermosa denominación anglosajona del s. XIII, gardians of the peace"*.

ALGUNAS CONSIDERACIONES CONCLUSIVAS

Como señalaba en la introducción, la presente obra no tiene por objeto formular propuestas concretas de cómo la justicia de paz debería regularse en el futuro. Más bien pretende revisar analíticamente la regulación actual en el ordenamiento jurídico español, poniendo en evidencia las deficiencias y los problemas de aplicación que la misma plantea. Corresponde a la discrecionalidad técnica del legislador regular la justicia de paz, manteniéndola o modificándola, en su caso, con mayor o menor intensidad.

No obstante lo anterior, voy a limitarme a mostrar, aunque sea panorámica y aproximativamente, las diversas posibilidades con que cuenta el legislador. Como hemos podido comprobar, la regulación de la justicia de paz destaca por sufrir importantes deficiencias desde el punto de vista de las garantías constitucionales, no en vano es heredera y hasta se ancla todavía en el antiguo régimen; y no parece que haya representado nunca un tema clave que merezca el interés del legislador[372].

Básicamente, las posibilidades son mantener la regulación tal y como está en la actualidad o alterarla. En este segundo caso, cabe desterrar la figura del Juez de Paz, sustituyéndola por un servicio común o equivalente, que pueda suplir sus funciones más esenciales, o bien modificar su regulación para que cumpla los parámetros constitucionales, se adapte a las exigencias de los tiempos actuales y se dote de los mecanismos que favorezcan su eficacia y eficiencia, eliminando lastres y modernizando en general su régimen.

[372] PAVÓN GARCÍA, J. E., "La secretaría de los Juzgados de Paz", cit., destaca que leyes posteriores a la LO de la Justicia de 15 de septiembre de 1870 han pretendido regular la materia de la justicia municipal pero, como indica, *"sin mucho éxito debido a la falta de interés, falta de medios económicos y al abandono de la justicia municipal por parte de los poderes del Estado"*.

1.º Lo inmediato es mantener la regulación tal y como se encuentra en la actualidad. Posiblemente esto sea lo más factible y cómodo debido a la inercia y al escaso interés que tradicionalmente ha merecido la justicia de paz. Si durante ciento cincuenta años se ha sostenido, ¿por qué razón no ha de seguir idénticamente en el futuro? Efectivamente, ubicada en el nivel inferior de la organización jurisdiccional, con una atribución de competencias jurisdiccionales que pueden considerarse ínfimas, unido a la mínima remuneración que merecen los jueces de paz y a la escasa aportación del presupuesto requerida, todos ellos constituyen elementos que permiten comprender que la justicia de paz no representa un problema de la suficiente entidad como para dedicarle excesivos esfuerzos.

Sin embargo, las deficiencias que presenta el régimen de la justicia de paz, especialmente en lo que se refiere a las garantías constitucionales y más concretamente en el punto relativo a la independencia judicial que queda seriamente en entredicho, son motivos más que sobrados para no dejar pasar un día más sin hacer pasar esta regulación por el tamiz constitucional. Todo ello al margen de las potenciales mejoras técnicas que puedan introducirse en esta regulación y que favorezcan la efectividad del servicio.

2.º En un punto diametralmente opuesto al anterior está la posibilidad de desterrar la figura del Juez de Paz de nuestro derecho, distribuyendo sus competencias a otros órganos. Desde luego, es un modo absolutamente expeditivo para eliminar los déficits de constitucionalidad que sufre, el hecho de que realice una actividad jurídica y especializada por personas sin la aptitud, conocimientos ni formación técnica al respecto[373], y los múltiples problemas que plantea una regulación más que mejorable. En esta línea parece que apuntan algunos indicios. La Ley del Registro Civil es el principal pues, en cuanto finalice su *vacatio legis* en julio de 2014, privará a los órganos judiciales de competencias en este ámbito. También son significativas las propuestas para la despenalización de las faltas, que dejarían a los Jueces de

[373] SERRATS PALAU, J., "La administración de justicia penal en los juzgados de paz", cit., pág. 329, justifica su supresión porque *"atribuir determinadas facultades a estos jueces, carentes de toda cualificación técnica y profesional es excesivo, por lo que en la práctica es el Secretario quien, en definitiva ejerces las funciones jurisdiccionales y es el dueño del proceso"*. Si bien a continuación afirma que podría mantenerse como órgano integrante de la jurisdicción si modifican aspectos competenciales, organizativos y de régimen jurídico.

Paz con competencias únicamente en el orden civil, ya de por si severamente mermadas por un límite cuantitativo tan exiguo como son noventa euros, sin perjuicio de sus funciones conciliadoras siempre que no corresponda conocer al Secretario judicial del Juzgado de Primera Instancia. Con este panorama para el futuro inmediato, la eliminación de las competencias residuales, la misma figura del Juez de Paz puede convertirse en una realidad irrelevante que pase prácticamente inadvertida. Las competencias serían asumidas por los Juzgados de Primera Instancia, o equivalentes que puedan crearse en el futuro, y las actividades de colaboración y auxilio, en la medida que sean necesarias, pueden ser practicadas por unos servicios comunes, no integrados en un órgano jurisdiccional concreto, que asumirían labores centralizadas de gestión y apoyo en actuaciones derivadas de la aplicación de las leyes procesales (art. 438 LOPJ).

Esta alternativa permite eliminar de un plumazo el problema endémico que sufre el primer escalón de la organización judicial española. Sin embargo, al mismo tiempo implica desaprovechar una institución de más de siglo y medio de tradición en nuestro sistema jurisdiccional, que resulta relativamente económica en relación con el servicio a la justicia que cumple, y que cuenta con cercanía con las personas y los conflictos que eventualmente mantienen[374].

3.º En un punto intermedio, entre mantener el estado de cosas como están y eliminar la figura del Juez de Paz, está el afrontar una reforma con profundidad que, de un lado, subsane las carencias en lo referente a las garantías constitucionales y, de otro, perfeccione la regulación hasta el punto de alcanzar mayores dotes de eficiencia y eficacia en el servicio. Sin duda esta será la actividad más compleja. Supone tomar decisiones sobre puntos variados que a su vez influyen en sucesivas cuestiones. Además, es posible cumplir las exigencias constitucionales en grado variable pero suficiente desde muy diversas alternativas. Como contrapartida, ofrecerá resultados más satisfactorios, en la medida que permita minimizar los inconvenientes y sirva para aprovechar las ventajas que puede ofrecer. Las posibilidades son ciertamente variadas.

---

[374] Afirma DEL OLMO DEL OLMO, "La justicia de Paz: Fortaleza y oportunidades de futuro", cit., pág. 11, que se precisa aprovechar los *"valores inherentes a este tipo de Juzgados, como la verdadera proximidad, al contacto directo de los vecinos y su conocimiento personal y la sencillez procedimental"*.

En síntesis, los aspectos fundamentales que deberían ser objeto de atención serían al menos los siguientes:

a) Competencias. Podrá aumentarse o reducirse, dependiendo de decisiones que puedan adoptarse en otros aspectos como sobre todo la exigencia en el nivel de formación jurídica, régimen de incompatibilidades y sistema de remuneración. Si la formación jurídica ha de ser nula, las incompatibilidades pocas y el sistema de remuneración prácticamente inexistente, parece que consecuentemente las competencias habrían de reducirse[375]. Por el contrario, si las exigencias y derechos aumentan, también habrán de ampliarse correlativamente las competencias[376].

b) Sistema de acceso. Resulta urgente la modificación de un sistema que todavía mantiene connotaciones del viejo régimen del que es heredero. Las posibilidades para ello son diversas, desde la elección popular hasta algún tipo de sistema objetivo de nombramiento que permita acceder a las personas más idóneas al cargo y no solamente a aquellas que tengan cierta afinidad con el pleno del Ayuntamiento[377]. Lo relevante es que, diversamente a la situación actual, el acceso se constituya como una más de las garantías de la independencia judicial, puesto que es una exigencia constitucional (arts. 117.1, 124.1 y 127.2 CE), y, además, respete los criterios de mérito, capacidad e igualdad (arts. 14

[375] Así, por ejemplo, DE LA RÚA MORENO, J. A., "Relaciones del Partido Judicial con los Jueces de Paz de su circunscripción", cit., págs. 10-1, defiende la necesidad de reducir competencias en materia penal, debido a la falta de conocimientos jurídicos del Juez de Paz y con el fin de evitar desigualdades. SERRATS PALAU, J., "La administración de justicia penal en los juzgados de paz", cit., pág. 330, plantea mantener los jueces actuales, que se encargaría de los aspectos menos trascendentes y más honoríficos, nombrándose un Juez de Paz con jurisdicción sobre varios municipios próximos, para funciones jurisdiccionales algo más trascendentes.

[376] El CGPJ, *Libro Blanco de la Justicia,* cit., págs. 301-2, opta en principio por *"mantener la actual competencia de los Juzgados de Paz, tanto en el orden civil como en materia de Registro Civil"*, en cambio, en materia penal opta por despenalizar todas las faltas, de modo que quedaría sin contenido. En relación con el auxilio, estima que deberán prestarlo, incluido embargos y demás actuaciones, salvo que sea necesaria inmediación, señalando claramente qué actuaciones podrán reclamarse del Juez de Paz.

[377] DE LA RÚA MORENO, J. A., "Relaciones del Partido Judicial con los Jueces de Paz de su circunscripción", cit., págs. 10-1, propone la necesidad de que los ayuntamientos prescindan de connotaciones políticas, para escoger las personas que culturalmente ofrezcan una mejor preparación y que gocen de estima, aprecio y consideración entre sus conciudadanos.

y 103.3 CE y 1 Reglamento 1/1995 de la Carrera Judicial). La licenciatura o grado en derecho debería constituir requisito *sine qua non* o, al menos, criterio de preferencia para el acceso[378].

c) Formación del Juez de Paz. El conocimiento del Juez de Paz, entre otras, en materias jurídicas, aunque sean más o menos básicas, es fundamental si se pretende que ofrezcan un servicio eficaz y de calidad. La formación jurídica será necesaria tanto en los momentos iniciales, a los efectos de poder graduar la mayor aptitud del candidato en un sistema de acceso, como una vez ejerza su función, mediante una formación continua que aumente y en cualquier caso mantenga actualizados sus conocimientos no obstante los cambios legislativos[379]. La inversión en formación igualmente vendrá condicionada por la duración del nombramiento y, por tanto, de que la inamovilidad sea más o menos dilatada en el tiempo.

d) Organización de la oficina judicial y recursos humanos. Igualmente, las posibilidades son diversas y vienen condicionadas por la extraordinaria diversidad de situaciones, desde municipios pequeños hasta otros con tantos o más habitantes que incluso algunas capitales de provincia. Las líneas generales deberían pasar por garantizar el servicio de personal cualificado en lo referente a la tramitación procesal, y, en su caso, la acusación pública[380], y la

[378] CGPJ, *Libro blanco de la justicia,* cit., pág. 304. SERRATS PALAU, J., "La administración de justicia penal en los juzgados de paz", cit., pág. 329, todavía más más allá, y considera que además de la licenciatura deberían "*demostrar méritos suficientes para ejercer el cargo. A cambio se le retribuiría con un sueldo que le permita dedicación exclusiva*".

[379] Según el CGPJ, *Libro blanco de la justicia,* cit., pág. 304, su formación corresponderá al CGPJ, mediante planes de formación de ámbito provincial. DE LA RÚA MORENO, J. A., "Relaciones del Partido Judicial con los Jueces de Paz de su circunscripción", cit., págs. 10-1, considera conveniente que el CGPJ publique y mantenga actualizado un manual de las actuaciones del Juez de Paz, también defiende ofrecer a los Jueces de Paz formación continua impartida por Jueces de 1ª Instancia e Instrucción. Incluso considera que los Jueces de Partido o el decanato estén abiertos para recibir consultas de los Jueces de Paz.

[380] Propone restablecer la figura del Fiscal de Paz, SERRATS PALAU, J., "La administración de justicia penal en los juzgados de paz", cit., pág. 330. Por supuesto, como señala el CGPJ, *Libro blanco de la justicia,* cit., pág. 304, salvo despenalización de las faltas, en cuyo caso su necesidad será menor o incluso inexistente.

constitución de agrupaciones de secretarías[381], que funcionen como servicio común[382], así como establecer políticas de control e incentivo.

e) Infraestructuras y financiación. Aunque esta cuestión sufre una importante dependencia de la coyuntura económica, lo bien cierto es que el servicio de justicia de calidad exige la inversión suficiente en los espacios físicos, locales, instalaciones, mobiliario e instrumentos en los que el personal pueda desarrollar su cualificada actividad con la dignidad y calidad necesarias. A tal efecto, parece que el actual sistema de subvención a los Ayuntamientos se presenta como claramente insuficiente[383].

---

381 Según el CGPJ, *Libro blanco de la justicia,* cit., pág. 302-3, el problema más relevante es la carencia de personal funcionario al servicio de la Administración de Justicia por el gran número de Juzgados de Paz (en el año 2009, 7.681 según CGPJ, *La justicia dato a dato. Año 2009. Estadística judicial,* Madrid, 2009, pág. 14) que hace inviable la profesionalidad y retribución adecuada. Para solventarlo puede constituirse agrupaciones de secretarías de Juzgados de Paz, diseñada conforme a criterios de proximidad de las poblaciones y facilidad de comunicaciones. Serían similares a los servicios comunes en todos sus aspectos. Por su parte, DEL OLMO DEL OLMO, "La justicia de Paz: Fortaleza y oportunidades de futuro", cit., págs. 9-10, propone la constitución obligatoria de agrupaciones de secretarías de Juzgados de Paz, manteniendo a los secretarios idóneos como auxiliares del Secretario de la Agrupación. Y una dotación mínima de agrupaciones de más de siete mil habitantes por tres personas, secretario (gestión procesal); funcionario de tramitación y funcionario de auxilio.

382 El CGPJ, *Libro blanco de la justicia,* cit., págs. 306-7, considera que la agrupación de secretarías se configurará como un servicio común, dependiente del correspondiente JPI o del decano. Ofrecería un sistema ágil y sencillo resolutivo de problemas. El juez con el secretario elaborará el plan de actividades y desplazamientos, gestionado económicamente por la Gerencia Territorial del Ministerio de Justicia o equivalente. Sus comunicaciones se realizarían solo a través de la secretaría de la agrupación. Además, puede recibir los mismos criterios de organización, funcionamiento, actuación, selección y formación de su personal, y facilitará la plena informatización de los Juzgados de Paz y su conexión integral con los demás órganos judiciales.

383 Según el CGPJ, *Libro blanco de la justicia,* cit., págs. 304-5, los ayuntamientos *"no deben continuar interviniendo en esta materia"* por tanto, la provisión de medios debe ser como la del resto de órganos. En ese sentido, opina DEL OLMO DEL OLMO, "La justicia de Paz: Fortaleza y oportunidades de futuro", cit., pág. 11 que debería ser la administración territorial competente sobre medios personales, materiales y económicos al servicio de la administración de justicia, la que abonase los costes económicos, desvinculando del Ayuntamiento.

BIBLIOGRAFÍA CITADA

ABELLA POBLET, M., CARRASCOSA LÓPEZ, V., y VARÓN COBOS, R., *Manual de los Juzgados de Paz,* Madrid, 1990.

ACHÓN BRUÑÉN, Mª J., "Intervención de Abogado y Procurador en los procesos de ejecución: supuestos conflictivos", en *Diario La Ley,* núm. 7274, 2 de noviembre de 2009.

ALVARADO VELLOSO, A., "La conciliación", en *Revista Vasca de Derecho Procesal y Arbitraje,* enero 1989, págs. 1-20.

ALCÁCER GUIRAO, R., "La mediación penal y la atenuante de reparación. Similitudes y criterios de aplicación", *en Justicia restaurativa, mediación penal y penitenciaria: un renovado impulso,* (coor.: MARTÍNEZ ESCAMILLA y SÁNCHEZ ÁLVAREZ), Reus, Madrid, 2011, págs. 109-26.

ALCALÁ ZAMORA Y CASTILLO, N., "Un grave problema judicial y político: La Justicia Municipal", en *Estudios de Derecho Procesal*, Madrid, 1934, págs. 67-78.

- "Proceso, autocomposición y autodefensa", en *Estudios diversos de Derecho Procesal*. Bosch. Barcelona, 1987, págs. 55-57.

ALCORTA PASCUAL, M., "El acto de conciliación como requisito de procedibilidad en los delitos de injurias y calumnias inferidas a particulares", en *La Ley Penal*, núm. 12, 2004, págs. 62-8.

ALONSO PÉREZ, F., "Formalidades en la práctica de la diligencia de entrada y registro en lugar cerrado", en *Diario La Ley,* núm. 5643. 29 de octubre de 2002.

ANDINO LÓPEZ, J. A., "Sobre el delito de falso testimonio en el marco de un procedimiento arbitral", en *Anuario de justicia alternativa,* núm. 7, 2006, págs. 107-28.

ANDRÉS IBÁÑEZ, P., y MOVILLA ÁLVAREZ, C., *El Poder Judicial,* Tecnos, Madrid, 1986.

ARAGONESES MARTÍNEZ, S. y HINOJOSA SEGOVIA, R., *Lecciones de Derecho Procesal Civil. Introducción, parte general, procesos declarativos ordinarios y sus especialidades,* Eura, Madrid, 2008.

ARMIENTA CALDERÓN, G. M., "La conciliación como medio de solución de los litigios agrarios y laborales en el Derecho procesal mexicano", en *Revista de Derecho Procesal*, núm. 1, 1996, págs. 163-70.

ASENCIO MELLADO, J. M., *Introducción al Derecho Procesal,* Tirant lo Blanch, Valencia, 1997.

AVILÉS NAVARRO, M., "La conciliación civil preprocesal", original ponencia presentada en el Centro de Estudios Judiciales, págs. 1-41.

BELLIDO PENADÉS, R., *Derecho de defensa y principio acusatorio en el juicio por faltas"*, Dykinson, Madrid, 2012.

- "Capítulo 2", en *Derecho Procesal Civil,* (con otros), Thomson-Reuters Aranzadi, 11ª ed., Ciruz Menor, 2012, págs. 113-9.

BLAIN, N., GOODMAN, J., y LOEWENBERG, J., "La mediación, la conciliación y el arbitraje. Comparación entre Australia, Gran Bretaña y Estados Unidos de América", en *Revista Internacional del Trabajo,* vol.106, núm. 1, enero-marzo 1987, págs. 113-35.

BONACHERA VILLEGAS, R., "El título ejecutivo europeo y su aplicación a las transacciones y los documentos públicos con fuerza ejecutiva", en *Diario La Ley,* núm. 7558, 2010.

BONET NAVARRO, A., "La ejecución de lo conciliado fuera del proceso civil", en *Revista General de Derecho Procesal, núm. 24, 2011, págs. 1-38.*

BONET NAVARRO, J., "La transformación de procedimiento por delitos a juicio de faltas y el derecho a un juez imparcial (análisis jurisprudencial)", en *Tribunales de Justicia,* núm. 7, julio 1997, págs. 751-7.

BONET NAVARRO, J., y IVARS RUIZ, J., "Algunas consideraciones en relación al Juez de Paz", en *Revista del Poder Judicial,* 49, 1998, págs. 131-61.

CALVO GONZÁLEZ, J., "Jueces de Paz escolares", en *Actualidad Jurídica Aranzadi,* núm. 699/2006, BIB 2006\78.

CARRETERO PÉREZ, A., "Notas sobre la prevaricación judicial dolosa", en *Diario La Ley,* núm. 5541, 10 de mayo de 2002.

CARRETERO SÁNCHEZ, A., "El Juez de Paz ante la valoración de la prueba", en CGPJ, *Libro Blanco de la Justicia,* Madrid, 1997.

CGPJ., *Libro blanco de la justicia,* Consejo General del Poder Judicial, Madrid, 1997.

- *Informe de Gestión de la mediación penal y civil. Año 2009.*

- *La justicia dato a dato. Año 2009. Estadística judicial,* Madrid, 2009.

COBOS GAVALA, R., *El Juez de Paz en la ordenación jurisdiccional española,* Madrid, 1989.

COBOS GÓMEZ DE LINARES, M. A., "La mediación en la Ley Orgánica reguladora de la responsabilidad penal de los menores, y su reglamento", *en Justicia restaurativa, mediación penal y penitenciaria: un renovado impulso,* (coor.: MARTÍNEZ ESCAMILLA y SÁNCHEZ ÁLVAREZ), Reus, Madrid, 2011, págs. 309-39.

CORTÉS DOMÍNGUEZ, V., *Introducción al Derecho Procesal,* (con GIMENO y MORENO), Colex, Valencia, 1996.

CORTÉS DOMÍNGUEZ, V., y MORENO CATENA, V., *Derecho Procesal Civil. Parte general,* Tirant lo Blanch, Valencia, 2010.

COSTA RODAL, L., "La nueva ley del registro civil de 21 de julio de 2011", en *Aranzadi Civil-Mercantil,* núm. 6/2011.

CRUZ MÁRQUEZ, B., "La mediación en la Ley orgánica 5/2000, reguladora de las responsabilidad penal de los menores: conciliación y reparación del daño", en *Revista electrónica de ciencia penal y criminología,* 2005, pág. 1-33.

CUCARELLA GALIANA, L. A., *El procedimiento arbitral (Ley 60/2003, 23 diciembre, de Arbitraje),* Real Colegio Español de Bolonia, Madrid, 2004.

- "Capítulo 2", en *Derecho Procesal Civil,* (con otros), Thomson-Reuters Aranzadi, 11ª ed., Ciruz Menor, 2012, págs. 119-9.

- "La mediación en derecho privado en el contexto de las otras fórmulas de resolución de controversias distintas al proceso", en *Revista General de Derecho Procesal Iustel,* núm. 26, 2012, págs. 1-22.

CUTILLAS TORNS, J. Mª., "La certificación del Acta de Conciliación como título formal, válido y eficaz, para inscribir en el Registro de la Propiedad la partición de la herencia realizada por todos los herederos", en *Revista General de Derecho,* núm. 667, 2000, págs. 3799-825.

DAMIÁN MORENO, J., *Los Jueces de Paz,* Madrid, 1987.

DE LA PLAZA NAVARRO, M., "La nueva justicia municipal. Líneas generales de la reforma", en *La justicia municipal en sus aspectos históricos y científicos,* (con otros), Ministerio de Justicia, Madrid, 1946.

DE LA OLIVA SANTOS, A., "La nueva Ley Orgánica del Poder Judicial. Análisis jurídico general y constitucional", en *Revista de Derecho Procesal,* 1, 1987, págs. 7-54.

- "*Derecho Procesal Civil. El proceso de declaración",* 2ª ed., ECERA, Madrid, 2001.

DE LA RÚA MORENO, J. L., "Relaciones del Partido Judicial con los Jueces de Paz de su circunscripción", original, págs. 1-21.

DRANGUET, A. R., *Responsabilidad e independencia del Poder Judicial,* Madrid, 1930.

DE ARCENEGUI, I., y GARCÍA-GALÁN Y CARABIAS, E., *La nueva justicia municipal,* Madrid, 1946.
DE MARINO Y BORREGÓ, R., "La independencia de los Tribunales, garantía de su función", en *Revista de Derecho Procesal,* núm. 2, 1988, págs. 431-58.
DEL OLMO DEL OLMO, J. A., "La problemática derivada de la situación actual de la justicia de paz", en *Revista del Poder Judicial,* núm. 52, 1998, págs. 71-107.
- "La Justicia de Paz: fortaleza y oportunidades de futuro", original, págs. 1-12.
FAIRÉN GUILLÉN, V., *El Tribunal de las Aguas de Valencia y su proceso (oralidad, concentración, rapidez y economía),* 2ª ed., Valencia, 1988.
- "La preparación del juicio (alegaciones, audiencia preliminar, conciliación). El juicio oral", en *Revista de Derecho Procesal*, núm. 3, 1991, págs. 479-544.
- *Temas del ordenamiento procesal*, I, Madrid, 1969.
FREXES CASTRILLO, F., "El acto de conciliación", en *El digital de derecho,* www.eldigitaldederecho.com.
GARCÍA GALLO, A., "Jueces populares y jueces técnicos en la historia del Derecho español", en *La Justicia municipal en sus aspectos históricos y científicos*, (con otros), Ministerio de Justicia, Madrid, 1946, págs. 57-71.
GARCÍA MANZANO, P., "Responsabilidad civil de Jueces y Magistrados", en *Revista de la Administración Pública,* núm. 117, 1988, págs. 99-152.
GARRIDO CARRILLO, F. J., *El estatus de jueces y magistrados,* Granada, 2009.
GARRIDO RUIZ, R. M., "Experiencia piloto de mediación en faltas en los Juzgados de Instrucción de Madrid", en *Mediación penal y penitenciaria. 10 años de experiencia,* Fundación Agape, Madrid, 2010, págs. 179-98.
GIMENO SENDRA, V., y DÍAZ MARTÍNEZ, M., *Derecho Procesal Penal,* Madrid, 2007.
GIMENO SENDRA, V., y MORENILLA ALLARD, P., *Derecho Procesal Civil,* Colex, 2ª ed., 2007.
GÓMEZ ALTABLE, I., "Análisis de la institución de la mediación a la luz del Real Decreto-Ley 5/2012, de 5 de marzo, de mediación en asuntos civiles y mercantiles", en *Revista Internauta de Pràctica Jurídica,* núm. 29, 2012, págs. 1-17.
GÓMEZ ARROYO, J. L., "Comentarios al artículo 452 de la Ley Orgánica del Poder Judicial", en *Diario La Ley,* núm. 6074, 2 de agosto de 2004.
GONZÁLEZ CANO, Mª. I., "La mediación penal en España", en *La mediación penal para adultos. Una realidad en los ordenamientos jurídicos,* (dir.: BARONA), Tirant lo Blanch, Valencia, 2009, págs. 19-52.
GUASP DELGADO, J., *Concepto y método de Derecho Procesal,* Civitas, Madrid, 1997.
GUASP, J., y ARAGONESES, P., *Derecho Procesal Civil, I. Introducción y parte general,* Thomson-Civitas, 7ª ed., Cizur Menor, 2005.

GUITIÉRREZ-ALVIZ Y ARMARIO, F., *La reforma de la Ley Orgánica,* en "Estudios jurídicos", Sevilla, 1978.

GUTIÉRREZ GARCÍA DE CORTÁZAR, E., "La reforma de la Ley de Arbitraje: Luces y sombras, en *El notario del siglo XXI,* núm. 38, 2011, págs. 26-9.

IRACHETA IRIBARREN, M., "La selección de los jueces y magistrados en la Ley Orgánica del Poder Judicial", en *Terceras jornadas de Derecho Judicial,* II, (con otros), Ministerio de Justicia, Madrid, 1987, págs. 999-1027.

JUAN SÁNCHEZ, R., y CÁMARA RUIZ, J., "Introducción. Los tribunales ordinarios y la oficina judicial", en *Introducción al Derecho Procesal,* (con otros), Thomson-Reuters Aranzadi, Cizur Menor, 2011, págs. 155-79.

JUAN SÁNCHEZ, R., "Los Jueces y Magistrados", en *Introducción al Derecho Procesal,* (con otros), Thomson-Reuters Aranzadi, Cizur Menor, 2011, págs. 181-93.

- *Derecho Procesal Civil,* (con otros), Thomson-Reuters Aranzadi, Cizur Menor, 11ª ed., 2012.

LARA LÓPEZ, A., "Personal al servicio de los juzgados y tribunales", en *Conceptos básicos del Derecho Procesal Civil,* Tecnos, Madrid, 2008, págs. 89-99.

LAUCIRICA RUBIO, N. "Mediación penal. La puesta en marcha de los servicios de mediación penal en el País Vasco", en *Mediación penal y penitenciaria. 10 años de experiencia,* Fundación Agape, Madrid, 2010, págs. 159-78.

LÓPEZ FRAGO, B., "Área de Registro Civil", en *Jornada de Jueces de Paz,* original, págs. 1-48.

LÓPEZ ORTEGA, F. J., "Jueces de Paz. Competencia", en Ponencia Jornada Jueces de Paz, (en web CGPJ).

LUJÁN ALCARAZ, J., "La reforma procesal 2009-2010: la nueva conciliación procesal", en *Aranzadi social,* núm. 22, 2010.

MANGLANO SADA, L., RODRÍGUEZ LÓPEZ, A., y ALTÉS MARTÍ, M., *La justicia de Paz,* Valencia, 1989.

MANZANARES SAMANIEGO, J. L., *Mediación, reparación y conciliación en el Derecho Penal,* Comares, Granada, 2007.

MARCOS AYJÓN, M., "¿Quién enjuicia las faltas"?, *Diario La Ley,* 1997, Ref. D-98, T. 2.

MARTÍNEZ ARRIETA, A., "La mediación como tercera vía de respuesta a la infracción penal", en *Mediación penal y penitenciaria. 10 años de camino,* Fundación Agape, Madrid, 2010, págs. 57-101.

MARTÍNEZ ESCAMILLA, M., "La mediación penal en España: estado de la cuestión", *en Justicia restaurativa, mediación penal y penitenciaria: un renovado impulso,* (coor.: MARTÍNEZ ESCAMILLA y SÁNCHEZ ÁLVAREZ), Reus, Madrid, 2011, págs. 15-46.

MARTÍNEZ SOTO, T., "Mediación penal y su implantación en España: Ámbito de la responsabilidad del menor. Estudio comparativo con Reino Unido", en *Riedpa.com Revista Internacional de Estudios de Derecho procesal y Arbitraje*, núm. 1, 2011, págs. 1-44.

MÉNDEZ BURGUILLO, J. M., "El estatuto personal de los jueces y magistrados en la Ley Orgánica del Poder Judicial", en *Terceras Jornadas de Derecho Jurisdiccional,* I (con otros), Ministerio de Justicia, Madrid, 1987, págs. 691-708.

MONTERDE FERRER, F., "Los juicios de faltas en los Juzgados de Paz", en Congreso Nacional de Justicia de Paz, Valencia, 2 y 3 de mayo de 2008.

MONTERO AROCA, J., *Derecho Jurisdiccional,* I, (con ORTELLS y GÓMEZ COLOMER), Barcelona, 1993.

- *Derecho Jurisdiccional,* I (con GÓMEZ COLOMER, MONTÓN y BARONA), Tirant Lo Blanch, 18ª ed., Valencia, 2010, pág. 101.
- *Independencia y responsabilidad del juez,* Cuadernos Civitas, Madrid, 1990.
- "La llamada Justicia Municipal y el proyecto de "Bases de la Ley Orgánica de la Justicia", en *Revista de Derecho Procesal Iberoamericana,* 1, 1974, págs. 155-64.
- "La conciliación preventiva en el proceso civil. (Notas para la reforma de la Ley de Enjuiciamiento)", en *Revista Jurídica de Catalunya,* núm. 4, 1971, págs. 875-95.
- "Bosquejo histórico de la conciliación hasta la Ley de Enjuiciamiento Civil de 1855", en *Revista de Derecho Procesal,* núm. 4, 1971, págs. 857-907.

MONTERO AROCA, J., y FLORS MATÍES, J., *Tratado de juicio verbal,* Thomson-Aranzadi, Cizur Menor, 2003.

MONTERO CHAMORRO, J. J., "La elección del Juez de Paz ¿En Pleno siglo XXI, es el sistema más adecuado? Problemática que durante 150 años se ha planteado. ¿Qué alternativas existen? Cabrían en nuestro sistema legal?", original, págs. 1-14.

MONTES REYES, A., "Justificación e inconvenientes del acto de conciliación en el proceso civil", en *Revista de la Facultad de Derecho de la Universidad de Granada,* núm. 10, 1986, pág. 263-77.

MORENO CATENA, V., *Derecho Procesal Civil. Parte general,* (con CORTÉS y GIMENO), Colex, Madrid, 2001.

- *Derecho Procesal Civil,* (con CORTÉS), Tirant lo Blanch, 4ª ed., 2010, Valencia.

MOVILLA ÁLVAREZ, C., "La participación popular en la administración de justicia", en *El Poder Judicial,* (con ANDRÉS IBÁÑEZ), Tecnos, Madrid, 1986, págs. 283-332.

MOYA MEYER, H., "La conciliación en el orden jurisdiccional contencioso-administrativo. Los juicios provisionales, en *Revista del Poder Judicial,* núm. 74, 2004, págs. 231-40.

MUÑOZ LÓPEZ, F., "¿Hacia una profesionalización de los juzgados de paz?", en *Boletín Aranzadi Administrativo,* núm. 9/1999.

ORTELLS RAMOS, M., *Introducción al Derecho Procesal*, (con otros), Thomson-Reuters Aranzadi, Cizur Menor, 2011.

- *Derecho Procesal Civil,* (con otros), Thomson-Reuters Aranzadi, Cizur Menor, 11ª ed., 2012.

OSCAR MÉNDEZ, H., "La conciliación. Su revitalización como medio alternativo de resolución de conflictos", en *Revista Vasca de Derecho Procesal y Arbitraje,* vol. 12, núm. 1, 2000, págs. 35-52.

PAVÓN GARCÍA, J. E., "La secretaría de los Juzgados de Paz", Ponencia presentada en el IV Congreso Nacional de Justicia de Paz, Valdemoro, 21 de octubre de 2006.

PÉREZ MORENO, A., "Procedimientos de conciliación, mediación y arbitraje como alternativa a la vía administrativa de recurso", en *Revista Andaluza de Administración Pública,* núm. 37, 2000, págs. 11-38.

- "La conciliación judicial y otras alternativas jurisdiccionales en el orden contencioso-administrativo", en *Justicia Administrativa. Revista de Derecho Administrativo,* núm. 1, 1999, págs. 111-22

REYES MONTERREAL, J. M., *Tratado práctico del juez de paz,* Madrid, 1957.

RIVES SEVA, J. M., "Otros procesos civiles en la Ley de Enjuiciamiento Civil", en *Diario La Ley,* núm. 6398, 12 de enero de 2006.

RIFÁ SOLER, J. M., VALLS GOMBAU, J. F., y RICHARD GONZÁLEZ, M., *El Proceso Penal Práctico,* La Ley, 6ª ed., Madrid.

ROBLES GARZÓN, J. A., *Conceptos básicos de Derecho Procesal Civil,* (con otros), Tecnos, Madrid, 2008.

RODRÍGUEZ CRESPO, M. J., "La conciliación extrajudicial y la no obstaculización del derecho de tutela judicial efectiva en la doctrina del Tribunal Constitucional", en *Temas Laborales,* núm. 62, 2001, págs. 127-54.

RODRÍGUEZ SAÑUDO, F., "Tutela judicial efectiva, sobre innecesariedad del acto de conciliación como presupuesto procesal para el restablecimiento de derechos fundamentales", en *Civitas. Revista Española de Derecho del Trabajo*, núm. 59, 1993, págs. 405-10.

RUIZ VADILLO, E., "La Constitución, la independencia de los jueces y magistrados y el acceso a l carrera judicial", en *Diario La Ley,* 1984, T. 4.

SÁEZ RODRÍGUEZ, C., "La estrategia penal contra la violencia de género en su complicado encaje con la mediación penal", *en Justicia restaurativa, mediación penal y penitenciaria: un renovado impulso,* (coor.: MARTÍNEZ ESCAMILLA y SÁNCHEZ ÁLVAREZ), Reus, Madrid, 2011, págs. 211-72.

SÁNCHEZ-PEDREÑO, A., "La mediación civil y mercantil: un método novedoso para la resolución de conflictos", en *El notario del siglo XXI,* núm. 38, 2011, págs. 30-3.

SANTAMARÍA PASTOR, J. A., "Sobre el origen y evolución de la reclamación administrativa previa", en *Revista de la Administración Pública,* núm. 77, 1975, págs. 81-180.

SEGOVIA LÓPEZ, L., *Las faltas y el juicio de faltas,* Bosch, Barcelona, 2000.

SERRA DOMÍNGUEZ, M., "Notas sobre la situación actual de la administración de justicia en el ámbito procesal civil", en *Justicia,* 1995, 1, págs. 1-15.

SERRATS PALAU, J., "La administración de justicia penal en los juzgados de paz", en *Boletín de Información del Ministerio de Justicia,* núm. 1910, 2002, págs. 289-310.

SERRATUSELL SALVADÓ, L., y MARTÍNEZ CAMPS, M. M., "Programa de mediación y reparación penal. Departamento de Justicia. Generalitat de Catalunya", en *Mediación penal y penitenciaria. 10 años de experiencia,* Fundación Agape, Madrid, 2010, págs. 115-33.

SILVA FERNÁNDEZ, M. de la O., "Introducción", en *Mediación penal y penitenciaria. 10 años de experiencia,* Fundación Agape, Madrid, 2010, págs. 13-5.

SIN CONSTANCIA DE AUTOR, "El Juez de Paz y su ¿indemnización, retribución, salario,...?

SOLETO MUÑOZ, H., "La mediación: método de resolución alternativa de conflictos en el proceso civil español", en *Revista Eletrônica de Direito Processual,* vol. III, 2009, págs. 66-88.

TEJERO REDONDO, J. A., "Jornada de Jueces de Paz. Área Penal. 7 de octubre de 2011", original, págs. 1-47.

TOHARIA, J. J., *El juez español. Un estudio sociológico,* Madrid, 1975.

UPRIMNY, R., "Jueces de Paz y justicia informal: Una aproximación conceptual a sus potencialidades y limitaciones", original, págs. 1-21.

VALDÉS DAL-RÉ, F., "Conciliación, mediación y arbitraje en los países de la Unión Europea", en *Relaciones laborales,* págs. 321-42.

VIDOSA, F. G., y DE JORGE MESAS, L. F., "Mediación. Primera experiencia de adultos en España", en *Poder Judicial,* núm. 39, 1995, págs. 459-75.

VILA SOLER, Mª D., y GARCÍA DEL SAZ, Mª P., "Derecho a la tutela judicial efectiva: Acto de conciliación preprocesal", en *Civitas. Revista Española de Derecho del Trabajo,* núm. 72, 1995, págs. 609-14.

VVAA, *La Justicia de Paz,* Valencia, 1989.